AF384033

JOSEPH CHAILLEY-BERT

TU SERAS

COMMERÇANT

Livre de lecture anecdotique

Récit anecdotique
Leçons de choses
86 gravures

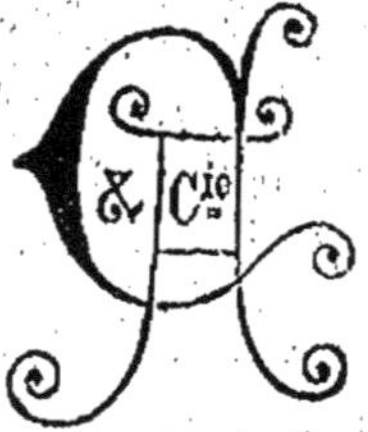

Armand COLIN & Cie

ÉDITEURS

du Cours d'Économie domestique CHALAMET.

Armand COLIN et Cⁱᵉ, Éditeurs, 5, rue de Mézières, Paris.

Collection des
« Tu seras »

LIVRES DE LECTURE ANECDOTIQUES

« Tu seras Soldat ». Histoire d'un soldat français. Livre de Lecture anecdotique, par M. ÉMILE LAVISSE.

1 vol. in-12, 5 cartes, 200 gravures, cart. **1 40**

« Tu seras Citoyen ». Livre de lecture anecdotique sur les droits et les devoirs du citoyen, par M. ÉMILE GANNERON.

1 vol. in-18 jésus, 132 gravures, cartonné. **1 50**

Ouvrage couronné par la Société d'encouragement au bien.

« Tu seras Chef de famille ». Livre de lecture anecdotique sur la Morale domestique, etc., par M. GEORGE NICOLAS.

1 vol. in-18 jésus, 182 gravures, cartonné. **1 50**

« Tu seras Prévoyant ». Conseils du Père Vincent. Livre de lecture anecdotique, par M. PAUL MATRAT.

1 vol. in-18 jésus, 112 gravures, cartonné. **1 50**

Ouvrage couronné par l'Institut.

« Tu seras Agriculteur ». Histoire d'une Famille de cultivateurs. Livre de lecture anecdotique, par M. HENRY MARCHAND.

1 vol. in-12, 160 gravures, cartonné. **1 60**

Ouvrage couronné par l'Académie française (Prix Montyon).

« Tu seras Ouvrière ». Simple histoire. Livre de lecture anecdotique à l'usage des jeunes filles, par L. CH.-DESMAISONS, avec une préface de M. JULES SIMON, de l'Académie française.

1 vol. in-18 jésus, 143 gravures, cartonné. **1 50**

Ouvrage couronné par la Société d'encouragement au bien.

Paris. — Imp. E. CAPIOMONT et Cⁱᵉ, rue des Poitevins, 6.   (No 28)

« TU SERAS COMMERÇANT »

LIVRE DE LECTURE COURANTE

ANECDOTIQUE

AVEC

DES NOTIONS DE DROIT USUEL ET COMMERCIAL

DES BIOGRAPHIES, ETC.

PAR

JOSEPH CHAILLEY-BERT

Ouvrage illustré de 84 gravures et 2 cartes

PARIS

ARMAND COLIN ET Cⁱᵉ, ÉDITEURS

5, RUE DE MÉZIÈRES, 5

1896

PRÉFACE

Ce petit livre a pour but d'initier les enfants à l'existence d'un commerçant, à ses difficultés, à ses devoirs et à ses joies.

Le commerce, en France, est honoré publiquement. C'est une attitude qui date de Colbert. Mais une partie de la population, trompée précisément par les héritiers des doctrines de ce grand homme, affecte, si elle estime le commerce, de n'estimer guère les commerçants. Elle accorde volontiers créance à je ne sais quelles légendes sur leurs façons de faire fortune; elle ne les plaint pas, s'ils se ruinent; elle les calomnie, s'ils s'enrichissent.

Il importe que les générations grandissantes sachent ce qu'il y a d'absurde dans cette opinion et quels signalés services le commerce et les commerçants rendent à la nation.

Il importe qu'elles sachent que le commerce est affaire de savoir et de conscience et qu'on n'y peut réussir qu'à force de prudence et de probité.

Il importe enfin, dans ce pays, si porté vers des fonctions publiques aussi nombreuses que mal rétribuées, qu'elles apprécient à sa valeur la vie toujours indépendante et souvent large du commerçant.

C'est tout cela que nous avons tâché de faire apparaître dans cette courte histoire d'un apprenti commerçant.

Le récit est simple. Il se suffit à lui-même. Mais les *leçons de choses* et la *partie technique* ne seront de quelque utilité pour de si jeunes intelligences que si les maîtres, puisant dans ce que leur ont appris l'étude et la vie, veulent bien les commenter et les éclairer.

En terminant ces quelques lignes, je dois payer et je paye avec joie une dette de reconnaissance à Mlle Anna Clayton, belle-sœur et, pendant longtemps, zélée collaboratrice de M. Paul Bert. C'est à elle que, dans ce petit livre, le récit doit ce qu'il peut avoir de vie et de grâce légère.

JOSEPH CHAILLEY-BERT.

Auxerre, juin 1895.

« TU SERAS COMMERÇANT »

PREMIÈRE PARTIE

LE CHOIX D'UNE PROFESSION

CHAPITRE PREMIER

La fin des études; les préoccupations d'un chef de famille.

Au lieu de rentrer presque à la nuit, marchant sans se presser, causant avec les compagnons et interpellant les connaissances le long de la route, comme il faisait d'habitude, Darle, le charpentier, descendit par le chemin des Sabotiers et enfila la petite ruelle qui raccourcissait pour aller chez lui. Il était cinq heures; sa femme ne l'attendait pas et fut toute surprise.

— Sitôt revenu? s'écria-t-elle. Es-tu donc malade?

— Non, fit-il; mais c'est aujourd'hui l'examen pour le certificat d'études. J'ai vu, dans la cour de l'école, l'inspecteur avec M. le maire et trois autres (fig. 1); les gamins crient comme des diables, les examens doivent être finis et je vais savoir comment notre Pierre s'en est tiré.

Ce n'est pas que Darle fût très inquiet de cet examen, car Pierre était un bon élève et toujours dans les premiers de sa classe ; mais il touchait à ses treize ans et il allait falloir le retirer de l'école pour

Fig. 1. — J'ai vu, dans la cour de l'école, l'inspecteur avec M. le maire. Les gamins crient comme des diables.

le mettre quelque part en apprentissage, et Darle, qui n'était pas un **milord** [1] *, mais qui avait le cœur reconnaissant, tenait, avant d'emmener Pierre, à remercier l'instituteur de ses soins passés.

Il n'était pas plus flatté que cela de retirer son fils de l'école ; il aurait bien voulu l'y laisser encore pendant une couple d'années ; mais, outre Pierre, il avait quatre enfants et, quoique sa femme fût éco-

1. Les mots imprimés en caractères noirs correspondent à une *Leçon de choses*.

nome et courageuse, ce n'était pas toujours facile de nourrir et de vêtir tout ce cher petit monde et de joindre les deux bouts à la fin de l'année.

Pendant que Darle se lavait les mains et le visage et que sa femme tirait de l'armoire sa redingote démodée mais encore quasiment neuve, ils causaient

---

Leçon de choses : **La formation des mots.** — Dans la langue française, les mots, même ceux que nous employons tous les jours, n'ont pas tous la même origine.

Les uns sont des mots *indigènes* *, *inventés* pour désigner les choses, dans notre patrie même, par les Gaulois nos ancêtres; ce sont les mots *d'origine celtique* *. Ex. : *bidet*, *dru*, *gober*, *cruche*, *jarret*, etc.

Les autres sont des mots *étrangers*, *importés* *, tirés des langues étrangères :

Du *latin*; ex. : affable, de *affabilis*, mot qui signifie : celui qui a l'abord facile; corbeau, de *corvus*; agneau, de *agnellus*, etc., etc.;

Des langues *barbares germaniques* : alleu *, de *alod*; maréchal, de *marahscahl*, etc.;

De l'italien : camisole, de *casamiciula* (petite chemise); banqueroute, de *banco rotto*, planche brisée (parce qu'on brisait la planche, le comptoir, du marchand qui avait trompé, fait faillite, le mot faillite lui-même venant de *fallere*, tomber, déchoir, tromper); fresque, de *fresco* (frais, peinture à la fraîche, ce genre de peinture ne pouvant se faire que sur un enduit frais);

De l'espagnol : cabrer, de *cabra*, chèvre, se dresser sur ses pattes de derrière comme une chèvre; hâbler, de *hablar*, parler, parler comme parlerait un Espagnol, les Espagnols ayant eu la réputation d'exagérer; sérénade, de *serenata*, qui se fait, qui se chante le soir;

De l'allemand : trinquer, de *trinken*, boire; schlague, de *schlagen*, frapper;

De l'anglais : bouledogue, de *bulldog*, chien qui tient tête au taureau; redingote, de *riding-coat*, habit pour monter à cheval, etc., etc.

A propos de ces mots étrangers, faisons deux remarques.

1re Remarque. — A chaque époque, nous empruntons des mots à la langue de la nation étrangère avec laquelle la France a le plus de rapports : lors de la conquête romaine, au latin, langue des conquérants; à l'époque barbare et féodale, à la langue des Germains envahisseurs; lors de la Renaissance, à l'italien (la Renaissance ayant commencé en Italie); pendant

de tout cela. Ils avaient eu beau établir sou par sou le compte de leurs petites ressources; les dépenses allaient toujours augmentant à mesure que les petits grandissaient et, tout compte fait, ils avaient reconnu impossible de maintenir Pierre à l'école même une année de plus.

---

les guerres de religion, à l'espagnol (l'Espagne jouant alors un rôle important dans notre politique); pendant les guerres de Louis XIII et de Louis XIV sur le continent, à l'allemand (l'Allemagne étant le théâtre de la guerre); pendant le xviii° et le xix° siècle, à l'anglais, la colonisation, la guerre, le commerce ayant depuis cent cinquante ans amené des relations constantes entre la France et l'Angleterre.

2° REMARQUE. — A mesure que les Français connaissent mieux leurs voisins et savent mieux leurs langues, les mots qu'ils leur empruntent sont moins déformés.

Ex. : Autrefois, nous avons emprunté à l'anglais des mots tels que boulingrin, redingote, bouledogue. *Redingote* vient, nous le savons, de *riding-coat*; le son de ces mots en anglais est à peu près *reidinnecôte*; nos tailleurs, qui ne savaient pas l'anglais, l'ont en français orthographié d'après ce qu'ils ont cru entendre : redingote. De même *boulingrin* vient de deux mots anglais très déformés : *bowling green*, mots qui veulent dire : gazon vert pour faire rouler les boules.

Ces mots n'ont plus en français ni le son ni l'orthographe qu'ils avaient en anglais. Mais de nos jours, comme on sait beaucoup mieux l'anglais, quand nous empruntons un mot à cette langue, nous lui laissons l'orthographe, la prononciation et la signification qu'il a en anglais. Ex. : *jockey, verdict.*

Grâce à ce procédé, peu à peu on trouve dans toutes les langues des mots étrangers nombreux qui ont gardé leur aspect et leur sens originaires. Un Français rencontre surtout en anglais, même en allemand, beaucoup de mots empruntés au français, qu'il reconnaît et comprend du premier coup.

C'est ainsi que l'étude, les voyages, le commerce, amènent les peuples à se pénétrer et à se comprendre réciproquement. Peut-être un jour arrivera-t-on à une langue universelle. Autrefois, les gens sans instruction, dans beaucoup de nos provinces, ne parlaient que le *patois*. Aujourd'hui, ces patois ne sont pas oubliés : les habitants du pays les parlent encore entre eux; mais ils sont remplacés, dans les relations de province à province, par le français; peut-être qu'un jour la langue de chaque nation européenne sera remplacée, dans les relations internationales, par une langue commune.

— C'est dommage, disait le père; car le bonhomme n'est pas sot, et il aurait eu avec l'instruction une clef qui ouvre bien des portes; mais quand on ne peut pas, on ne peut pas, et j'aurais beau me faire du mauvais sang, je n'y changerais rien.

N'est-il pas vrai, Blanchette? fit-il, en soulevant dans ses bras une jolie petite fille de trois ans qu'il fit danser au-dessus de sa tête, ce qui suffit pour attirer toute la nichée. Chacun attendait une caresse ou une taquinerie, et pendant un instant ce fut une clameur d'éclats de rire et de petites voix fraîches.

Le père les regarda avec son bon sourire; mais il était préoccupé, et au lieu de les faire jouer selon sa coutume, il alla s'asseoir près de leur mère, qui faisait marcher son aiguille sans lever la tête.

— Il va falloir, dit-il, prendre une décision et choisir un métier pour l'enfant; donnons-lui le moyen de gagner son pain, puisque nous ne pouvons pas lui donner autre chose.

— Sais-tu, dit la mère, une idée qui m'est venue? Eh bien, si j'étais de toi (c'est comme ça qu'elle parlait, la bonne femme), si j'étais de toi, je ne lui choisirais rien du tout, je le laisserais choisir lui-même; ce qu'on fait avec goût, on le fait bien.

— Oh! bien sûr, je ne veux pas le contrarier. S'il a du goût pour un métier plutôt que pour un autre, il suivra son idée; mais à son âge sait-on seulement ce qu'on veut? on n'a jamais réfléchi. Il nous faudra bien le conseiller, ce petit, et c'est ce que je suis fort embarrassé de faire : je ne suis pas moi-même ce qui lui conviendrait.

— Et, lui dit sa femme, si, en allant voir l'instituteur, tu en causais avec lui; il te donnerait peut-être un bon conseil?

— C'est vrai, ça; je n'y avais point pensé. Il connaît l'enfant aussi bien que nous, et sait mieux que nous de quoi il est capable. Oui, tu as raison, ma femme, je vais lui en parler.

Et, tout propre, tout luisant dans ses habits du dimanche, un peu intimidé lui-même de son élégance, Darle se dirigea vers la maison d'école.

CHAPITRE II

Le choix d'un métier : ouvriers et apprentis.

Justement les enfants venaient de partir, les examinateurs aussi et la maison d'école, si bruyante et si animée pendant la journée, avait maintenant l'air calme, abandonné, à ce point que Darle craignait que l'instituteur aussi ne fût absent, quand tout d'un coup, par deux portes ouvertes, il l'aperçut dans son jardin, en train d'arroser ses salades.

Il traversa le corridor qui conduisait au jardin.

— Bonsoir, monsieur Bertrand, dit-il; je vous salue, et il toucha son chapeau.

— Bonsoir, monsieur. Tiens, monsieur Darle; je ne vous avais pas reconnu. Et, posant son arrosoir, il vint à lui la main tendue. Eh bien, vous êtes content, j'espère; nous l'avons, ce certificat, et avec un joli succès au bout. M. l'inspecteur a beaucoup félicité votre Pierre, et devant tout le monde.

Darle ne répondait rien et détournait la tête, l'air plutôt contrarié.

— C'est justement, dit-il, au sujet de Pierre que je

venais vous trouver, monsieur l'instituteur. Vous avez été bien bon pour lui, et, le peu qu'il sait, c'est à vous qu'il le doit; mais voici qu'à présent il va falloir le retirer de l'école et le mettre en **apprentissage** : je ne sais pas trop ce que nous en ferons et je pensais que vous me donneriez peut-être un bon avis.

M. Bertrand réfléchit un instant avant de répondre.

— Monsieur Darle, si j'avais un conseil à vous donner, ce serait de ne pas tant vous presser pour le mettre en apprentissage, dit-il; c'est un garçon qui a des moyens; il est à un âge où il profitera de ses études : envoyez-le donc à l'école primaire supérieure. Vous savez que nous en avons plusieurs dans notre département; vous l'y laisserez une année où deux et ce ne sera, croyez-moi, ni du temps perdu ni de l'argent mal dépensé.

— Oh ! je vous crois, monsieur; je vous crois si bien que, si j'avais de l'argent devant moi, je ne vous aurais certes pas dérangé aujourd'hui. Mais cela ne se peut pas; nous sommes sept à la maison et je n'ai que mes deux bras pour donner du pain à tout ce monde-là, qui a bon appétit; il faut compter, vous comprenez.

— Oui, oui, je ne me rappelais pas que vous étiez si nombreux chez vous. Et vous ne voulez pas le garder avec vous pour en faire un charpentier?

— Non, monsieur, fit Darle résolument. Ce n'est pas que je sois comme beaucoup, qui ne veulent jamais que leurs enfants passent par où eux-mêmes ont passé. J'aurais bien aimé à faire de Pierre un compagnon *, et à lui enseigner de bonne heure ce que j'ai mis

____

LEÇON DE CHOSES : **Apprentissage.** — Tout doit s'apprendre. Les enfants qui veulent apprendre à lire, à écrire, à compter vont à l'école. Les jeunes garçons qui veulent apprendre à être forgeron, cordonnier, tailleur, serrurier, vont travailler

vingt ans et plus à apprendre. Mais d'abord, il y a
la mère qui crie que c'est un métier trop dangereux.
Depuis que je suis tombé de l'échafaudage du père
Masson (fig. 2), elle est folle d'inquiétude et, si je suis
de cinq minutes en retard, se figure que l'on va me
rapporter sur une civière.

Et puis, voyez-vous, le métier de charpentier n'est
plus ce qu'il était dans le temps. Le fer aujourd'hui
fait tort au bois. Les
poutres, les solives, les
escaliers, tout se fait en
fer et le métier de char-
pentier, qui n'a jamais
été un métier de million-
naire, pourrait bien de-
venir un métier de meurt-
de-faim.

J'avais, poursuivit-il,
pensé un instant mettre
le petit chez Barat le
menuisier; il n'est pas
maladroit de ses mains;
mais Barat ne forme
pas de bons ouvriers,

Fig. 2. — Darlo était tombé
d'un échafaudage.

il ne s'occupe pas de ses apprentis. D'ailleurs, monsieur Bertrand, depuis que je réfléchis à tout cela

chez un *maître* serrurier, un *maître* tailleur, etc. On appelle
maître celui qui enseigne le *métier*, *apprenti* celui qui l'apprend.

De nos jours, si quelqu'un veut s'établir tailleur ou serrurier,
même sans avoir appris le métier, il en a le droit : personne
ne peut l'en empêcher. Seulement, s'il n'a pas appris, il court
le risque de n'avoir pas de clientèle, les clients n'aimant pas
à employer des ouvriers incapables.

Autrefois, on ne pouvait pas comme cela ouvrir boutique et
s'établir patron de par sa seule volonté. Il fallait, pour s'éta-

pour mon garçon et que je regarde autour de moi, je vois que c'est partout de même. C'est chose rare aujourd'hui qu'un bon ouvrier, connaissant bien

---

blir, avoir l'agrément, la permission des patrons déjà établis. Tous ceux qui travaillaient d'un même métier formaient ce qu'on appelait la *corporation* (*V., sur les Corporations, leçon* p. 133). La corporation ne souffrait pas que des ignorants, s'improvisant * patrons, pussent la déshonorer par leur ignorance. Aussi les patrons n'accordaient-ils la maîtrise qu'à ceux qui avaient fait leur apprentissage.

L'apprenti entrait chez son maître de bonne heure. Il y demeurait de longues années; il apprenait tous les secrets du métier et il ne recevait l'autorisation de s'établir qu'après avoir prouvé son habileté en faisant un *chef-d'œuvre*. Demandez à votre père : peut-être a-t-il vu encore les *compagnons* * (*V. les Compagnons du tour de France, leçon* p. 131) se promener par le pays en procession, portant sur une civière une pièce de charpente ou d'ébénisterie. Cela marquait la fin d'un apprentissage : l'apprenti, ayant exécuté son chef-d'œuvre, quittait l'atelier pour s'établir à son compte.

Aujourd'hui ces cérémonies sont rares et ces obligations n'existent plus.

Il y a bien encore des apprentis qui apprennent le métier sous la direction d'un patron. Mais ils restent à l'atelier le temps qu'ils veulent et s'établissent dès que cela leur plaît. Il n'y a plus de corporation, comme autrefois, pour s'inquiéter s'ils sont capables. Les patrons établis n'ont plus le droit d'empêcher un ouvrier de s'établir, même s'ils le savent incapable.

Les ouvriers, de leur côté, ne font rien pour aider les apprentis à bien savoir leur métier. Ils n'aiment pas les apprentis. Les apprentis sont de jeunes garçons; ils sont moins bien payés que les *adultes* *. Et alors les adultes, les hommes faits, qui savent bien leur métier, craignent que, par économie, le patron n'emploie plus d'apprentis que d'ouvriers. En conséquence, dans chaque *atelier*, ils exigent qu'on limite le nombre des apprentis et qu'on le proportionne rigoureusement au nombre des ouvriers (un apprenti pour six ouvriers, un apprenti pour dix ouvriers). Cette jalousie ridicule fait que les apprentis sont trop peu nombreux et que les bons ouvriers, sachant leur métier, deviennent de plus en plus rares.

La France y perd; les étrangers nous achetaient nos produits parce qu'ils savaient que nos ouvriers étaient habiles. Mais les ouvriers habiles sont ceux qu'on a formés de bonne heure; et si la réputation des nôtres diminue, les étrangers cesseront de venir acheter chez nous : ils préféreront acheter chez eux.

son état. Les ouvriers n'aiment pas qu'on forme des apprentis et les apprentis, eux, veulent aller trop vite, et gagner de l'argent, avant même de savoir tenir un outil. Ils ne sont pas plus tôt apprentis qu'ils rêvent d'être ouvriers, puis patrons. Alors comment voulez-vous qu'ils enseignent plus tard un métier qu'ils ne savent pas eux-mêmes? Dans quelques années d'ici, si cela continue, on ne trouvera plus en France de ces fins ouvriers d'autrefois. Car pour l'ouvrier, la France était le premier pays du monde. Ça fait de la peine tout de même.

— Oui, vous avez raison, monsieur Darle, il y a déjà quelque temps qu'on s'aperçoit de ce que vous dites et cela est fâcheux pour nous autres Français. Ainsi vous ne tiendriez pas à ce que Pierre fût ouvrier?

— Je n'y tiendrais pas... Il faudra bien faire comme nous pourrons; les pauvres gens n'ont pas toujours la liberté de choisir; mais, si cela dépendait de moi, Pierre serait autre chose. Il ne deviendra jamais patron, car je n'aurai jamais de quoi l'établir, et quant à rester toute sa vie ouvrier, comme on l'est aujourd'hui.....

Au lieu de finir sa phrase, Darle haussa les épaules et avança les lèvres comme pour dire : « Ça serait dommage. »

Mais que voulez-vous, ajouta-t-il, il faut bien vivre et gagner sa vie d'une façon ou d'une autre. Et, avec nous, c'est pressé, parce qu'il faut beaucoup de soupe dans la marmite.

CHAPITRE III

Les grandeurs et la misère dorée; les anxiétés d'un père.

— Et si vous en faisiez un typographe? dit M. Bertrand; c'est là un très bon métier, où l'on arrive vite à gagner quelque chose. On s'adresse quelquefois à moi pour avoir des jeunes garçons et je crois que je pourrais vous placer le vôtre.

— Mais je ne demanderais pas mieux, et je vous remercie beaucoup, monsieur; seulement, pour être typographe, il faudrait aller à la ville, à Auxerre ou à Joigny, et Pierre est encore bien jeune pour nous quitter. Si nous avions de la famille par là, pour prendre soin de lui, je ne dis pas; mais nous n'y avons personne, et ce serait peut-être risquer gros que de l'installer loin de nous, tout seul, à son âge.

— C'est là une raison sérieuse, et je comprends votre hésitation.

— Oh! ce n'est pas commode de trouver juste ce qui convient, reprit Darle. Il y a toujours quelque chose qui cloche. Ma femme avait songé à Baudry,

---

LEÇON DE CHOSES : **L'huissier.** — L'huissier a toutes sortes de fonctions.

Il est d'abord l'auxiliaire des juges. Quand les juges entrent en séance *, c'est-à-dire pénètrent dans la salle où se rend la justice, l'huissier les précède, il ouvre la porte (*huis*, vieux mot qui signifie *porte*, d'où le nom de *huissier* donné à celui qui l'ouvre) et annonce au public : « Le Tribunal. »

Quand les juges sont assis à leurs places et que l'audience * s'ouvre, c'est l'huissier qui tient le rôle et fait l'appel des *causes*.

Les causes, ce sont les procès. Durand a vendu sa vache à Godefroy, Godefroy refuse de payer le prix, prétendant que

l'huissier. En ce moment, il cherche un commis et Pierre serait parfaitement capable de copier des assignations * et des actes. Au premier moment, j'étais tellement coiffé de cette idée que je voulais, sans perdre une minute, aller en parler à Baudry; mais quand j'y ai réfléchi, j'ai trouvé que ce serait une erreur.

---

la vache est malade. Durand somme Godefroy de venir s'expliquer devant le juge : ces explications en justice, c'est un procès, c'est une *cause*.

Mais il n'y a pas, malheureusement, que Godefroy et Durand qui aient des procès. Le juge qui doit entendre leur cause devra en entendre bien d'autres. Il ne peut les entendre toutes à la fois, ni toutes le même jour. Il les fait donc inscrire, au fur et à mesure, par rang de dates, et dit : le premier jour, je jugerai Godefroy et Durand, puis Aynier et Reboul, puis, s'il reste du temps, Sappin et Chaumette; le deuxième jour, Moreau et Ythier, puis Richard et Dardoize, etc. Et ainsi de suite pour les autres jours. La liste ainsi dressée des causes dans l'ordre où elles doivent être jugées, s'appelle le *rôle*, vieux mot français, qui signifie *rouleau* et qui désigne, en fait, le registre où sont inscrites les causes. Ce registre, au début, était une longue feuille de parchemin, difficile à plier, que l'on roulait et déroulait au lieu d'en faire, comme aujourd'hui, un livre qui s'ouvre et qui se ferme.

Quand les procès sont jugés, l'huissier est chargé de signifier *, c'est-à-dire de porter et de remettre à celui qui perd le procès une copie du jugement rendu par le juge.

L'huissier a encore d'autres fonctions : c'est lui, par exemple, qui fait les *protêts*. Chardon a prêté à Dejust 1000 francs, que celui-ci doit lui rendre le 1er mai. Le 1er mai, Dejust ne rembourse pas. Alors Chardon fait présenter à Dejust son billet * par un huissier et, si Dejust refuse de payer, l'huissier dresse un écrit, un acte — qui fait foi en justice — dans lequel il *proteste*, il atteste, il certifie au juge que Dejust a bien effectivement refusé de payer les 1000 francs. Quand le juge aura sous les yeux le *protêt* constatant le refus de payer, il pourra condamner Dejust.

Telles sont les principales fonctions de l'huissier. Ces fonctions, il ne les remplit pas gratuitement, il est payé; mais ce n'est pas l'État qui le paye, ce sont les citoyens, les particuliers par l'ordre et pour le bénéfice de qui il travaille. C'est pourquoi on dit que l'huissier est non pas un *fonctionnaire public*, mais un *officier ministériel* (V. leçon, p. 17).

— Et pourquoi une erreur? je ne le vois pas.

— Je vais vous le dire, monsieur. C'est vrai que Pierre gagnerait tout de suite quelque petite chose, et cela certainement est à considérer; mais nous ne devons pas songer qu'au présent : ce serait égoïste;

LEÇON DE CHOSES : **Les officiers ministériels.** — Les officiers **ministériels** sont notamment les huissiers, les notaires, les avoués.

Nous savons ce que c'est que les *huissiers* (V. leçon, p. 15).

Le *notaire* est chargé de rédiger et de conserver certains écrits importants : contrats de mariage, donations, testaments *, etc. Son nom vient justement de cette obligation de conserver les écrits, les *notes*. Aussi, à une certaine époque, appelait-on les notaires des *gardes-notes*.

L'*avoué* est chargé, quand il y a un procès, de rédiger certaines pièces de procédure * et, devant les juges, d'assister, d'aider les plaideurs.

En dehors des huissiers, des avoués, des notaires, on peut encore citer d'autres officiers ministériels : les agents de change *, les greffiers *, les avocats à la cour de cassation *, etc.

Pour comprendre cette expression « officiers ministériels » il faut savoir qu'autrefois *officiers* voulait dire *fonctionnaires* (encore aujourd'hui, en anglais, fonctionnaire se dit *officer*) et qu'on opposait les *officiers ministériels* aux *officiers* (ou fonctionnaires) *publics*.

Les officiers ou fonctionnaires publics, c'étaient autrefois les gouverneurs, les intendants; ce sont aujourd'hui les préfets, les directeurs des contributions, etc. On les appelait officiers ou fonctionnaires *publics* parce qu'ils exerçaient leurs fonctions indistinctement dans l'intérêt de tout le monde, dans l'intérêt public, sans se consacrer aux intérêts de l'un plutôt que de l'autre. C'était le roi qui les nommait et les payait. Aujourd'hui c'est le président de la République.

Les officiers *ministériels*, au contraire, sont des personnes qui fournissent leur *ministère*, c'est-à-dire leurs services, à celui qui les paie pour cela, et qui, étant payés par l'un, ne peuvent, en même temps, les fournir à un autre.

Si Durand accuse Mercet de l'avoir volé et si, en même temps, Mercet accuse aussi Durand de l'avoir volé, ils peuvent adresser tous deux en même temps au procureur de la République une plainte réciproque et le procureur de la République (fonctionnaire public) leur rend *à tous les deux en même temps* le service d'instruire leur affaire.

il faut songer aussi à l'avenir de l'enfant. Voilà un garçon qui ne pourra pas acheter une étude *; alors quoi? A vingt ou vingt-cinq ans, il ira à la ville, chez l'avoué * ou le notaire *; il sera payé un peu plus cher qu'en débutant, mais, somme toute, il ne sera jamais autre chose que commis.

Oh! ce n'est pas que je rêve de le voir amasser des mille et des cents, je ne suis pas ambitieux; qu'il ait de quoi rester honnête homme et plus tard élever

---

Mais je suppose que Durand ait vendu sa maison à Mercet et que Mercet refuse de payer en disant que Durand l'a trompé, que la maison n'est pas solide, etc. Durand alors s'en va chez son avoué et chez son huissier et poursuit Mercet en justice pour se faire payer. Dans ce cas, l'huissier et l'avoué, officiers ministériels de Durand, ne pourront être en même temps l'avoué et l'huissier de Mercet. Ils doivent se consacrer exclusivement aux intérêts de Durand, et Mercet devra réclamer, moyennant salaire (dans ce cas, on dit honoraires), le ministère d'un autre avoué et d'un autre huissier.

Le président de la République qui nomme les fonctionnaires publics, nomme aussi les officiers ministériels. Mais, à la différence des fonctionnaires publics, le président n'est pas libre de choisir, à son gré, les officiers ministériels en s'occupant uniquement de leurs capacités. Parmi ceux qui sont capables, il faut encore qu'il fasse un choix et ce choix doit se porter sur ceux qui ont assez d'argent pour payer le prix de la charge, ou, comme on dit, de l'étude.

Voici la cause de cette différence.

Autrefois, nos rois, ayant besoin d'argent, ont imaginé de créer des fonctions et de vendre, moyennant argent, le droit d'exercer ces fonctions. Le droit de plaider, le droit de juger, le droit de rédiger les contrats et une foule d'autres charges ou monopoles * étaient ainsi vendus par le roi. Celui qui les avait achetés du roi faisait ensuite payer au public des frais, des honoraires, qui le remboursaient de son prix d'achat. Et plus il avait payé cher au roi, plus il prenait cher au public. Quand, à la longue, il avait assez gagné et voulait se reposer, il vendait son droit, sa charge, à un autre, moyennant une somme dont ils convenaient ensemble. Mais cet autre, quand il avait ainsi acheté la charge de notaire, par exemple, n'était pas tout de suite notaire : il lui fallait, en outre, et avant de payer le prix convenu, demander l'*agrément*, la permission du roi, qui s'était réservé le droit de

convenablement ses enfants, c'est bien tout ce que je demande. Mais clerc * d'huissier ou d'avoué, surtout dans une petite ville, c'est là une position misé-

Fig. 3. — La prestation; la construction d'une route.

rable et vous savez combien la misère est plus lourde à porter sous le paletot.

L'instituteur était un homme parfaitement bon;

---

nommer ou de ne pas nommer le candidat *présenté*. Si le roi l'*agréait*, le nommait, l'autre payait son prix et c'était fini : il était notaire. Si le roi le refusait, le roi devait alors en agréer un autre que lui; et, s'il voulait n'en agréer aucun, il devait rembourser au notaire le prix, la valeur de la charge. Comme le roi n'avait jamais assez d'argent, il ne pouvait pas rembourser, et, en conséquence, il nommait presque toujours l'acheteur, le candidat qu'on lui proposait.

Cette manière de faire avait bien des inconvénients. Celui qui avait assez d'argent pour acheter, n'était pas toujours celui qui avait assez de science, qui savait assez pour bien remplir la charge.

De plus, les charges arrivaient à se vendre très cher, et,

il avait lui-même deux garçons, et comprenait toutes les craintes et toutes les hésitations d'un père. Il s'assit sur un banc qui se trouvait à deux pas et fit signe à Darle d'en faire autant.

— Il me vient une idée, dit-il; Pierre ne dessine pas mal, il est habile avec son crayon, je me souviens qu'il était toujours le premier en dessin linéaire. Vous pourriez essayer de le faire entrer chez **l'agent voyer** de Saint-Florentin; ce n'est qu'à trois kilomètres d'ici : il irait le matin et rentrerait le soir. Plus tard, s'il faisait l'affaire, il irait à Auxerre, passerait par les bureaux de l'ingénieur * et arriverait peut-être à se faire une petite situation.

J'ai connu un gamin qui est ainsi entré, à douze ans, chez le voyer *; à quatorze ans, il était dans le bureau des ingénieurs, et là, on a été si satisfait de

______

comme je vous l'ai expliqué, c'était toujours le public qui finissait par en payer le prix.

Mais, à côté de si grands abus, la *vénalité des offices* (le procédé qui consiste à vendre les charges) avait ses avantages. Les places de juge, je viens de le dire, se vendaient. Or, si le roi voulait forcer un juge à rendre une sentence injuste, le juge pouvait lui répondre : je ne commettrai pas cette injustice. Et si le roi le menaçait, le juge disait : Remboursez-moi le prix que j'ai payé pour ma charge. Et le roi ne pouvait pas rembourser. Et le juge pouvait être juste sans danger pour lui-même.

Aujourd'hui, grâce à la Révolution, les offices ministériels (qui se vendent) sont beaucoup moins nombreux qu'autrefois : il n'y en a plus guère que cinq ou six. C'est encore trop : il faudrait les supprimer absolument, le public y gagnerait. Mais pour les supprimer, il faut rembourser aux titulaires le prix de leurs charges et cela représente beaucoup d'argent. Rien que pour les notaires, on a calculé que cela faisait plus de deux milliards. La somme est si grosse qu'il est à craindre que les offices ministériels ne durent longtemps encore.

Leçon de choses : **L'impôt. — La corvée. — Les prestations.** — Tout Français doit payer l'impôt.

Il le doit pour deux raisons.

lui, on l'a trouvé si intelligent, que ces messieurs lui ont fait faire ses études; grâce à eux, il est entré à l'École polytechnique * (fig. 4) et aujourd'hui il a une

Fig. 4. — L'École polytechnique.

très belle position. Celui-là a eu de la chance, assurément; mais, sans même compter sur une pareille

———

D'abord parce que la France a besoin d'argent pour les dépenses communes. Elle a à entretenir et à payer une armée qui nous protège contre les ennemis; des gendarmes et des agents de police qui nous gardent contre les voleurs; des juges qui rendent la justice; des maîtres qui instruisent les enfants; des *agents voyers* * qui tracent et font construire les routes : qui est-ce qui paiera tout cela? Ceux à qui cela profite, c'est-à-dire tous les Français.

Il y a une autre raison pour que tout le monde paie l'impôt.

Dans un pays comme la France, qui est une République, où il n'y a ni roi ni empereur et où ce sont les citoyens qui votent, qui gouvernent (puisqu'ils nomment les députés et les sénateurs chargés de faire les lois), tous les citoyens sans exception doivent payer l'impôt. S'il y avait des Français qui, tout en ayant le droit de voter, fussent dispensés de payer l'impôt,

aubaine *, peut-être pourriez-vous tout de même chercher de ce côté.

— Monsieur l'instituteur, vous allez me trouver bien

---

cela serait contraire à l'égalité et à la justice républicaines.

Tous les Français paient donc l'impôt. Ils le paient proportionnellement à ce qu'ils possèdent. Supposons que celui qui
a 100 francs paie 1 franc, alors celui qui a 200 francs paiera
2 francs, 300 francs, 3 francs, 1000 francs, 10 francs, et ainsi
de suite.

Puisque l'impôt est une somme qu'on verse à l'État, celui
qui n'a rien n'aurait donc rien à verser. Mais ceux-là mêmes
qui n'ont rien sont citoyens. Donc, il faut qu'ils paient, si peu
que ce soit.

Alors on a institué une sorte d'impôt qui fût tel que tous les
citoyens, même les plus pauvres, pussent le payer, même
ceux qui n'ont que leurs deux bras pour travailler. Cet impôt
est un impôt qui se paie en travail : on l'appelle *prestations* (fig. 3).

Chaque citoyen doit à l'État trois journées de travail. Pendant trois jours, il travaille, sous la direction de *l'agent voyer*,
à des travaux publics : routes, chemins, etc. C'est ce qu'on
appelle l'impôt des prestations ou fourniture de travail, le mot
prestations vient d'un mot latin : *praestare*, qui veut dire
fournir.

C'est un impôt qui de tout temps et chez tous les peuples
a soulevé beaucoup de protestations : autrefois, il s'appelait
la *corvée*.

Sous ce nom, il a été très impopulaire. Son impopularité
provenait de ce que, sous le régime féodal, les paysans ou
vassaux avaient à accomplir, au bénéfice de leur seigneur, des
corvées de toutes sortes, sans compter, suivant le caprice de
ce seigneur. C'est ce qu'on a exprimé dans un dicton célèbre,
mais exagéré : Le peuple est taillable et *corvéable* à merci.

Aujourd'hui la corvée a changé de nom : elle s'appelle *prestation*. Elle a aussi changé de nature : elle est réglementée ;
elle consiste en trois journées de travail. Et, de plus, ce travail est consacré à des objets qui sont utiles au travailleur,
c'est-à-dire au contribuable : par exemple, à des chemins
vicinaux qui facilitent les communications entre villages
voisins ou qui permettent l'accès plus facile des champs.

Les prestations toutefois ont leurs inconvénients.

Tout d'abord elles pèsent lourdement sur les chefs de
famille pauvres qui ont de grands fils vivant avec eux et déjà
astreints aux prestations.

Un second inconvénient est que les contribuables ne se
donnent pas de peine, travaillent souvent sans entrain, avec

difficile; mais c'est là une chance qui ne me fait pas envie. J'imagine que c'est très beau d'entrer à l'École polytechnique et d'être ingénieur. Mais je ne crois

---

mollesse. Mais, comme aujourd'hui les travaux qu'on leur demande d'exécuter à titre de prestations se font autour de leurs propriétés et leur profitent d'abord à eux, ils travaillent avec plus d'ardeur.

Souvent aussi le contribuable reçoit l'ordre de faire ses prestations, de venir travailler à une époque où il aurait besoin de travailler pour lui-même. Mais l'administration veille aujourd'hui à ce que l'on ne convoque les contribuables que pendant la morte-saison *.

De plus, la loi autorise le contribuable, s'il le veut, à ne pas travailler lui-même mais à s'acquitter en argent, et, dans l'ensemble de la France, plus de la moitié des contribuables, au lieu de payer *en nature* (c'est-à-dire au lieu de faire leurs trois journées de travail), paient en argent.

L'impôt des prestations, malgré certains défauts, est un impôt juste, démocratique, facile à acquitter et qu'il faut conserver, en l'améliorant.

Leçon de choses : **L'École polytechnique.** — L'École polytechnique est vieille déjà de plus de cent ans. Elle fut fondée par la Convention (28 septembre 1794). On l'appela d'abord *École centrale des travaux publics*; plus tard (1er septembre 1795), on l'appela École polytechnique.

Le mot polytechnique est formé de deux mots grecs : *polus*, qui signifie : plusieurs, et *technon*, qui signifie : art, profession. Cette étymologie nous indique le but de l'École polytechnique. Elle est destinée à *préparer des ingénieurs pour toutes les professions qui reposent sur la connaissance des sciences* (mathématiques, mécanique, physique, chimie).

Voici ce que cela signifie.

Pour n'importe quel métier, n'importe quelle profession, il faut deux choses : l'intelligence et les connaissances. Les connaissances nécessaires pour une profession ne sont pas les mêmes que pour une autre profession :

Un banquier doit apprendre le droit commercial, la comptabilité, l'histoire de la monnaie, du crédit, etc.;

Un diplomate doit apprendre le droit international, l'histoire, la géographie, etc.;

Un avocat doit apprendre le droit civil et pénal, la procédure, etc;

Un ingénieur doit apprendre les sciences exactes, les sciences physiques, chimiques, etc.

Le mot *ingénieur* vient d'un mot latin *ingenium*, qui veut

pas être un mauvais père et j'aime bien mon garçon; cependant, quand il serait si haut, j'aurais peur, moi, d'être un peu trop bas. Si, une fois devenu un

---

dire esprit, intelligence; ingénieur, pris dans ce sens, signifierait donc : homme qui fait usage de son intelligence, qui en tire le meilleur parti, qui invente, qui s'*ingénie* à trouver, à découvrir, etc.

A ce compte-là, le banquier qui a imaginé la lettre de change serait un ingénieur.

Le docteur Roux, qui a inventé le fameux traitement du croup *, serait un ingénieur.

Et cependant vous n'avez jamais entendu dire de quelqu'un qu'il fût : ingénieur-banquier, ingénieur-médecin.

C'est que le mot *ingénieur* a été réservé à ceux qui emploient leurs connaissances et leur intelligence à l'application des sciences : mécanique, chimie, etc.

Voici une rivière qui a 100 mètres de large : on veut jeter un pont par-dessus. Il y a des hommes qui ont appris à construire un pont. Une fois qu'ils ont pris leurs mesures, et fait leurs calculs, ils peuvent dire d'avance, sans tâtonner, sans avoir à essayer, s'il vaut mieux, étant donnée la largeur de la rivière, employer du bois, de la pierre ou du fer, et, suivant qu'on emploiera l'un de ces matériaux, ce qu'il faudra de matériaux, de quel poids, de quelle forme, de quelle grosseur les pièces devront être, quelle portée * devront avoir les arches *, quelle épaisseur devront avoir les piles * et enfin, quand le pont sera achevé, la charge maximum qu'on pourra y faire passer sans danger.

Ou encore voici que l'on construit un navire de commerce. L'armateur *, celui pour le compte de qui on le construit, indique qu'il veut un navire qui puisse transporter 3000 tonneaux de marchandises, ne pas caler plus de 6 mètres (c'est-à-dire ne pas s'enfoncer dans l'eau de plus de 6 mètres), filer 18 nœuds en une demi-minute (le nœud = 15 mètres), etc. Il existe des hommes qui sauront, en s'aidant du calcul, dessiner un navire qui, une fois construit, réalisera toutes ces conditions.

Ou encore le ministre de la guerre veut avoir des canons. Il y a des hommes qui en employant tel métal pour le canon, en donnant telle forme à l'obus *, en composant la poudre de telles substances, et en mettant une charge de tant de kilogrammes de poudre, pourront d'avance affirmer que leurs canons enverront des obus de 50, 100, 200, 300 kilogrammes, à des distances de 4, 8, 12, 15 kilomètres.

Celui qui sait construire les ponts s'appelle ingénieur des ponts; celui qui sait dessiner le navire s'appelle ingénieur des

monsieur, un **fonctionnaire**, il allait ne plus nous regarder! Et si, dans le monde qu'il devrait fréquenter, il y en avait qui le regarderaient de travers, parce qu'il est le fils d'un ouvrier qui porte la blouse! Je sais bien que nous sommes en République et que ces

---

constructions maritimes; celui qui sait fabriquer la poudre s'appelle ingénieur des poudres et salpêtres *; celui qui sait faire les canons s'appelle ingénieur de la pyrotechnie *. Pour qu'ils puissent être ingénieurs, il faut qu'ils aient étudié les sciences, les mathématiques, la mécanique, la géologie, la physique, la chimie, qu'ils aient subi avec succès des examens difficiles et reçu de leurs maîtres un diplôme * d'ingénieur.

Maintenant, allez, un jour, voir construire un pont. Vous verrez dans le chantier :

1° Des hommes qui taillent les pierres, gâchent le plâtre et le ciment, transportent les matériaux, etc. : ce sont les *ouvriers*;

2° D'autres hommes qui travaillent avec eux, mais plutôt qui les dirigent, qui leur indiquent comment doivent se faire et où doivent se mettre les choses, et qui souvent consultent un dessin, un plan, ce sont les *contremaîtres*;

3° Enfin un ou deux hommes, qui ne sont pas en vêtements de travail, qui ne travaillent pas de leurs mains, qui sont venus là pour voir si tout marche bien. Ceux-là ont travaillé bien avant qu'on ouvrît le chantier, ce sont eux qui ont fait les plans : ce sont les *ingénieurs*.

Beaucoup de nos ingénieurs en France sortent de l'École polytechnique. L'École polytechnique est une école *générale*, où l'on *prépare* des *élèves ingénieurs* pour toutes les professions. Mais on n'y enseigne que la théorie. Après deux années d'études, les élèves ingénieurs vont, pour chaque branche, apprendre le métier d'ingénieur dans des écoles spéciales : École des ponts et chaussées, École d'artillerie et du génie *, École des mines, École des ingénieurs hydrographes *, École de pyrotechnie *, etc.

Outre l'École polytechnique, il y a d'autres écoles, très utiles également, où l'on prépare aussi des ingénieurs : telles sont l'*École centrale des arts et manufactures* à Paris, les Écoles d'Angers, de Châlons; enfin il y a des Écoles de contremaîtres et des Écoles d'ouvriers.

Leçon de choses : **Les fonctionnaires. — Le fonctionnarisme.** — Nous habitons un village des Vosges. Tout près de nous coule un torrent; au mois de novembre, le voici qui déborde. A deux pas du village est la frontière, où l'on voit

choses ne devraient plus exister, mais vous savez bien qu'elles existent tout de même. Il ne faut pas, voyez-vous, que le moineau fraye avec le tiercelet.

----

des soldats allemands s'exercer. Notre population comprend beaucoup d'honnêtes gens : commerçants, rentiers, etc.; mais elle comprend aussi des braconniers, qui sont des voleurs de gibier, et le long des routes passent des rôdeurs qui cherchent à entrer dans les maisons pour voler et qui menacent même la vie des habitants. Nous, habitants du village, nous sommes de braves gens; néanmoins nous avons quelquefois des difficultés entre nous; on ne connaît pas toujours le droit du voisin, quelquefois même, quand on le connaît, on ne le respecte pas. Celui qui habite près de moi a planté des arbres à 10 centimètres de mon mur et de mes fenêtres; or voici mes fenêtres bouchées par les branches et les fondations de mon mur ébranlées par les racines.

Le torrent à régler par le reboisement ou à dériver par un canal, les Allemands à surveiller et au besoin à repousser, le gibier et les champs à garder, les voleurs à arrêter, les procès à trancher, le droit de chacun à maintenir, voilà bien des occupations diverses : qui s'en chargera? Nous, les marchands, les rentiers, les cultivateurs? C'est bien absorbant pour des gens occupés, bien difficile pour des gens peu instruits. Quand je serai à la charrue, en train de labourer mon champ, si l'on vient m'appeler un jour pour arrêter un voleur, un autre jour pour travailler au canal, un troisième pour rendre un jugement, je n'aurai plus le temps de m'occuper de mes affaires. Je ferai assurément de mauvais gré ce qu'on me demandera, et je le ferai probablement mal. Et tout ira de travers : mes affaires à moi et les affaires communes.

Aussi, dans les pays civilisés comme est la France, a-t-on imaginé de nommer des gens dont c'est le métier, la *fonction* de s'occuper des affaires communes. Pour cette raison, on les appelle des *fonctionnaires*. Il y a des fonctionnaires civils : les agents voyers qui s'occupent des routes et des canaux, les gardes champêtres qui surveillent les champs, les juges de paix qui rendent la justice, etc. Et il y a les fonctionnaires militaires, qu'on appelle plutôt des *soldats*, mot qui signifie : celui qui reçoit un traitement, une *solde* (solde venant lui-même de *sou*, *sol*, en italien *soldo*), et qui protègent la frontière contre les attaques de l'étranger.

Ces fonctionnaires ont étudié chacun leur métier : le voyer a étudié les travaux publics; le juge, le droit, etc. Aussi, ils le font bien et, quoiqu'il faille les payer, il est économique pour tout le monde qu'il y ait des fonctionnaires.

Désormais chaque citoyen n'a plus qu'à faire ses affaires

Cependant j'ai peut-être tort de penser ainsi, et comme vous le dites, monsieur, nous pourrions toujours chercher de ce côté. Je connais M. Duchemin, le voyer, c'est un homme très bien : je pourrais lui en toucher un mot.

propres : les affaires communes sont faites par les fonctionnaires publics. C'est très commode. C'est si commode qu'on est bientôt tenté de faire faire par eux les affaires qu'autrefois on faisait soi-même et, pour cela, de nommer chaque jour de nouveaux fonctionnaires.

La rue qui passe devant votre maison doit être propre et vous la balayez; un beau jour, cela vous ennuie : vous demandez qu'on la fasse balayer par des balayeurs publics et on crée le service du balayage. Chaque jour, dans une maison habitée, on a besoin de se débarrasser des eaux ménagères; vous les envoyez dans la rue, mais à la longue vous trouvez que ces eaux séjournent, qu'elles sentent mauvais : alors vous demandez qu'on crée un égout souterrain où vous enverrez vos eaux ménagères et où de grands courants d'eau les entraîneront au loin. Et voici un nouveau service public : le service des égouts. Puis dans l'intérieur de votre maison, il peut y avoir des endroits mal construits, mal odorants, peu salubres. Vous vous en plaignez à votre propriétaire. S'il ne cède pas tout de suite à vos réclamations, vous demandez qu'un fonctionnaire soit chargé d'examiner les maisons insalubres et d'imposer les réparations nécessaires, et voici encore un nouveau service : le service de l'hygiène (logements insalubres).

Tout cela est raisonnable. La santé publique n'a qu'à y gagner. Seulement, peu à peu, le nombre de ces « services publics » s'est élevé; le nombre des fonctionnaires a grandi, si bien que cela entraîne plusieurs inconvénients.

D'abord, le citoyen, le particulier n'apprend plus à faire ses affaires lui-même, attend tout de l'État, perd l'esprit d'énergie et d'initiative *, et la nation finit par n'avoir plus assez d'hommes entreprenants qui *produisent* des richesses.

Ensuite, les services publics, de leur côté, trop nombreux, se touchent, se gênent, se contrarient; ils deviennent rivaux et même ennemis. Les fonctionnaires, créés pour l'intérêt public, oublient parfois leur origine. Ils ne songent plus assez qu'ils doivent être les *gérants* des affaires communes. Et ce qui avait été inventé pour le bénéfice de tous risque de devenir préjudiciable à l'intérêt général.

CHAPITRE IV

Les avantages du commerce.

L'instituteur était étonné des délicatesses et du bon sens de ce brave Darle. Il le laissait parler, et réfléchissait et cherchait, désireux d'être utile à un si honnête homme, père d'un de ses meilleurs élèves.

— Parbleu, fit-il au bout d'un instant, mon cher monsieur Darle, s'il n'y avait pas cette question d'argent, je ne serais pas embarrassé de vous conseiller. Il y a quelque chose qui, à mon avis, irait à Pierre comme un gant, ce serait le commerce; mais je ne vous en ai pas parlé tout d'abord, parce que l'apprentissage d'un commerçant coûte encore assez cher et que je comprends qu'ayant cinq enfants, vous ne pouvez pas faire tout pour un seul aux dépens des autres.

— Bien sûr, monsieur, on ne peut pas frustrer les derniers. Mais vraiment, vous croyez que Pierre aurait les qualités nécessaires pour faire un bon commerçant?

— Oui, sérieusement, je le crois. En définitive, avec de l'intelligence et du bon sens, qu'est-ce donc qu'il faut pour faire un commerçant? Il faut de l'ordre, de l'économie et de la bonne volonté; par bonne volonté, j'entends la politesse, la bonne humeur et tout ce qui attire le client. Eh bien, moi qui suis Pierre depuis bientôt quatre ans, je vous assure que je lui vois toutes les qualités qui peuvent faire un excellent commerçant.

— Ah! monsieur Bertrand, s'il y avait moyen de

le faire entrer dans le commerce (fig. 5), c'est cela qui nous plairait, à sa mère et à moi.

— Je vous comprends d'autant mieux, reprit l'instituteur, que quand mes deux gamins seront en âge de choisir un état, je ne leur conseillerai pas autre

Fig. 5. — Durle causant avec M. Bertrand.

chose que le commerce. Un commerçant, ayant les qualités dont je parlais tout à l'heure et qui s'occupe sérieusement de son affaire, peut arriver à une jolie aisance.

Si vous pouviez trouver le joint pour faire entrer votre fils dans une bonne maison, tel que je le connais, petit à petit, il y ferait son chemin. C'est un garçon qui aura de la conduite et, je le crois aussi, l'intelligence des affaires. Avec un patron qui l'apprécierait et saurait en tirer parti, il deviendrait, qui sait, intéressé, associé peut-être. Mais, ajouta-t-il en riant, ce sont là les châteaux en Espagne des pères de famille.

— Oh! oui, nous n'en sommes pas là; mais sans

voir les choses tellement en beau, je m'accroche à cette idée de le mettre dans le commerce. Comme vous le dites, c'est une carrière qui peut le mener à l'aisance. Et si ça ne déplaît pas à l'enfant — car c'est une mauvaise chose de contrarier la vocation * des enfants, — eh bien, si le commerce ne lui déplaît pas, ça me coûtera gros et il faudra se serrer joliment, mais je suis disposé à faire tous les sacrifices pour le pousser là. Il revaudra ça plus tard à ses frères, s'il réussit. Et je suis bien sûr que la mère ne dira pas non : c'est une femme qui a des idées et de l'invention, et qui trouvera le moyen d'arranger les choses.

— Alors, monsieur Darle, dites-lui qu'à mon avis c'est là ce que vous pourriez faire de mieux pour l'avenir de votre garçon. Pour moi, je vous l'assure, je ne dis pas si l'on m'offrait aujourd'hui, mais s'il y a seulement dix ans, on m'avait offert, à mon choix, une situation modeste dans le commerce ou dans les fonctions publiques, sachant ce que je sais aujourd'hui, j'aurais, sans hésiter, choisi le commerce.

Le commerçant est indépendant; il est libre de s'installer où bon lui semble, à Quimper ou à Carcassonne; il est maître de ses opinions et de ses actions et, jusqu'à un certain point, maître de sa fortune. Sans doute, il est le serviteur de tout le monde, mais il n'est aux ordres de personne, tandis que le fonctionnaire dépend de ses chefs, dépend des règlements, dépend des caprices de la politique, dépend de tout, enfin.

Sans compter, monsieur Darle, que ce sont ces commerçants, ces industriels, ces agriculteurs qui font la fortune et la grandeur d'un pays. Les autres, les fonctionnaires, ne sont que les administrateurs.

C'est utile, c'est indispensable d'administrer bien; mais s'il n'y avait rien à administrer, les administrations n'auraient qu'à se croiser les bras et à mourir de faim. Ce sont les autres qui les font vivre.

Si j'ai quelque influence sur leur décision, mes enfants suivront une autre carrière. Maintenant, je suis fonctionnaire moi-même et chacun sent plutôt les inconvénients de sa profession.

— Je le sais, monsieur l'instituteur; mais je suis sûr qu'ici vous me donnez un bon conseil; je vous remercie et vous fais mes excuses de vous avoir dérangé aussi longtemps.

— Tous mes vœux pour Pierre et pour vous, monsieur Darle.

M. Bertrand le reconduisit jusqu'à la porte de la cour et Darle rentra chez lui pour souper et rendre compte à sa femme de sa visite.

CHAPITRE V

Tu seras commerçant.

Mme Darle approuva chaudement l'idée de mettre Pierre dans le commerce; d'autant plus, dit-elle, que pour l'apprentissage, le père Gérard nous donnera peut-être conseil et assistance.

— Le père Gérard! Eh parbleu! voilà l'affaire! s'écria Darle. Ah! bon sang de bon sang! c'est ce que j'appelle une fameuse idée. Je n'y avais pourtant pas songé. La bourgeoise, tu as bien travaillé aujourd'hui; voilà deux fameux conseils que tu me donnes coup sur coup et qui valent gros.

Le père Gérard était un modeste commerçant, épicier et, à l'occasion, mercier et drapier, établi à Saint-Florentin, petite ville située à quatre kilomètres de Germigny. Il était l'ami de vieille date, et même un peu le parent de Mme Darle.

C'était un brave, un digne, un excellent homme, qui, dans une sphère * limitée, avait parfaitement dirigé ses affaires. Sans être riche, il avait une aisance qui le mettait à l'abri de tout souci pour ses vieux jours, et nul dans tout le pays n'était plus estimé et plus aimé.

— Le voilà, poursuivit Darle, qui justement commence à prendre de l'âge; il ne serait peut-être pas fâché d'avoir des jambes de quinze ans pour trotter à sa place. S'il voulait mettre Pierre au courant du métier en échange des quelques services qu'il lui rendrait, ce serait pour tout le monde une bonne opération. Et, plus tard, on verrait.

Mais, avant tout, il fallait en parler à Pierre.

Pierre, rentré de l'école, jouait sur la route avec des camarades. — Pierre! cria M. Darle. — Papa. Et il accourut. Il tendait son front, attendant des compliments pour son succès à l'examen. Mais Darle, préoccupé, ne songea même pas à le féliciter, ce qui était une faute : toute peine mérite salaire; les succès des fils sont la joie des pères et la louange des pères la douce récompense des enfants.

— Pierre, fit son père, que dirais-tu si on te proposait d'être commerçant?

— Commerçant! Je ne sais pas moi; qu'est-ce qu'on fait?

— On fait ce que fait le père Gérard, dit M. Darle.

En entendant cela, Pierre entrevit une petite boutique étroite, sombre, avec deux bonnes gens, qui lui

semblaient vieux comme le monde. Cela ne l'enthou-
siasma guère. Mais il ne dit rien, il était raisonnable;
il aimait beaucoup son père et voulait par-dessus tout
le contenter.

Il fut donc décidé que le premier jour où la tante
Laure serait libre pour venir garder les enfants,
Pierre et sa mère iraient jusqu'à Saint-Florentin voir
le père Gérard et causer avec lui de tous ces projets
d'avenir.

Ce qui fut fait.

Le père Gérard, toujours souriant, toujours chan-
tonnant, fit du premier coup la conquête de l'ami
Pierre. La petite boutique était, ce jour-là, éclairée
par le plus gai soleil; la **foire** l'emplissait de clients

Leçon de choses : **Les foires.** — Vous savez tous ce que
c'est qu'une **foire**. Dans une ville ou dans un gros bourg, se
rassemblent, à un jour déterminé d'avance, une foule de personnes, dont les unes ont à vendre et les autres ont à acheter
quelque chose. Sur les places et dans les principales rues
s'installent en plein vent des marchands de mercerie, d'étoffes,
de vêtements, de ferronnerie, etc., et un peu plus loin, aux
portes de la ville, sur ce qu'on appelle le champ de foire,
les marchands de bestiaux (chevaux, bœufs, cochons, etc.).

Les foires sont de très ancienne origine. Dans les villages
et dans les fermes, on avait beau fabriquer chacun chez soi la
plupart des objets indispensables : toile, drap, etc., il y avait
toujours des choses qui ne pouvaient se faire à la maison :
souliers, chapeaux, etc. Et, comme autrefois les marchands
(quand il y en avait au village) n'étaient ni nombreux ni bien
fournis, on aimait à aller à la foire où, le même jour, on
pouvait acheter toute espèce de choses.

A cette époque, les foires étaient très considérables. Il s'en
tenait à Lyon, à Beaucaire, à Troyes, au Puy, qui duraient
des semaines et des mois; on y vendait de tout; on y venait
de toute la France et même des pays étrangers. On y accor-
dait aux marchands de grandes facilités : par exemple, les
marchandises y étaient exemptes d'impôts. C'était comme la
fête du commerce. Et le mot *foire* n'a pas d'autre étymologie;
il vient de l'italien *feria*, qui veut dire fête, solennité.

Tous les pays d'Europe ont eu de ces grandes foires. Il y en
avait à Leipzig, à Francfort sur le Mein; il y en a encore une

(fig. 6), mis en belle humeur par le ciel bleu et le vin clair. Enfin, Mme Gérard avait confectionné une certaine omelette soufflée qui avait donné à Pierre la meilleure opinion d'elle et du commerce.

Pendant ce temps, sa mère conduisait sa négociation avec M. Gérard. Et, comme elle était habile parleuse, ainsi que les mères qui plaident pour leurs enfants, comme le père Gérard l'aimait fort, comme Pierre avait une mine éveillée qui témoignait en sa

---

à Nijni Novgorod, en Russie. Là, se rencontrent des marchands venus du fond de l'Asie, d'Amérique, d'Europe, des hommes et des produits de toutes les nations : de Perse, de Chine, du Turkestan, d'Angleterre, des États-Unis, etc. Aujourd'hui, il n'y a plus guère que des foires locales. Il n'y a plus de foires qui attirent des visiteurs d'un bout de la France à l'autre; on va à la foire dans son propre département; on va rarement plus loin. Le commerce est aujourd'hui si bien établi, on trouve soit dans son pays, soit dans la localité voisine, tant de marchands à demeure si bien achalandés, qu'on n'a plus besoin d'aller aux foires.

Il ne reste plus guère de foires importantes que les foires de bestiaux. Il y a pour cela des raisons particulières : les bestiaux ne peuvent pas s'acheter d'avance, pour être laissés en magasin à attendre que les acheteurs viennent. Ils dépériraient immédiatement.

Les foires offrent deux sortes d'avantages.

Elles amènent, le même jour, en un même endroit, aux acheteurs des vendeurs et aux vendeurs des acheteurs. Elles économisent le temps des uns et des autres. C'est là l'avantage de ceux qui viennent à la foire.

En outre — et c'est là l'avantage des habitants du pays où la foire se tient — elles font dépenser beaucoup d'argent dans les cabarets, cafés, auberges, etc. Aussi toutes les villes, tous les bourgs veulent avoir leur foire. Il y a aujourd'hui trop de foires.

D'autant plus que beaucoup de ceux qui y vont n'ont rien à y faire, et n'y vont que pour flâner, boire, se distraire.

Les foires ont été plus utiles qu'elles ne le seront. Puisque l'on peut trouver dans les magasins à demeure de son pays tout ce dont on a besoin, à quoi bon aller à la foire, loin de chez soi, dépenser son temps et son argent?

Les foires disparaîtront donc peu à peu. Il ne subsistera plus que les foires à bestiaux.

faveur, le soir, en rentrant à la maison, on put rapporter la bonne nouvelle que Pierre trouvait le métier
à son gré et que le père Gérard consentait à le prendre
chez lui.

— Si nous nous entendons et que j'en sois content,

Fig. 6. — La foire emplissait la boutique de clients.

je me charge pour commencer de son entretien,
avait dit l'excellent homme.

— Ah! quelle bonne affaire, fit Darle, et quel soulagement! mon garçon, tu débutes avec une fière
chance. Et posant la main sur l'épaule de son fils :
Tu n'oublieras pas, quand tu seras chez ton patron,
que nous lui devons beaucoup; tu le serviras de ton
mieux, parce qu'il est ton patron d'abord et que c'est
ton devoir, et ensuite parce qu'il est, depuis trente

ans, l'ami de ta famille, et, dès aujourd'hui, ton bienfaiteur. Je compte sur toi pour acquitter envers lui notre dette et la tienne.

— Mon père, dit l'enfant, je ferai de mon mieux; vous serez content de moi.

— C'est bien, Pierre. Et à présent, tante Laure, c'est fête ici toute la soirée. Vous allez nous faire des crêpes, des crêpes pour tout ce monde-là; et il fit avec ses bras un grand geste circulaire, en regardant la figure épanouie des enfants.

— Oui, oui, tante Laure, des crêpes, des crêpes, c'est fête ce soir !

Et c'était un concert de cris et de supplications. Il fallut s'exécuter.

— D'ailleurs, je vous aiderai, s'écria le charpentier de bonne humeur, en retroussant les manches de sa chemise. Vous ferez la pâte et moi je les retournerai (fig. 7). Vous verrez si je m'y entends.

— C'est ça, dit Pierre en riant, tante Laure fera la pâte, père retournera les crêpes et nous, nous les mangerons.

— Hein ! l'entendez-vous, ce gaillard? On a bien raison de le mettre dans le commerce; il y fera son chemin.

Et ce furent des rires, des plaisanteries jusqu'à l'heure où il fallut coucher cette petite nichée.

Le père et la mère restèrent à causer longtemps ; puis, eux aussi, se couchèrent soulagés et pleins d'espoir; la journée avait été bonne.

Dès le lendemain, Mme Darle se mit à préparer le trousseau * de son Pierre, les chemises, les chaussettes, les culottes, les souliers. Elle travaillait, moitié riant de l'avenir entrevu pour son fils, moitié pleurant du chagrin de le quitter.

Somme toute, elle était satisfaite. Pierre ne serait qu'à une lieue de Germigny ; on le verrait souvent, soit qu'on allât à la ville, soit qu'il vînt au village. Il serait chez de bons maîtres, et il était plein de bonnes résolutions, qu'il tiendrait.

Un mois plus tard, Pierre s'installait chez le père

Fig. 7. — Le charpentier avait retroussé les manches de sa chemise et faisait sauter les crêpes.

Gérard. Le jour du départ, il avait profité de « l'occasion » d'une voiture pour transporter sa malle, et n'était arrivé à Saint-Florentin que vers le soir. Il avait passé une heure à ranger ses affaires et à regarder autour de lui. Vers les sept heures, on l'appela pour souper ; après souper, le père Gérard lut son journal ; puis tous trois, avec Mme Gérard, restèrent amicalement à bavarder autour du feu. « Souffle la bougie, mon garçon, lui dit le père Gérard, on n'a pas besoin de voir clair pour causer. »

Et ce fut sa première leçon d'économie.

DEUXIÈME PARTIE

L'ÉDUCATION D'UN APPRENTI

CHAPITRE VI

Les proverbes * du père Gérard.

Le lendemain matin, Pierre s'éveilla de bonne heure; le soleil entrait à flots dans sa chambre et il entendait chanter les merles dans le jardinet, derrière la maison. Vite, il sauta à bas de son lit et alla ouvrir la fenêtre. Il resta un moment à humer l'air frais du matin, puis vint s'habiller lestement.

Il se débarbouilla en frottant de bon cœur, se peigna avec soin, brossa ses vêtements et mit un grand tablier propre, car le père Gérard, qui avait lui-même toujours l'air de sortir d'une boîte, lui avait dit : « Mon garçon, il me faut de la propreté dans la boutique et dans les vêtements. Rien ne déplaît aux clients comme de voir le commis tourner autour de ce qu'ils vont manger, avec des mains sales ou un paletot crasseux. »

Six heures sonnaient à l'église, comme il descendait les escaliers, et il se croyait le premier levé, car il n'avait entendu aucun bruit; mais voici qu'en passant devant la cuisine, il aperçut le père Gérard, sa petite calotte noire sur l'oreille et les manches de sa chemise retroussées :

— Ah! bonjour, patron, vous voici déjà levé? (fig. 8). Et moi qui comptais vous réveiller!

Fig. 8. — Bonjour, patron, vous voici déjà levé?

— Vraiment! monsieur comptait me trouver dans mon lit à cette heure-ci. Non, non, mon garçon; depuis ma jeunesse, c'est une habitude que j'ai de me lever matin et ce n'est pas aujourd'hui que j'en changerai; je m'en suis toujours trop bien trouvé. Ma pauvre vieille mère nous disait : A qui se lève matin Dieu prête la main; et elle avait raison : c'est bon pour la santé et bon pour les affaires. Une demi-heure le matin vaut deux heures dans la journée.

Mais, ce matin surtout, je tenais à être descendu de bonne heure; Auguste est venu me mettre du vin en bouteilles. C'est un brave garçon sans doute et qui connaît son métier. Mais, tout de même, j'ai préféré être là. L'œil du maître engraisse son cheval.

Et le père Gérard se mit à rire tout doucement.

— D'ailleurs, Pierre, veux-tu que je te donne un conseil?

— Mais, monsieur, j'espère bien que vous m'en donnerez beaucoup : je suis chez vous pour cela.

— Eh bien, mon garçon, fais tes affaires toi-même et ne t'en fie à personne du soin de les faire pour toi. Dans le commerce, qui veut réussir doit tout voir par lui-même; rappelle-toi cela.

Et maintenant, à la besogne. Descends vite à la cave, pour aider Auguste à rincer les bouteilles. Il faut se trémousser * le matin; ça donne de l'appétit.

— Oh! monsieur, pour de l'appétit, n'ayez crainte; je n'ai pas besoin d'horloge pour savoir quand midi approche. Et Pierre s'en alla gaiement du côté de la cave.

CHAPITRE VII

Le temps du patron.

Auguste, le tonnelier, était le plus brave homme de la terre et l'ami particulier des gamins. Il était toujours de bonne humeur et toujours avait quelque histoire drôle à raconter. Il savait enlever les cerfs-volants, lancer des bateaux qui allaient sur l'eau, prendre les moineaux à la glu et faire une foule d'autres choses fort appréciées de la jeunesse.

Pierre, qui le connaissait depuis son enfance, ne demandait pas mieux que de travailler avec lui. Il dégringola l'escalier quatre à quatre.

— Bonjour, Auguste, lui cria-t-il.

— Bonjour, petit; te voici de service dès le matin.

— Mais oui, Auguste, je suis de service : et, comme ça, il paraît que nous allons travailler tous les deux.

— Eh bien, alors, à la besogne, mon garçon; il faut que ça roule ce matin. Et, tout de suite, sans perdre une minute, il lui montra ce qu'il avait à faire.

Pierre s'y attela de bon cœur (fig. 9). Toutefois, pour égayer le travail, il s'attendait bien à ce qu'Auguste lui racontât, comme il faisait les dimanches à Germigny, quelque bonne histoire; mais, pas du tout : Auguste ne desserrait pas les dents.

— Vous ne dites rien, ce matin, fit Pierre; racontez-moi donc l'histoire du général La-Jambe-de-Bois : c'est si amusant.

— Des histoires? fit le bonhomme, en s'arrêtant pour le regarder. Crois-tu, mon garçon, par hasard que le patron me donne de l'argent pour faire marcher ma langue comme un avocat ou comme un curé?

— Comme un curé! ce n'est toujours pas M. le curé qui me raconterait l'histoire de La-Jambe-de-Bois, fit Pierre en riant.

— Ce n'est pas risible, Pierre, ce que je te dis là; c'est plus sérieux que tu ne penses, mon ami. Il y a quelque chose comme quarante ans que je suis entré, comme garçon tonnelier, chez défunt M. Loriot, le marchand de vins. Et sais-tu ce qu'il m'a dit? je me le suis toujours rappelé : « Auguste, à partir d'aujourd'hui, moi, Louis Loriot, ton patron, j'ai acheté ton temps; par conséquent ton temps n'est plus à toi; si tu le perds et si tu le gaspilles * à flâner ou à bavarder avec les camarades, tu me voles, moi, ton patron, tout comme si tu me prenais de l'argent dans ma poche, et celui qui vole, qu'il vole du temps ou de l'argent s'appelle, de son nom, un voleur. » Voilà ce que m'a dit M. Loriot. Comprends-tu ce que cela signifie, Pierre?

— Oui, je comprends, fit Pierre devenu tout sérieux. Et je vous remercie, Auguste, je n'oublierai pas ce

Fig. 9. — Pierre s'attela de bon cœur au travail.

que vous m'avez fait comprendre, et je tâcherai d'employer en conscience le temps de mon patron.

— Oh! je ne suis pas en peine de toi, mon garçon; tu ne serais pas le fils de ton père ni de ta mère, si tu ne devenais pas un brave homme; seulement, il y a de petites choses comme celles-là que la jeunesse ne voit pas tout de suite et c'est le devoir des vieux de les leur montrer. A présent, travaillons ferme. Mais, dimanche soir, viens me trouver et je te raconterai l'histoire de La-Jambe-de-Bois ou celle du général Barbe-en-Zinc. Et Auguste lui frappa sur l'épaule amicalement et se remit à remplir les bouteilles.

CHAPITRE VIII

La toilette du magasin.

Au bout d'une heure environ, Mme Gérard vint les appeler pour le café. Mme Gérard était une petite femme très active et très ordonnée, qui faisait l'effet d'un rayon de soleil, tant elle était gaie, souriante et bonne femme; tout le monde l'aimait.

— Vraiment, disait quelquefois son mari en la regardant plaisamment, j'ai tout de même eu de la chance le jour où je me suis cassé la jambe.

A l'âge de vingt ans ou à peu près, le père Gérard, en effet, s'était cassé la jambe en revenant d'une promenade à la campagne. On l'avait porté à la ferme voisine, où il était resté deux mois durant, et c'est là qu'il avait fait la connaissance de la future Mme Gérard.

— Allons, leur cria-t-elle, arrivez donc, ce petit-là a bien sûr faim; à son âge, on a toujours l'estomac dans les talons.

On eut vite expédié le déjeuner et chacun se remit à sa besogne : Mme Gérard à son ménage, Auguste à ses bouteilles. Quant à Pierre, il alla avec son patron ouvrir le magasin. Il allait savoir ce que le père Gérard entendait par « ouvrir » le magasin.

Le père Gérard mettait un soin extrême à tous les détails d'ordre et de propreté; il aimait que, dès le matin, tout fût grand ouvert, afin que l'air pût pénétrer et circuler partout. C'est, disait-il, la propreté et l'air du matin qui font peur à la vermine * et à la maladie. Voyez donc ma femme et moi, depuis tantôt quarante-cinq ans que nous sommes mariés, nous n'avons pas fait, à nous deux, un mois de maladie, et n'avons jamais eu d'autres médecins que l'eau, le savon et le grand air.

Après avoir bien aéré partout, son premier soin, chaque matin, était d'arroser le plancher copieusement. « C'est agréable quand il fait chaud, et ça empêche la formation de la poussière quand on balaye. » Et le balayage était aussi soigné que l'arrosage.

Chaque matin, aussi régulièrement que le soleil se lève, la boutique du père Gérard était essuyée et époussetée dans tous les coins et recoins, derrière les caisses et les bidons, sous les comptoirs, partout.

Ceci fait, on prenait un à un les bocaux de verre où se mettent les bonbons et les gâteaux secs, les boîtes de fer-blanc dans lesquelles on renferme le sucre, le café, les pâtes, etc. Puis, il fallait grimper sur un escabeau, promener le plumeau sur les rayons où étaient empilés le savon et les paquets de lessive. Tout y passait, jusqu'aux chapelets d'éponges, qui pendaient du plafond.

Les araignées et les mites n'étaient pas à leur affaire chez le père Gérard : chez lui, on n'en voyait jamais. « Elles ont peur de mon grand balai », disait-il.

Dès huit heures, tout était en bon ordre, net, frais appétissant ; une touffe de giroflée ou de lilas sur le comptoir : c'était plaisir à voir. « La boutique appelait le client », disait le bonhomme. Pierre était émerveillé.

LEÇON DE CHOSES : **La réclame. — La publicité. — La** réclame, la publicité, est un ensemble de procédés par lesquels on sollicite, on appelle, on *réclame* l'attention du *public* sur un objet déterminé.

M. Durand, un industriel, fabrique du chocolat. Le chocolat est un aliment que beaucoup de gens consomment. Aussi M. Durand espère-t-il bien vendre le sien. Mais il n'est pas le premier qui fabrique du chocolat. Des dizaines, des centaines d'industriels en ont fabriqué avant lui. Ils con-

— C'est égal, patron, vous en mettez de la coquetterie à ranger votre magasin.

— Mais, mon ami, disait gaiement le bonhomme, il faut bien parer sa marchandise et faire qu'elle soit agréable à l'œil. Ça sert de **réclame**. Le coup

---

tinuent toujours à en fabriquer; ils ont une clientèle, c'est-à-dire des acheteurs, qui aiment leur chocolat et qui continueront à leur en acheter, même après que M. Durand aura mis le sien en vente.

Comment donc M. Durand va-t-il s'y prendre pour conquérir une clientèle, c'est-à-dire trouver des personnes qui achètent son chocolat?

Il ouvrira des boutiques à son compte dans deux ou trois villes. Il déposera des spécimens de son chocolat chez les principaux épiciers de France; mais cela ne suffit pas. Car si vous ne savez pas que l'épicier vend du chocolat de M. Durand, vous ne lui en demanderez pas. Il est vrai que l'épicier pourra vous le proposer. Mais pourquoi vous proposerait-il du chocolat de Durand plutôt que du chocolat des autres fabricants, dont il est également le dépositaire *?

Il faut donc que Durand recoure à d'autres procédés pour vendre son chocolat. Il faut qu'il le fasse connaître. Pour cela, il fait de la réclame.

La réclame se fait au moyen d'affiches sur les murs ou d'insertions * dans les journaux. Dans les plus petites villes, vous voyez aujourd'hui sur les murs des affiches, de grandes images aux couleurs voyantes, avec des dessins éclatants. Chacune de ces affiches a pour but de vanter au public tel produit, comme étant ou meilleur ou moins cher qu'un autre.

M. Durand fait donc faire des images pour vanter son chocolat au public. Ces images représentent, par exemple, un petit garçon qui vient de finir une tasse de chocolat DURAND; le petit garçon a été gourmand, il n'a pas voulu attendre que le chocolat fût refroidi, il l'a avalé tout bouillant et s'est horriblement brûlé. Aussi il pleure à chaudes larmes et, toutefois, il se frotte le ventre d'un air de satisfaction. Sa maman le gronde pour sa gourmandise et veut lui faire promettre de ne plus recommencer, mais il n'ose pas le promettre et, au-dessous, l'image porte en grosses lettres :

J'AIME MIEUX ME BRULER ET L'AVOIR PLUS TOT

Des images semblables, M. Durand en fait afficher des milliers et des millions, jusque dans le moindre village.

d'œil, c'est important. Le client aime à acheter là où les choses ont bonne mine, et c'est assez naturel.

Tiens, Pierre, suppose deux femmes, l'une laide et mal soignée, l'autre jolie, propre et bien mise : laquelle préférerais-tu ?

— Mais la jolie, bien sûr !

— Eh bien ! c'est la même chose pour la marchandise : on choisit ce qu'il y a de plus joli, quand la qualité convient, bien entendu.

Ou encore, il fait mettre dans un journal, des annonces comme celle-ci :

DURAND. Son chocolat;
DURAND. Le plus pur cacao;
DURAND. Le plus agréable des aliments;
DURAND. Le plus léger, le plus digestif;
DURAND. Le meilleur marché;
DURAND. Par boîtes d'un demi-kilo;
DURAND. Chez tous les épiciers de France;
DURAND. Exiger la marque de fabrique, etc., etc.

Et ainsi de suite, durant 40, 50, 100 lignes.

Répétée chaque jour, dans beaucoup de journaux, cette annonce finit par attirer l'attention des lecteurs, et un beau jour,

Celui qui n'a pas l'habitude d'un chocolat plutôt que d'un autre,

Celui qui n'est pas satisfait de son chocolat habituel,

Celui qui est curieux et veut essayer des nouveautés,

Tous ceux-là vont acheter chez leur épicier du chocolat Durand.

M. Durand a ainsi conquis une clientèle.

Pour que la publicité réussisse, il faut :

1° Que le fabricant soit assez riche pour la continuer longtemps, car il faut des mois et des années pour que le public retienne le nom d'un produit entre tant d'autres produits semblables;

2° Que ce produit soit d'une qualité acceptable. Il n'est pas indispensable qu'il soit tout à fait excellent; il est indispensable qu'il ne soit pas mauvais;

3° Que ce produit soit bon marché.

CHAPITRE IX

Chaque chose à sa place; chaque chose en bon état.

Bientôt les clients commencèrent à arriver. C'était la bonne de Mme Simmoneau qui venait chercher un kilogramme de sucre; la petite Roblot qui voulait un quart de café et une livre (500 grammes, reprenait Pierre) de vermicelle; à chaque instant, on entendait tinter la petite sonnette.

Le père Gérard désignait à Pierre la place de chaque chose; il lui montrait la façon de déplier les sacs de papier pour qu'ils reposent d'aplomb dans la balance. « Allons, pèse-moi ça, lui disait-il, et surtout mets-y bonne mesure. Tout le monde sait que le père Gérard ne trompe pas sur la quantité; sa balance est l'amie du client. »

Aussitôt le client servi, il fallait remettre les choses à leur place. Le père Gérard y tenait beaucoup. Sans cela, disait-il, si, dans une petite boutique comme celle-ci, nous n'avions pas d'ordre, nous serions bientôt dans la rue avec nos marchandises. Ici, chaque article a sa place, tu vois; et dès qu'on s'est servi de quelque chose et qu'on n'en a plus besoin, c'est à cette place qu'il faut la remettre. C'est une habitude à prendre et que tu ferais bien de prendre tout de suite, parce qu'elle t'évitera de la besogne d'abord, et bien des ennuis ensuite, probablement même des pertes.

Il parlait encore quand, par hasard, il vit le panier dans lequel on mettait d'habitude un assortiment de grosses pelotes de laine.

— Encore ce panier ! décidément, je perds la mémoire, fit-il. Pierre, mon garçon, vide-moi ce panier et va de ce pas le porter chez Martin, le vannier, au coin de la rue ; tu lui diras qu'il le répare séance tenante : j'en ai un besoin urgent.

— Mais, monsieur, il n'est pas bien malade, ce panier, fit Pierre en le regardant ; il pourrait encore aller un bout de temps.

— Il n'est pas bien malade aujourd'hui, c'est vrai ; mais il le serait davantage demain et davantage encore après-demain ; il finirait par ne plus valoir la réparation et, un jour, il me faudrait en acheter un neuf, qui me coûterait trois francs, tandis qu'aujourd'hui le brin d'osier qu'on y va mettre pour le réparer me coûtera deux sous et rendra mon panier solide pour longtemps. Comprends-tu, Pierre ?

— Oui, monsieur, vous avez raison. Et Pierre se rendit chez le vannier au pas de course.

CHAPITRE X

Aux ordres des clients ; une omelette mauvaise conseillère.

Quand Pierre rentra, on était prêt à se mettre à table. — Eh bien, Pierre, fit le père Gérard, en se frottant l'estomac, et cette horloge, qu'est-ce qu'elle dit ?

— Elle dit, patron, que c'est l'heure de l'omelette, fit Pierre en riant ; et même elle doit être fameuse, celle-là, ça sent bon !

— Alors tu aimes l'omelette au lard? fit Mme Gérard
en lui en servant un morceau bien doré. Pierre ne
répondit rien, mais sa mine valait une réponse, et,
déjà, il y mettait sa fourchette, quand, drelin, drelin,
la petite sonnette se mit à marcher.

Fig. 10. — Pierre, plus leste, était déjà parti.

— Allons bon! Eh bien, qu'il attende, celui-là, fit
Pierre; je vais d'abord manger mon omelette.

— Pas de ça, Pierre, s'écria vivement le père
Gérard; tu vas laisser là ton omelette et courir au
magasin; il ne faut jamais faire attendre un client.
Si tu n'y vas pas.... Et il faisait mine de se lever,
mais Pierre, plus leste, était déjà parti (fig. 10).

— Ma foi, dit-il en rentrant, ce n'était pas la peine de se déranger pour si peu. C'était le petit Darlot qui voulait une pelote de ficelle d'un sou.

— Eh! mon ami, un sou est un sou, et, quand on soigne les sous, les francs se soignent eux-mêmes.

— Possible, mais à ce métier-là, on n'est jamais libre; s'il faut à chaque instant courir servir les gens, si l'on ne peut seulement pas manger tranquille, ce n'est pas drôle et l'on est le domestique de tout le monde.

— Comme tu dis, mon garçon, nous sommes les domestiques de tout le monde. Mais aussi, c'est tout le monde qui nous fait vivre. Si les clients ne venaient pas nous déranger, nous pourrions faire nos paquets pour aller à l'hôpital. Mais, eux, nous apportent leur argent; nous, nous les servons et comme ça, nous sommes quittes. Veux-tu me dire un métier dans lequel on soit indépendant? Tu te rappelles pourtant que nous avons beaucoup causé de tout cela l'autre jour et, ma foi, tu raisonnais fort bien ton affaire. Il paraît que ce matin la fumée de l'omelette au lard t'a fait voir les choses de travers. Il ne faudra plus nous en faire, ma femme.

— Oh! que si, nous en referons; n'est-ce pas, Pierre? Et, une autre fois, elle nous laissera voir droit, voilà tout.

— Eh bien, avec ou sans omelette, reprit le vieux, souviens-toi, mon garçon, de ne jamais faire fi d'un sou et de ne jamais laisser attendre un client.

CHAPITRE XI

La réception d'un colis.

Cette après-midi-là, le père Gérard sortit pour faire une course et Pierre resta seul à la maison. A peine son patron était-il parti, que le camion du chemin de fer s'arrêta devant la porte.

— Voici un colis pour M. Gérard, où faut-il le mettre, jeune homme? demanda le camionneur.

— Ce n'est pas bien gros, mettez-le ici, au bout du comptoir, répondit Pierre.

— Ça va bien; à présent, signez-moi cette feuille et donnez-moi 3 fr. 55.

Pierre signa, donna l'argent et mit de côté le reçu, pas peu fier de son importance. Aussitôt qu'il vit rentrer son patron, il lui cria : — Monsieur Gérard, il est arrivé du chemin de fer un colis pour vous!

— Ah! c'est de Paris sans doute, la caisse d'oranges et de figues que j'ai demandée. Et tout y est bien?

— Je ne sais pas, monsieur Gérard.

— Comment, tu ne sais pas! Tu n'as donc pas regardé? Tu n'as pas vérifié si tout était en bon état et intact?

— Non, monsieur, fit Pierre assez penaud, je ne savais pas.

— Eh! mon garçon, ce sont des choses qu'on sait sans les avoir apprises. A-t-on idée d'accepter des marchandises avant de les avoir vérifiées!

— Mais, objecta Pierre, est-ce que je pouvais me

défier de ce camionneur que je connais depuis dix ans et qui est un honnête homme?

— Il ne s'agit pas de se défier; il s'agit de vérifier.

Fig. 11. — Le père Gérard soulevait doucement les planches avec son ciseau.

Et, d'ailleurs, le camionneur n'est pas le seul employé qui ait touché à cette caisse depuis Paris. Avant lui, vingt personnes l'ont manipulée *. Les connais-tu, ceux-là? Allons, viens ici, conscrit, dit-il avec calme, et inspectons ça ensemble.

Et le père Gérard se mit en devoir d'ouvrir la petite caisse (fig. 11).

— Tiens, mets ceci de côté, cela peut nous servir plus tard. Et il soulevait doucement les planches avec son ciseau; avec les tenailles, il arrachait les clous et les redressait avec son marteau. Pierre le regardait faire sans rien dire.

— Ce que je fais là, c'est toi qui aurais dû le faire en présence du camionneur. Tant qu'il est là, si la caisse n'est pas intacte et en bon état, tu peux le lui faire constater, tu comprends, et refuser l'envoi ou te faire indemniser * par le chemin de fer. Mais si tu ne fais pas cela en sa présence, la compagnie du chemin de fer dit, et avec raison : une fois que c'est sorti de mes mains, ça ne me regarde plus; vous n'aviez qu'à vérifier tout de suite : qui est-ce qui me prouve que le dégât ne s'est pas produit chez vous?

— J'espère bien que cette fois-ci rien ne manque, fit Pierre inquiet.

Mais hélas! justement cette fois, il manquait environ une douzaine d'oranges et près d'un kilogramme de figues.

— Monsieur Gérard, si je courais tout de suite chercher le camionneur, ou si j'allais m'en expliquer à la gare; bien sûr, on me croirait.

— Tu aurais beau courir, mon pauvre garçon, le colis est accepté, ce serait du temps perdu.

— Alors, monsieur Gérard, je veux payer ce qui manque, puisque c'est par ma faute que vous le perdez.

Le père Gérard, revenu de sa mauvaise humeur, lui donna une petite tape sur l'épaule et le regarda avec son bon sourire; il voyait qu'il avait de la peine.

— Non, non, mon enfant; ce n'est pas une grosse affaire qu'une poignée de figues et quelques oranges; d'ailleurs, c'est la première fois que tu reçois des marchandises; par conséquent, je ne te blâme pas : tu ne pouvais pas penser à cela. Mais ce te sera une leçon pour toujours. Il faut que chacun fasse son école; et cette douzaine d'oranges perdue sera peut-être une grosse économie, qui sait? A présent, n'y pensons plus.

— Vous êtes bien bon, monsieur Gérard, fit Pierre. Et, tout bas, il se promit de travailler comme un bœuf pour faire plaisir à son patron.

CHAPITRE XII

La complaisance et la patience ; une cliente difficile à satisfaire.

Le jour tirait à sa fin quand une petite femme sèche, très propre, le nez en trompette et les yeux vifs, entra demander de quoi faire une robe pour sa fille.

— C'est pour la faire aller à la **fête**, monsieur Gérard, et pour mettre les dimanches, expliqua-t-elle, et je voudrais quelque chose de bon, mais pourtant pas dans les prix trop élevés, vous comprenez.

— J'ai justement là un article qui fera votre affaire, madame Barjot. Et le père Gérard descendit du rayon plusieurs pièces de mérinos * (fig. 12). Tenez, voici

Fig. 12. — Mouton mérinos.

qui serait joli pour une jeune demoiselle comme la vôtre ; et quant à la qualité, je peux vous la garantir, fit-il, en étalant devant elle une pièce d'un joli mérinos gris.

La petite femme le tâta, entre ses doigts, et réfléchit : — Oui, je ne dis pas que ce ne soit pas bon, mais c'est trop clair, ce serait tout de suite sale.

— Mais vous savez que cela se lave comme un mouchoir de poche ; il ne faut pas le laver avec de l'eau chaude, bien entendu, mais c'est bon teint.

— C'est possible, monsieur Gérard ; mais cette couleur-là ne me revient pas, je voudrais quelque chose de plus foncé.

— Alors, ceci peut-être ? et il lui présenta un autre coupon.

— Ah ! celui-là est trop foncé ; monsieur Gérard, si elle allait à la fête avec ça sur le dos, on dirait : elle est donc en deuil, la fille à Barjot [1] ?

— Voulez-vous, madame, que je vous fasse porter quelques pièces chez vous et vous choisirez la couleur et la qualité en compagnie de votre demoiselle ?

— Non, non, monsieur Gérard, une fois les pièces chez moi, je serais forcée de vous acheter de l'une ou de l'autre, et je veux être libre : acheter, si cela me plaît, et, si cela ne me plaît pas, ne rien prendre.

— Vous avez parfaitement raison et vous auriez été libre tout de même, madame Barjot ; toutefois à votre fantaisie. Cherchons ici ce qui peut vous convenir. Tenez, voici du bleu, quelque chose de frais, de jeune.

— Allons, allons, monsieur Gérard, vous vous moquez ; avec une pareille robe, ma fille aurait l'air d'un carnaval.

— Et qu'est-ce que vous diriez de ce grenat ? Voilà, j'espère, qui est joli et bien tranquille comme couleur.

— Mais, mon bon monsieur Gérard, cette fois elle

1. *La fille à Barjot*, manière de parler incorrecte, mais fort usitée parmi les gens sans instruction.

aurait l'air d'une grand'mère, et elle a eu ses dix-
sept ans à la Madeleine. C'est pourtant vrai que les
hommes n'entendent rien à l'attifement des femmes.

Leçon de choses : **Les fêtes chômées.** — Un proverbe dit
qu'il vaut mieux s'adresser au bon Dieu qu'à ses saints. Au
moyen âge, et pendant les siècles qui ont suivi, les bons
catholiques et même les mécréants * ne pensaient pas ainsi :
ils demandaient la protection des saints plus souvent que celle
de Dieu le Père.

Toutes les corporations * (*V. leçon* p. 133) se plaçaient sous
l'invocation d'un saint, se recommandaient à un patron : les
tailleurs, à saint Éloi; les charpentiers, à saint Joseph; les cor-
donniers, à saint Crépin; les artificiers *, à sainte Barbe; les
musiciens, à sainte Cécile; les jardiniers, à saint Fiacre, etc.

Les villes et les villages, à leur tour, en faisaient autant.
Les villes qui portent le nom de Saint-Pierre, Saint-Paul, Saint-
Georges sont très nombreuses; et celles qui ne portent pas le
nom d'un saint, ne possèdent pas moins un patron, un saint
dont, chaque année, on célèbre la fête.

Ce culte des saints, en effet, se traduisait par des fêtes, des
cérémonies, qui toutes étaient l'occasion d'une suspension de
travail, d'un chômage. De là, le nom de *fêtes chômées* donné à
ces fêtes. Il y avait les grands saints et les petits saints : pour
les petits saints, on se contentait de les prier, sans arrêter le
travail tout un jour; mais pour les grands saints, il fallait absolument leur consacrer une journée : c'étaient les saints *chômés*.

Les gens religieux employaient bien effectivement en prières
cette journée perdue pour le travail. Mais il y en avait d'autres,
nombreux, qui la passaient au cabaret. Il y en avait d'autres
aussi qui les employaient à certaines affaires qui n'étaient
point, à proprement parler, du travail. De là, sans doute, est
venue l'habitude de régler encore aujourd'hui certaines choses
le jour de certaines fêtes. Par exemple, dans quelques provinces, comme le Berri, les domestiques vont se *louer*, c'est-
à-dire offrir leurs services, le jour de la Saint-Jean ou le jour
de la Saint-Michel. Certains autres engagements partaient
de la Madeleine, de la Sainte-Madeleine.

Les fêtes chômées étaient, dans les époques de vive foi, très
nombreuses. Si à ces fêtes on joignait les dimanches et les
anniversaires mémorables de la vie de Jésus-Christ, on arrivait à avoir dans l'année plus de cent jours de chômage.
C'est à peine si les travailleurs avaient assez de temps pour
travailler et gagner de quoi vivre.

Nos rois virent là un excès et s'efforcèrent d'y porter
remède : Henri IV et Louis XIV obtinrent des papes qu'ils

Montrez-moi donc ce vert là-bas; ça ne m'a pas l'air mal. Qu'est-ce que cela vaut?

— Trois francs vingt-cinq le mètre.

— Trois francs vingt-cinq le mètre! répéta-t-elle. Seigneur! est-ce possible? et elle leva les bras au ciel. Mais vous plaisantez, monsieur Gérard.

— Nullement, madame; regardez donc cette largeur; et il déplia la pièce.

— C'est vrai que c'est large; mais trois francs vingt-cinq, c'est exorbitant. Qu'est-ce que le père me dirait? Voyons, monsieur Gérard, mettons trois francs et encore ce sera bien payé.

— Impossible, madame; toutes mes marchandises sont marquées **en chiffres connus**, pour que le client

---

supprimassent nombre de fêtes chômées; on ne chôma plus que les plus grands saints : saint Pierre, saint Paul, saint Jean, etc. Mais cela même était encore trop.

Aussi, en 1802, à la suite d'une entente avec le pape, Napoléon Bonaparte, alors premier Consul, obtint la réduction des fêtes chômées à quatre : le jour de Noël, l'Ascension, l'Assomption, la Toussaint.

Aujourd'hui, les jours de *repos légal*, outre le dimanche, sont au nombre de sept, à savoir : outre les quatre fêtes indiquées plus haut : le lundi de Pâques, le lundi de la Pentecôte, et le 14 juillet, jour de la fête nationale.

Ces jours-là, comme le dimanche, tout chôme : la Bourse * est fermée; la Banque * ne présente point les billets; les huissiers ne font point de protêts, etc.

Les jours de repos légal sont une bonne chose. Il faut que l'homme qui a beaucoup travaillé puisse se reposer. Mais, sous prétexte de repos nécessaire, il ne faut point encourager la paresse. C'est ce que font ceux qui demandent maintenant que l'ouvrier ne travaille plus que huit heures par jour.

Leçon de choses : **Les marques en lettres.** — Les commerçants, qui ont chez eux une foule de marchandises différentes, ne peuvent pas retenir par cœur le prix de chacune d'elles. Alors, ils ont imaginé d'inscrire le prix sur des étiquettes collées, ou cousues, ou épinglées sur chaque objet.

Dans certains magasins, sur ces étiquettes, on voit deux inscriptions. L'une représente le prix que le marchand a acheté

vois bien que je ne change pas le prix pour lui, et à juste prix. Je ne surfais pas; par conséquent, je ne peux rien rabattre. Je me contente d'un petit béné-

---

au fabricant; l'autre, le prix qu'il veut vendre au client. Si ces deux inscriptions étaient en chiffres, l'acheteur n'aurait qu'à faire la différence pour savoir combien le marchand gagne. Pour tenir son gain secret, le marchand a imaginé d'écrire son prix d'achat en lettres.

Pour cela, il a choisi un mot de dix lettres, chaque lettre représente un chiffre. Par exemple le mot : *Champenois*.

$$\begin{array}{cccccccccc} C & h & a & m & p & e & n & o & i & s \\ 1 & 2 & 3 & 4 & 5 & 6 & 7 & 8 & 9 & 0 \end{array}$$

Supposons que, sur une paire de bas, l'étiquette porte

$$\frac{h \; n \; p}{3. \; 4 \; 0}$$

h représente 2; *n* représente 7; *p* représente 5; les trois lettres font 275. Que signifie 275? Cela dépend de l'objet. Si cet objet était un très beau manteau de velours, cela voudrait dire 275 francs; si c'était un paletot d'enfant, cela voudrait dire 27 fr. 5; comme c'est une paire de bas, cela veut dire 2 fr. 75. Le marchand a donc acheté la paire de bas chez le fabriquant 2,75; il la revend 3,40 : il gagne 0 fr. 65 centimes.

Les marques en lettres étaient beaucoup plus utiles autrefois qu'aujourd'hui. Autrefois, il n'y avait pas beaucoup de commerce. Dans les villages, dans les petites villes, il n'y avait ordinairement qu'un seul marchand de chaque espèce : un seul épicier, un seul tailleur, un seul ferblantier. Ce marchand, n'ayant pas à craindre la concurrence, vendait les choses aussi cher qu'il pouvait. Une lampe qu'il avait payée 6 francs, il la vendait, s'il pouvait, 12 francs. Il savait bien que l'acheteur serait obligé de subir son prix, puisqu'il ne pouvait pas aller ailleurs. Mais quelquefois, il rencontrait un client récalcitrant, qui s'indignait du prix trop élevé, qui marchandait, et qui menaçait de s'en aller, si on ne lui laissait pas cette lampe à 10 francs, par exemple. Le marchand alors, au lieu de laisser partir ce client, se déterminait à baisser son prix, et, pour savoir de combien il pouvait le baisser, il avait besoin de savoir combien il avait payé l'objet. Il prenait soin, en prévision de pareils cas, d'inscrire sur l'étiquette son prix d'achat, et il l'inscrivait en lettres, tandis que son prix de vente était écrit *en chiffres connus*.

Aujourd'hui que le commerce s'est beaucoup développé, et qu'il y a entre les marchands une grande concurrence, le commerçant ne se hasarde plus à vendre les choses trop cher. Il

fice, mais je ne saurais vendre à perte. Maintenant, si vous trouvez le mérinos trop cher, cherchons dans les étoffes de fantaisie; j'en ai de bien gentilles, avec de jolis dessins et vraiment bon marché.

— Voyons toujours, dit-elle. Et, de nouveau, elle se fit montrer tout ce qu'il y avait dans la maison, trouvant à redire à tout, discutant, marchandant et, finalement, s'en alla au bout d'une heure sans avoir rien acheté.

— Je regrette de ne pas avoir ce que vous voulez, madame Barjot; peut-être, une autre fois, aurons-nous plus de chance, lui dit aimablement le père Gérard, en la reconduisant jusqu'à la porte.

Quand il se retourna, il trouva Pierre en train de faire des pirouettes et des révérences des plus grotesques.

— Eh bien, Pierre, qu'est-ce que cela signifie? fit-il, en riant malgré lui.

— Mais je souhaite un très bon voyage à madame, fit Pierre, en continuant ses singeries. Oh ! la vieille carabine, est-elle assez désagréable ! Eh bien, vous en avez de la patience, monsieur Gérard. Il y a longtemps que je lui aurais jeté ses mérinos et ses étoffes de fantaisie à la figure. Vous tenir là pendant une heure et s'en aller sans rien acheter, c'est trop fort. Non, vraiment, je ne pourrais pas servir des gens comme ça; je ne le pourrais pas.

---

les vend le prix qu'il faut les vendre pour gagner raisonnablement. En conséquence, il ne cède plus rien au client qui le marchande. Il n'a donc plus besoin d'inscrire sur l'étiquette son prix d'achat; il n'inscrit plus que le prix de vente et ce prix est toujours en chiffres.

C'est seulement dans le commerce de *gros* ou dans les très petites boutiques de *détail* que l'on a gardé l'usage des marques en lettres.

— Eh bien, mon garçon, si tu ne le peux pas, c'est bien inutile de te mettre dans le commerce. Si tu n'es pas capable d'être complaisant et patient avec tout le monde, tu feras mieux de chercher un autre métier. On ne choisit pas ses clients; il y en a de désagréables comme il y en a de gracieux, mais l'argent des uns vaut l'argent des autres, et qui veut manger ne doit dédaigner celui de personne.

— Je ne dis pas, patron, mais enfin, voilà une femme qui vous a fait perdre une heure, qui vous a donné bien du dérangement, et son argent, vous n'en aurez pas seulement vu la couleur.

— Et crois-tu que je l'aurais vue davantage, si je m'étais impatienté et si je lui avais jeté mes marchandises à la tête! C'est pour le coup que j'aurais perdu une cliente et probablement aussi ma réputation de marchand complaisant, ce qui est plus grave, car les clients n'aiment pas avoir affaire à des grincheux.

Même sans lui jeter mes marchandises à la figure, comme tu dis, j'aurais pu, si j'avais voulu, la forcer à me prendre quelque chose. Il y a un certain air que prend le marchand, si désagréable et si désobligeant, que le client, pour s'en éviter l'ennui, préfère prendre un article qui ne lui convient pas pleinement. Le vendeur qui a ainsi forcé le client à lui acheter quelque chose contre son gré, peut se croire très habile; moi, je soutiens qu'il est très maladroit; son client ne reviendra plus.

Crois-moi, Pierre, un peu de patience et de complaisance ne coûtent pas cher et elles rapportent gros; tâche de les cultiver et d'ici deux, trois ans, tu me diras si le père Gérard avait raison.

CHAPITRE XIII

Le progrès : les bâtonnets du sauvage ; le foyer des Vestales ; le briquet ; les allumettes.

Tout en causant, ils pliaient les pièces d'étoffes et les remettaient sur les rayons ; puis, comme la nuit tombait, Pierre alla chercher la lampe. Il venait de la poser sur le comptoir, quand la sonnette se mit à chanter de sa petite voix aiguë et, se retournant, il vit une bonne et aimable figure : c'était le vieux père Martin.

— Ne vous dérangez pas, cria-t-il. Il était emmitouflé dans un gros cache-nez de laine tricotée, ce que les paysans de Bourgogne appellent « une filoche », et avait une large houppelande sur les épaules. Il adressa un signe de tête à Pierre en guise de bonsoir.

— Il fait frisquet, ce soir, petiot ; nous aurons la gelée avant demain. Mais la jeunesse n'a jamais froid ; et il lui pinça l'oreille en riant. Et où est ton patron, mon garçon ?

— Il est dans la pièce de derrière, monsieur Martin ; souhaitez-vous que j'aille le chercher ?

— Du tout, du tout, je connais le chemin ; je venais déjà ici trente années avant que tu fusses au monde. D'ailleurs, le voici lui-même.

— Tiens, c'est toi, Martin, fit le père Gérard en rajustant sa calotte, et comment ça va-t-il ? Tu vas souper avec nous, pas vrai ? J'entends justement la vieille qui dresse la table. Hé ! ma femme, mets donc une assiette de plus, voici Martin qui vient nous demander à souper.

— Eh bien, soit, je ne refuse pas, fit le père Martin en dénouant son cache-nez. Les enfants sont chez les parents de ma bru depuis deux jours, je me sentais tout seul et suis venu me ragaillardir auprès de vous.

Les deux vieux, qui se connaissaient depuis leur enfance, étaient toujours heureux de se retrouver. On se mit à table : on causa du vieux temps, de celui-ci, et de celui-là. Et c'était à chaque fois des réflexions à n'en plus finir. « Te rappelles-tu ci, te rappelles-tu ça? » On riait, on s'attendrissait et, pour une heure, on redevenait jeune.

— Pierre, fit au dessert le père Gérard, va-t'en au magasin; dans le coin à gauche, près de l'entrée de la cave, tu prendras une bouteille de ce kirsch * que nous avons reçu tantôt; je veux que nous en buvions une goutte en l'honneur de mon vieil ami qui est venu souper avec nous. Pierre y courut et, quand il le sentit à distance, le père Gérard ajouta : — Et aussi en l'honneur de mon jeune commis, qui va très bien et dont je suis fort satisfait. Mais je ne veux pas le lui laisser trop voir. Il faut encourager les jeunes gens; il ne faut pas les gâter à force de compliments.

Pierre rentra, rapportant le précieux liquide; on déboucha gaiement le flacon et on but à la santé les uns des autres en trinquant à la mode de Bourgogne.

— Et maintenant, Pierre, serre-moi cette bouteille dans l'armoire; nous n'y toucherons plus que le jour où tes parents viendront nous voir.

Après souper, le père Martin tira sa pipe : — Vous permettez? fit-il, en regardant Mme Gérard. La brave femme haussa les épaules : — Mais faites donc; vous savez bien, père Martin, qu'ici vous êtes chez vous. Le père Martin se mit à bourrer sa pipe. — Hé! petit, as-tu une allumette?

— Tout de suite, monsieur Martin, répondit Pierre. Et il rapporta du magasin une boîte neuve, pleine de ces allumettes qu'on appelle suédoises.

— Ça a tout de même changé depuis notre jeune temps, dis donc, Gérard, quand chacun portait son briquet. Nous ne connaissions pas les allumettes chimiques, nous autres.

Fig. 13. — Les sauvages font du feu en frottant deux morceaux de bois l'un sur l'autre.

— Hé oui, tout a changé; les enfants d'aujourd'hui ne savent peut-être seulement plus ce que c'est que le briquet. En as-tu jamais vu, toi, Pierre?

— J'en ai vu un, dit Pierre, à mon oncle qui était soldat; mais je ne me souviens plus comment c'est fait.

— Oh! ce n'est pas compliqué. C'est tout simplement un morceau d'acier avec lequel on frappe une pierre à feu. Naturellement, dès qu'on frappe, il part une étincelle qui enflamme l'amadou ; et cet amadou, on le met tout allumé dans sa pipe pour faire prendre le tabac.

— Eh bien, moi, je sais quelque chose de plus fort que le briquet, s'écria Pierre. Dans le temps, il y a longtemps, par exemple, on ne savait faire du feu qu'en frottant deux morceaux de bois l'un sur l'autre (fig. 13). C'est à l'école qu'on nous a raconté cela. Et même il paraît qu'il y a aujourd'hui encore des sauvages qui se servent de cette manière-là. Ils creusent un trou dans le flanc d'un morceau de bois bien sec, ils y posent un bâtonnet pointu et tournent vite, vite, jusqu'à ce que cela devienne chaud ; ça commence tout doucement à fumer, puis ça flambe, et le tour est joué.

— Ce n'est tout de même pas bête.

— Non ; mais c'est long. Aussi, M. Bertrand, notre maître, nous disait qu'il y a eu des peuples qui, pour éviter d'avoir sans cesse à rallumer le feu, avaient institué des gens uniquement occupés à l'entretenir ; à Rome, c'étaient des jeunes filles qui étaient char-

Fig. 14. — Le feu de Vestales.

gées de ce soin-là (fig. 14), et il faut croire que cela paraissait important, car celle qui l'oubliait était punie de mort. Aussi le feu ne s'éteignait jamais, ce qui était commode.

— D'accord, mais les allumettes chimiques sont

plus commodes encore, fit Mme Gérard ; on frotte et ça y est : le temps de le dire, on a du feu.

— On a du feu, on a du feu,... dit en riant le père Martin. Si les vôtres prennent si bien que ça, c'est qu'alors vous vendez des allumettes de **contrebande**.

Leçon de choses : **La contrebande. — Le contrebandier.**
— Le grand grammairien Littré, auteur d'un dictionnaire célèbre, dit que le mot *contrebande* vient de deux mots italiens : *contra bando*, et signifie commerce qui se fait contrairement au *ban*, à l'ordonnance, à la loi.

Il y a plus d'une manière de faire du commerce contrairement aux lois. Celui qui vend avec de faux poids, qui met dans sa balance des kilogrammes ne pesant que 900 grammes ou qui mesure avec un mètre de 95 centimètres, celui-là vend contrairement aux lois. On ne l'appelle cependant pas contrebandier. Le contrebandier est celui qui introduit du dehors une marchandise qu'il est absolument défendu de faire entrer dans le pays ou qui l'introduit en la cachant, afin de ne pas payer les droits de douane. Cela étant, il est permis de croire que le mot *contrebandier* signifie celui qui fait le commerce par-dessus la frontière (*bandiera*, en italien, ligne frontière).

Le contrebandier s'établit tout contre la frontière de deux pays. Là, il étudie le terrain, parcourt toutes les routes, s'habitue à voyager de nuit. Il rassemble dans sa maison ou dans quelque cachette les marchandises à faire passer en fraude, il attend l'occasion favorable. Il a un chien, rapide et fort, qui le prévient de l'approche des douaniers. Parfois, il lui attache sous le ventre certains produits fort chers, des dentelles, des montres, etc. Le chien franchit en courant la frontière et va se présenter à un ami de son maître, qui s'empare de ces objets passés en fraude et les répand dans le pays.

Les douaniers sont parfaitement au courant des habitudes des contrebandiers. Ils s'efforcent de déjouer leurs ruses. Comme eux, ils exercent une grande surveillance durant la nuit ; comme eux, ils ont des chiens, qui dépistent les chiens du contrebandier et, au besoin, les attaquent. Ils font des rondes en armes, et de temps à autre des combats sanglants ont lieu entre douaniers et contrebandiers.

La contrebande est surtout active entre deux pays où le prix des choses est très inégal. En Belgique, par exemple, le pain coûte 10 centimes les 4 livres, il en coûte 60 en France ; une boîte d'allumettes dites bougies coûte à Bruxelles 2 ou 3 centimes, elle coûte à Paris 15 centimes ; de même, une foule d'autres objets. En conséquence, il existe une foule de contrebandiers dont c'est le métier d'introduire en France, sans

C'est bon, c'est bon, un de ces jours je vous dénoncerai et vous aurez une visite des commis, vous pouvez y compter.

______

CHAPITRE XIV

Les monopoles : allumettes et tabac. Les avantages de la concurrence.

— Le fait est, fit le père Gérard, que nos allumettes françaises ne valent pas grand'chose. Pour une que j'allume, j'en gâche bien une demi-douzaine. C'est honteux d'offrir au public de la marchandise pareille.

Eh! comment voulez-vous qu'il en soit autrement? Quand il n'y a pas de concurrence, c'est toujours ainsi. Chez nous, l'État seul a le droit de fabriquer des allumettes; il sait qu'on sera obligé de les accepter comme il les fournit, à moins de frauder — ce à quoi bien des gens répugnent — et alors il ne se met pas en peine de faire mieux.

— C'est une iniquité, ces monopoles*, reprit le père Gérard, en allongeant ses jambes devant le feu. Est-ce que chacun ne devrait pas avoir le droit de fabriquer des allumettes, si cela lui plaît? Tu verrais comme ça changerait et comme nous les aurions à bon compte et de bonne qualité.

— Naturellement chacun tâcherait de les faire

______

payer les droits, de ces produits belges qui sont à si bon marché. Leur métier est très coupable.

Il n'y aura plus de contrebandiers quand le commerce sera libre entre les nations.

mieux que le voisin, pour en vendre le plus possible, fit Pierre.

— Tu te rappelles, Gérard, quand je suis allé en Belgique au sujet de mon garçon?

— Parfaitement!.

— En Belgique, en Angleterre, en Italie, ils ont des allumettes excellentes et presque pour rien. Ce sont les particuliers qui les fabriquent et je te prie de croire qu'ils les soignent.

Eh bien! je ne sais pas si je me trompe, mais je crois qu'à la frontière, près de la Belgique, les allumettes françaises sont supérieures à celles que nous trouvons par ici. Je ne parle pas des allumettes de contrebande, mais des allumettes de l'État. On doit les soigner pour cette région-là.

— Pourquoi, plutôt là qu'ailleurs? fit Pierre.

— Parce que le pays fourmille de contrebandiers qui offrent de la marchandise étrangère excellente et à bas prix; alors pour engager le public à acheter les produits français, on fabriquerait quelque chose de plus soigné et de meilleur.

Je n'en suis pas tout à fait sûr pour les allumettes, mais je le suis pour le tabac, continua le père Martin. En Belgique, ils n'ont que peu de droits sur le tabac; on le vend donc à très bas prix, pour presque rien, à côté de ce que nous le payons ici. C'est tentant, vous comprenez; et malgré les douaniers et toutes leurs précautions (fig. 15), on fraude beaucoup. Alors l'État français, en vue de décourager la fraude, vend, dans la région frontière, le tabac à si bon marché, que les contrebandiers (fig. 16) ne trouvent presque plus de clients. Tu penses si c'est avantageux pour les fumeurs.

Au contraire, dans nos départements du Centre,

les objets de contrebande ne peuvent arriver jusqu'à

Fig. 15. — Les douaniers.

nous. Ils seraient vingt fois saisis en route. Et alors

l'État, n'ayant rien à craindre, nous vend ses produits ordinaires de la qualité et au prix qu'il lui plaît.

— Oui, oui, fit le père Gérard, ces monopoles sont toujours une mauvaise chose. Mais enfin, s'il leur en faut absolument, au moins qu'ils les mettent sur les articles de luxe et pas sur les articles de première nécessité. Pour le tabac, par exemple, c'est moins dur que pour

Fig. 16. — Les contrebandiers.

les allumettes. On peut se passer de tabac, mais on ne peut pas se passer d'allumettes.

— Que veux-tu, mon pauvre Gérard, il y aura toujours des choses à redresser jusqu'à la fin du chapitre. Prenons donc le temps comme il vient et faisons, nous, de notre mieux. En attendant, nous ne sommes pas trop à plaindre. Nous avons bien soupé, nous voici devant un bon feu et je ne donnerais pas ma bonne vieille pipe pour un billet de mille.

CHAPITRE XV

Un danger du métier d'épicier : manger son fonds.

Ils continuèrent ainsi à bavarder comme bavardent les vieux, qui ont derrière eux tous leurs souvenirs et toute leur expérience. Le feu flambant les égayait et les tenait en belle humeur.

A neuf heures sonnantes, le père Martin se leva. Il avait ses habitudes : à cinq heures debout, malgré son grand âge, et à neuf heures au lit; entre temps, ses trois repas, auxquels il faisait honneur.

— Bonsoir, Gérard.

— Bonsoir, Martin.

— Bonsoir, Pierre. Madame Gérard, je vous salue.

Et on entendit son pas encore cadencé s'éloigner dans la rue, puis s'éteindre.

— La bonne heure pour aller se coucher, dit Pierre. Et il allait déjà chercher sa lanterne (le père Gérard, de crainte du feu, ne permettait ni lampe ni bougie) pour monter dans sa chambre, quand le patron l'arrêta (fig. 17).

— Tout est bien en ordre, Pierre?

— Oui, monsieur.

— Le magasin fermé? La clef de la caisse ôtée?

— Oui, monsieur.

— Tout inscrit sur la « main courante ».

— Oui, monsieur, tout inscrit.

— Tu es bien sûr?

— Oh, sûr, monsieur.

— Rien d'oublié? Voyons, cherche bien.

— J'ai beau chercher, je ne trouve rien.

— Cela ne m'étonne pas et je vais t'aider. Tu es en train de commettre la faute que commet plus d'un de mes confrères. Qu'est-ce que je t'ai envoyé chercher au dessert?

— Ah! une bouteille de kirsch.

— Et qu'est-ce que tu es venu prendre toi-même pour Martin?

— Une boîte d'allumettes.

— Eh bien?

— Eh bien, quoi, monsieur?

— Est-ce inscrit?

— Non, monsieur. Il fallait donc les inscrire?

Fig. 17. — Pierre montait dans sa chambre, quand le patron l'arrêta.

— Est-ce sorti du magasin?

— Oui, monsieur, mais c'est pour vous.

— Et qu'est-ce que cela fait que ce soit pour moi? En quoi cela dispense-t-il de l'inscrire? Il faut l'inscrire deux fois; une fois à la « main courante » pour indiquer que cela est sorti, et une fois à mon livre de dépenses, pour indiquer que cela a été consommé par nous.

Sans quoi, sais-tu ce qui arriverait? A la fin de

l'année, je me dirais : j'ai encore tant de kirsch, et ce ne serait pas exact; il en manquerait un litre. Il est vrai que cette erreur, je pourrais m'en apercevoir, en faisant mon inventaire *.

Mais il y en a une autre que même mon inventaire ne me ferait pas découvrir. Quand je voudrais savoir ce que j'ai dépensé, je trouverais bien le détail de ce que j'ai payé au boulanger, au boucher, au tailleur, etc., mais il y a un fournisseur dont je n'aurais pas le compte : c'est moi-même. Or, as-tu remarqué, Pierre, combien de choses je prends au magasin : du savon, une brosse, du bleu pour la lessive, une boîte de sardines pour compléter le menu quand survient un hôte inattendu, du kirsch comme ce soir, du café, des allumettes, etc.? De prendre tout cela chez moi, ça ne m'empêche pas de l'avoir employé. Et si je n'en tiens pas compte, je ne sais plus ce que je dépense, et je ne puis pas, à la fin de l'année, reconnaître si j'ai gagné ou perdu dans mon commerce.

Il faut donc noter toutes les marchandises que je prends au magasin. De même, il faut noter ces deux sous, ces dix sous, ces vingt sous, que je prends dans la caisse pour les menus achats. Sans quoi, je dépense sans y prendre garde; je m'appauvris sans le savoir; je mange mon fonds et je peux me ruiner. Allons, fais-moi les deux inscriptions que je t'ai dites et va te coucher.

Pierre obéit. Et en montant dans sa chambre :

— Tout de même, pensait-il, il n'est pas bête le patron; je ne le croyais pas si fort; je croyais qu'il n'était que bon. Et il l'est, bon; il l'est, autant que sa femme.

Et de fait, quelles braves et dignes gens c'étaient que ce père Gérard et sa femme. Combien de fois, plus tard, Pierre devait penser à ces bonnes soirées tranquilles, passées entre eux deux.

« On dirait que je suis leur fils », écrivait-il à sa mère. Car Pierre écrivait chez lui très régulièrement chaque semaine ; et presque toujours, comme il n'était qu'à une lieue de chez lui, le dimanche après-midi, M. Gérard lui donnait congé, à moins que ses parents eux-mêmes ne vinssent le voir. « C'est qu'il ne faut pas oublier la maman, disait Mme Gérard, ni ton brave homme de père non plus. Les parents prennent tant de peine pour élever leurs enfants et ils les aiment tant. » Quelquefois, quand elle lui glissait de ces petits conseils, il semblait à Pierre qu'il l'avait vue essuyer une larme. La pauvre femme avait, il y a longtemps, perdu un petit garçon de huit ans qui, précisément, lui aussi, s'appelait Pierre.

CHAPITRE XVI

La probité commerciale : qui dupe le client se dupe soi-même.

Notre jeune commerçant n'était pas depuis trois mois entré en place que déjà il s'intéressait à tout, comme s'il avait été lui-même propriétaire ; les affaires du père Gérard étaient absolument les siennes. Il mettait tous ses soins à plaire aux clients et à faire l'article, comme il disait, se rendant à tous agréable et serviable.

— Et il vend bien, disait le père Gérard, il vend très bien, ce gamin-là.

— C'est qu'aussi je veux faire votre fortune, disait Pierre en riant; et quand vous serez **millionnaire**, nous partagerons.

— Oui, mon garçon, c'est affaire entendue.

Un matin que le père Gérard rentrait d'une petite course, Pierre lui dit, en se frottant les mains :

— J'ai fait une bonne affaire ce matin, patron.

LEÇON DE CHOSES : **Les millionnaires. — Les milliardaires.** — Quand on dit que quelqu'un est millionnaire, on veut faire entendre que, s'il n'a pas à lui un million de francs, du moins il est fort riche.

Un homme a été longtemps dans le commerce ou l'industrie ou la banque, dans les *affaires*, suivant l'expression courante. Presque chaque année, il a réalisé des bénéfices, avec ces bénéfices, il a payé son loyer, sa nourriture, ses vêtements, ses domestiques, etc.; puis ce qui lui restait encore, il l'a économisé et placé, c'est-à-dire qu'il a acheté soit des champs, soit des maisons, soit des *valeurs mobilières*. (V. *plus loin, leçon,* p. 240). En économisant ainsi, il a songé à l'avenir; il a prévu qu'un jour viendrait où, comme on dit, il se *retirerait,* un jour où il serait trop vieux pour travailler et où il aurait besoin d'avoir des *rentes* * pour vivre sans rien faire, il a aussi pensé à ses enfants, qui grandissent, qui devront s'établir, et à qui il sera heureux de laisser un *capital* (V. *leçon,* p. 100) pour leur rendre la vie plus facile.

Autrefois, il y a une trentaine d'années, l'idéal d'un commerçant était de se retirer d'assez bonne heure pour pouvoir jouir encore de la vie et se donner du bon temps. Durant la meilleure partie de sa vie, il travaillait comme un bœuf et vivait comme un rat. Puis arrivé à cinquante ans, il cédait sa maison à un autre (généralement pas à son fils) et se préparait à se reposer et à s'accorder certaines jouissances. Mais un homme qui a le goût et l'habitude du travail ne sait pas se reposer, et quand il cesse de travailler, il s'ennuie. Notre commerçant, une fois retiré, ne savait que faire : il n'aimait, ne s'y étant pas de bonne heure adonné *, ni la chasse, ni la lecture, ni le jardinage; il passait sa vie en désœuvré, languissait, tombait malade et mourait bientôt.

Telle était la fin de beaucoup de millionnaires. Car, à cette époque, l'ambition suprême d'un commerçant était de se retirer avec *un* million. Un million, cela paraissait une somme énorme; avoir un million, cela donnait droit à la considération de ses semblables; cela assurait des *revenus* *, qui permettaient de vivre largement à son aise.

— Comment ça?

— J'ai écoulé ces vieilles boîtes de conserves qui étaient en train de se gâter à la cave.

— Et combien les as-tu vendues?

Aujourd'hui, tout cela est bien changé.

D'abord, les commerçants, les industriels, les hommes dans les affaires, se sont aperçus qu'ils avaient tort de faire ainsi de leur vie deux parts distinctes : une part consacrée au travail, sans rien pour le plaisir permis, et une part consacrée au plaisir, sans plus rien pour le travail. Ils s'arrangent maintenant de façon à travailler beaucoup tout en prenant raisonnablement de plaisir, et, au lieu de s'assigner * une date où ils commenceront à se reposer, ils travaillent presque toute leur vie; ils travaillent davantage quand ils sont jeunes et vigoureux, ils travaillent moins quand ils deviennent vieux, mais ils ne cessent plus de travailler. Ils s'associent leurs enfants, leurs neveux, ou leurs meilleurs employés; ils les préparent à leur succéder; ils leur confient le plus gros de la besogne, et ils réalisent ainsi l'idéal du commerce, qui exige à la fois beaucoup de décision et beaucoup de prudence. La prudence est le lot du commerçant expérimenté, la décision, du jeune homme entreprenant. C'est là une excellente organisation.

De plus, le commerçant contemporain n'est plus hanté par l'idée d'être millionnaire. C'est trop ou trop peu. Un million, c'est une somme énorme à gagner et à économiser pour celui qui fait de moyennes affaires, simples et prudentes; mais, pour celui qui en fait de grosses, qui risque beaucoup, qui a aventuré un capital (*V. leçon*, p. 100) important, ce n'est pas une rémunération * suffisante de tant d'aléas * et de soucis.

D'autant plus que le loyer de l'argent, l'intérêt (*V. leçon*, p. 101) a beaucoup baissé; autrefois l'argent rapportait 5 pour cent; celui qui avait un million avait 50 000 francs de rentes; aujourd'hui, l'argent ne se place plus qu'à 2 1/2 ou 3 pour cent, et le possesseur d'un million n'a plus que 25 à 30 000 francs à dépenser par an. C'est beaucoup pour les petites gens; mais ce n'est pas assez pour les riches, dont *les dépenses plus grandes fournissent du travail et font gagner de l'argent à tant d'employés du commerce et d'ouvriers de l'industrie.*

En France, toutefois, un homme qui a un million et, par conséquent, 25 à 30 000 francs de rente, est encore considéré comme très riche. Mais aux États-Unis, par exemple, on ne compte plus les hommes qui n'ont qu'un million. Il y a des *milliers* de personnes qui ont 5 millions de francs (1 million de dollars); il y en a des centaines qui ont de 5 à 50 millions; il y en a des dizaines qui ont de 50 millions à près d'un

— Mais, le même prix que les autres, fit-il, d'un petit air malin; j'ai seulement bien astiqué les boîtes et voilà.

— Tu as fait ça? fit le père Gérard, en s'arrêtant pour le regarder et parlant d'une voix forte.

— Oui, patron; j'ai donc mal fait, ajouta-t-il, un peu intimidé devant le regard irrité du vieux?

— Tu as fait une chose très malhonnête, cria-t-il, en frappant un grand coup de poing sur le comptoir, et, de plus, tu as fait une chose très maladroite : voilà ce que tu as fait.

Le client à qui tu glisses ce que nous appelons un *rossignol*, c'est-à-dire à qui tu vends, sans le prévenir, une marchandise avariée, ou le client à qui tu vends ta marchandise trop cher, celui-là a le droit de dire que tu l'as volé. Il a le droit de le dire et il le dit; et il a raison. Et il ne revient plus chez toi, et ceux à qui il l'a dit, n'y reviennent pas non plus. Tu

---

milliard. On cite les fortunes prodigieuses de MM. John de Rockfeller, qui a 625 millions de francs; William Waldorf Astor, qui a 600 millions; Russell Sage, qui a 425 millions; les fils de Jay Gould, qui ont hérité de leur père plus de 500 millions; les enfants de Vanderbildt, qui ont hérité plus de 675 millions; Mme Hélène Grun, qui possède 200 millions; Andrew Carnegie, le grand métallurgiste, qui a plus de 100 millions, etc.

Ces immenses fortunes ont pu se faire dans un pays qui renferme des quantités presque illimitées de fer, de charbon, de pétrole, et qui, pouvant un jour contenir et nourrir 250 ou 300 millions d'habitants, n'en a eu longtemps que de 25 à 40 millions, et n'en a encore aujourd'hui que 65. Les premiers venus ont eu à eux seuls ce qui, dans un pays plus peuplé, aurait été partagé entre des milliers de citoyens. Mais aujourd'hui la population y augmente constamment. Dans vingt ans, les États-Unis auront 100 millions d'habitants; dans cent ans, ils en auront peut-être 200, et alors ces énormes fortunes disparaîtront à jamais. Il n'y aura plus de milliardaires comme aujourd'hui; il y aura infiniment plus de personnes raisonnablement riches.

as pu gagner quelques sous; mais tu as compromis ta bonne réputation, ce qui est le pire malheur pour un honnête homme; et, dans la suite, tu vas perdre des dizaines, des centaines de francs, et peut-être ta clientèle, ce qui est le pire malheur pour un commerçant.

Et à qui as-tu vendu ces boîtes, demanda-t-il, après un moment de silence?

— A la bonne de Mme Prioux, répliqua Pierre, devenu tout pâle; car il n'avait pas encore vu le père Gérard en colère.

— Eh bien, tu vas aller tout de suite chez elle; tu vas expliquer que tu t'es trompé, et tu me rapporteras ces boîtes; je ne veux pas de ces façons-là, tu entends. Tromper le monde sur la marchandise vendue, cela n'est pas dans mes habitudes. Bon de gagner de l'argent, mais il faut le gagner honnêtement.

Pierre mit sa casquette et sortit tout penaud.

Mme Gérard, qui avait tout entendu, entra.

— Je comprends que tu sois fâché, Gérard, fit-elle; mais cet enfant n'a pas réfléchi. Tu sais bien qu'il n'est pas malhonnête; s'il a volé, comme tu le dis, ça ne lui met pas un sou dans sa poche, pauvre petit. Tu as été un peu vif, mon ami; quand il est venu prendre sa casquette, il était blanc comme un linge.

Le père Gérard, encore fâché, s'emporta contre sa femme, mais sa colère ne dura pas longtemps et il finit par dire : « Tu as peut-être raison. »

CHAPITRE XVII

L'intérêt du client est l'intérêt du marchand.

Quand Pierre rentra, il alla tout de suite trouver le père Gérard.

— Je suis bien fâché de ce que j'ai fait ce matin, monsieur Gérard, dit-il, et je vous demande pardon, je n'avais pas réfléchi, mais je vois maintenant que c'était malhonnête, aussi je vous promets que je ne recommencerai plus; n'ayez pas peur.

— Allons, donne-moi la main, tu es un brave garçon, Pierre, s'écria le père Gérard. Ne parlons plus de cette petite affaire qui n'est, je le vois, qu'une étourderie.

A présent, tu vas retourner chez M{\rm me} Prioux, avec d'autres boîtes, tu aurais pu les prendre la première fois pour t'épargner une course, mais je n'y ai pas pensé.

— Oh! patron, la course n'est rien.

Et il se mit en route, cette fois, le cœur tout léger.

Quand il rentra, il trouva le père Gérard en train de servir une jeune paysanne (fig. 18) qui avait fait déjà nombre de petites emplettes *. « Nous sommes assez loin de la ville, disait-elle, et nous n'y venons pas très souvent; c'est pourquoi j'aime à faire quelques petites provisions. » Et elle choisissait du fil, des boutons, du ruban.

Le père Gérard ficelait déjà son paquet, quand elle s'aperçut qu'elle avait oublié de prendre du caoutchouc.

— Donnez-m'en une douzaine de mètres, dit-elle.

— Je veux bien, madame, vous voyez qu'il y a de

quoi, fit le père Gérard, en lui montrant son tiroir;
mais 12 mètres de caoutchouc, c'est beaucoup. Ce
n'est pas une chose qui se garde bien; avec le temps,
ça se dessèche, ça durcit et ça ne vaut plus rien : je
ne vous conseillerais pas d'en prendre autant. Tenez,

Fig. 18. — Il trouva le père Gérard en train de servir une paysanne.

en voici un bout qui est resté là depuis peut-être un
an ; il peut bien s'allonger, comme vous voyez; mais
il ne revient * plus, il n'est plus élastique. Le caoutchouc en est parti et il ne reste plus guère que le
tissu de coton.

— C'est vrai tout de même, monsieur Gérard, et
je vous remercie bien de m'avoir prévenue, fit la
jeune femme surprise et charmée. Donnez-m'en donc
trois mètres, s'il vous plaît, au lieu de douze. C'est
égal, ajouta-t-elle, ce n'est pas tous les marchands
qui vous donneraient des conseils aussi désinté-
réssés. Je dirai à ma belle-sœur, qui vient d'arriver

dans le pays, qu'elle peut venir se fournir chez vous. Elle ne trouvera pas chez tout le monde autant de conscience.

Quand elle fut partie : — Tu vois, Pierre, voilà une cliente qui ne me quittera pas, et qui probablement m'en amènera d'autres; et cela, parce qu'elle sent que je la sers consciencieusement. Cela vaut bien quelques mètres de caoutchouc à trois sous, n'est-ce pas?

— Oh! oui, fit Pierre d'un air convaincu.

— Eh bien, mon garçon, c'est toujours la même chose, et tout ce que je te dis depuis que tu es avec moi revient à ce même principe : l'intérêt du client est toujours celui du marchand.

— Cependant, patron, c'est l'intérêt du marchand de vendre cher, et celui du client d'acheter bon marché.

— Eh bien, non encore, et voilà où tu te trompes. L'intérêt du marchand est de vendre bon marché. Et ce que j'appelle vendre bon marché, je vais te le dire : c'est vendre le prix que cela lui coûte avec un léger bénéfice. Le marchand qui se contente d'un petit bénéfice, fait naturellement beaucoup plus d'affaires que son voisin qui vend cher. Il ne fait, c'est vrai, qu'un petit bénéfice sur chaque objet, mais s'il vend beaucoup d'objets, il fait beaucoup de petits bénéfices, et beaucoup de petits bénéfices finissent par en faire un gros. Tu vois donc que l'intérêt du marchand n'est pas de vendre cher.

Et maintenant admettrais-tu que l'intérêt du client n'est pas toujours d'acheter à bon marché?

— Ah! ça, non, par exemple, je ne l'admettrais pas.

— Eh bien, je vais te le démontrer : vendre à bon marché, c'est vendre les choses le prix qu'elles valent avec un léger gain. Mais il y a des clients qui ne veulent pas mettre aux choses le prix qu'elles valent. Ils cherchent tout „ce qu'il y a de moins coûteux. Il y a des chevaux de 6000 francs, et il y en a de 30 écus. Il y a de la soie à 40 francs le mètre et il y en a à 40 sous. Un homme raisonnable n'achète, en général, ni un cheval de 6000 francs, ni un cheval de 30 écus. Une femme raisonnable n'achète une robe de soie ni à 40 francs ni à 40 sous. Ils mettent aux choses le prix qu'elles valent. Un bon cheval vaut un billet de mille francs; une bonne étoffe de soie vaut 8 à 12 francs le mètre. Si vous voulez un cheval pour cent francs et de la soie pour deux francs, vous en trouverez, mais ils ne dureront pas, et ce qui vous aura paru si bon marché, vous reviendra, à la fin, très cher.

— Oh! que les hommes sont bavards, fit Mme Gérard, en montrant par la porte entr'ouverte sa bonne figure souriante. Voilà trois fois que je vous appelle pour déjeuner, mais il n'y a pas de danger qu'on fasse attention à une pauvre femme, quand on est en train de causer.

Là dessus, ils passèrent dans la petite pièce propre et gaie, au papier parsemé de bouquets de roses, qui leur servait de salle à manger. Et tous trois se mirent à table.

CHAPITRE XVIII

La comptabilité; son utilité et ses avantages.

Un samedi de l'après-midi, comme Pierre se disposait à passer sa veste pour aller en courses, le père Gérard l'appela et lui dit :

— Garde ton tablier; tu ne vas pas sortir; tu vas rester avec moi, pour apprendre du nouveau.

Qu'est-ce que tu as fait ce matin?

— Ce matin, monsieur, j'ai fait à fond la toilette du magasin.

— Eh bien, ce tantôt, tu vas faire à fond la toilette de la caisse* et des livres de compte (fig. 19). Jusqu'ici, c'est moi qui me suis chargé de cette besogne : je ne pouvais pas tout t'enseigner à la fois ; mais maintenant ce que tu sais, tu

Fig. 19. — Le père Gérard causant tout en fouillletant les livres de comptabilité.

le sais bien, et je puis faire entrer d'autres choses dans cette boule-là.

Et il lui secoua amicalement la tête.

— Sais-tu ce que c'est que la comptabilité?

— Pas beaucoup, monsieur; ce sont des livres où l'on inscrit tout. Il y en a trois : le grand livre, le journal...

— Ta, ta, ta, monsieur le perroquet, je ne te demande pas de me réciter les leçons du maître d'école, ou de me répéter ce que tu as lu dans les livres. Retenir n'est rien; il faut avoir compris. T'es-tu jamais demandé ce que représente la comptabilité d'un commerçant et pourquoi un commerçant est, de par la loi, tenu d'en avoir une, tandis qu'un autre citoyen en est dispensé?

— Non, monsieur.

— Eh bien, je vais te le dire et, quand tu auras bien compris, tu verras alors l'importance qu'il y a

pour moi, pour tous les commerçants, et qu'il y aura
pour toi plus tard, à avoir des livres bien tenus, et l'im-
prudence, je dirai presque le crime que commettent
ceux qui ne les tiennent pas ou qui les tiennent mal.

Fig. 20. — Tribunal de commerce de Paris. A droite, le Palais de Justice.

La comptabilité du commerçant, c'est une lunette
à deux tuyaux; par l'un des tuyaux, il regarde sa
position vis-à-vis des autres, pour voir ce qu'il leur
doit et ce qu'ils lui doivent; par l'autre, il regarde sa
position vis-à-vis de lui-même, pour voir s'il s'est
enrichi ou s'il s'est appauvri.

Pour cela, pour que ces tuyaux lui laissent voir
quelque chose, il faut que, ce quelque chose, il ait
pris soin de l'inscrire sur des livres, dont la loi elle-
même a prescrit le nombre et la forme. Et à faire
ces inscriptions, sais-tu quel avantage il y trouve?

— Vous venez de le dire : il y trouve l'avantage de pouvoir se rendre compte.

— Ah! il en trouve un autre et bien plus grand encore. Ces inscriptions qu'il a faites sur ses livres lui servent d'abord, le jour où il a un procès, à prouver devant la justice l'exactitude de ce qu'il prétend. Je soutiens que Dumas me doit 100 francs pour achats qu'il a faits chez moi, en 1895. Dumas dit que non, moi, j'affirme que si. Eh bien, si les achats de Dumas ont été notés sur mes livres au jour le jour, et si Dumas ne peut pas prouver que ces inscriptions sur mes livres sont mensongères, c'est moi, de nous deux, que le juge croira ; il me croira, parce que c'est inscrit sur mes livres.

Est-ce qu'un pareil avantage ne vaut pas qu'on se donne chaque soir un peu de peine pour faire régulièrement sur les livres les inscriptions prescrites ou, comme on dit, pour « tenir sa comptabilité » ?

— Oh! si, monsieur, bien sûr.

— Eh bien, ce premier avantage que je viens de te dire, n'est encore rien, à côté de celui-ci. Tout à l'heure, ces inscriptions me faisaient gagner mon procès et m'empêchaient de perdre mon argent. Elles peuvent faire bien plus : elles peuvent m'empêcher de perdre mon honneur.

— Comment cela? dit Pierre impressionné.

— Dans le commerce, tu le sauras plus tard, tout le monde ne fait pas fortune. Pour un qui s'enrichit, il y en a un autre qui ne gagne rien, et un troisième qui perd ce qu'il avait. Après avoir travaillé pendant des années, il arrive un jour où le commerçant ne peut plus payer ce qu'il doit. Il doit 1000 francs à celui-ci qui lui a vendu du chocolat, 400 francs à celui-là qui lui a fourni du café, etc. Ces gens à qui il va faire perdre leur argent, se fâchent contre lui et le malmènent : « Comment, vous m'achetez pour 1000 francs de chocolat et vous n'avez pas le premier sou ! Comment, vous me demandez du café et vous savez que vous ne pourrez pas le payer ! Imbécile, voleur ! » Voilà ce qu'ils disent.

D'être appelé imbécile, c'est ennuyeux ; mais voleur, si c'est vrai, c'est déshonorant. Un commerçant qui ne peut plus payer ou, comme on dit, faire face à ses affaires, ses créanciers * le font déclarer en **faillite** ; mais, s'ils découvrent qu'il les a volés, ce n'est plus en faillite qu'ils le font déclarer, c'est en banqueroute frauduleuse, ce qui le déshonore à jamais.

Leçon de choses : **La liquidation. — La faillite. — La banqueroute. — La réhabilitation.** — Il y a des commerçants qui sont ou inhabiles ou malheureux. Ils ont acheté leurs marchandises trop cher ; ils ont alors trouvé très peu d'acheteurs, ou bien ceux qu'ils ont trouvés ont été insolvables * ; leurs *frais généraux* (loyer, patente, employés), aussi élevés quand on perd de l'argent que quand on en gagne, les ont ruinés. Ils font ce qu'on appelle de mauvaises affaires. Finalement, il arrive un moment où ils ne peuvent plus payer leurs dettes, faire face à leurs échéances *. Il faut alors qu'ils entrent en arrangements avec leurs créanciers : voici comment cela se passe.

Ils dressent leur bilan (bilan vient de l'italien *bilancio*, balance, un plateau pour l'*avoir*, un autre pour le *doit*), c'est-à-dire qu'ils établissent le total de tout ce qu'ils possèdent, ou, comme on dit, de leur *actif* et de leur *passif*, et ils déposent ce bilan chez le président du tribunal de commerce (fig. 20). Les créanciers sont alors avertis. A un jour fixé, ils se rassemblent ; le débiteur leur expose sa situation et ils discutent ensuite sur ce qu'il conviendra de faire. Il peut alors se présenter l'un des quatre cas suivants.

Les créanciers s'aperçoivent que leur débiteur est un homme intelligent et honnête, mais qui s'est trompé ; ils sont convaincus qu'il saura faire mieux plus tard ; il leur a expliqué par suite de quelles circonstances il s'est trompé, et comment il devra s'y prendre pour réussir une autre fois. Il s'engage, d'ailleurs, à leur payer tout ce qu'il doit. Ils ont pleine confiance en lui ; ils le laissent à la tête de son commerce, ils

Eh bien, écoute ceci, Pierre : un commerçant honnête mais malheureux, le jour où un créancier furieux vient lui dire qu'il est un voleur et veut le faire déclarer banqueroutier, ce commerçant a, il

---

lui accordent du temps pour payer; quelquefois même, ils lui avancent de l'argent pour l'aider à sortir plus vite d'embarras.

Une autre fois, le débiteur demande qu'on lui remette * une partie de sa dette, et ses créanciers, voyant bien qu'il lui serait impossible de tout payer, lui consentent une réduction de 20, 30, 40 pour 100. Celui à qui il est dû 1000 francs, n'en touchera que 800 ou 700 ou 600. Mais cette fois encore ils se rendent compte que le débiteur est *honnête* et *capable*; ils lui permettent de rester à la tête de ses affaires, et, avec l'aide d'un d'entre eux, de liquider lui-même sa situation. *Liquider* vient du latin *liquere*, qui veut dire : être clair; la liquidation a pour but de rendre les affaires du débiteur claires, limpides, liquides. C'est ce qu'on appelle la *liquidation judiciaire*.

Une autre fois encore, les créanciers, tout en admettant que leur débiteur est demeuré *honnête*, le considèrent comme un homme *inhabile* et ne veulent pas le laisser à la tête de sa maison, même pour liquider. Ils font alors nommer un étranger, un syndic, représentant des intérêts communs, qui gérera le commerce, vendra les marchandises, recouvrera les créances, et distribuera l'actif à chaque créancier au prorata *, au *marc le franc* de sa créance : c'est ce qu'on appelle la faillite.

Enfin, il arrive que les créanciers voient que leur débiteur a été non seulement *inhabile* et *malheureux*, mais même *malhonnête*, et qu'après avoir mal fait ses affaires, il a cherché à dissimuler *, à cacher une partie de son actif. Ils le dénoncent à la justice. Le débiteur est alors non seulement déchu, privé de la direction de ses affaires; mais il peut être condamné à la prison. Au lieu d'être en faillite, il est en **banqueroute frauduleuse.**

Le commerçant qui a fait de mauvaises affaires, qui a été obligé de se mettre en liquidation judiciaire, celui surtout qui a été en faillite, se considère comme atteint dans sa respectabilité commerciale. Avoir eu, comme on dit, sa signature protestée (*V. leçon*, p. 10), avoir dû demander à ses créanciers une réduction sur leurs créances, est pour un commerçant une sorte de déshonneur. Il doit s'efforcer de l'effacer et de se faire réhabiliter.

Si, plus tard, dans de nouvelles affaires, il fait fortune, il paiera tout ce qu'il devait, capital et intérêts; quand il aura tout payé, il produira devant les juges les quittances de tous ses créanciers et il demandera à être réhabilité, c'est-à-dire à

dépend de lui d'avoir tout prêt un moyen de se jus-
tifier : il produit ses livres. Les juges les examinent
et, s'ils sont tenus régulièrement et conformément à
la loi, ils déclarent solennellement que le créancier
s'est trompé et que cet infortuné commerçant a pu
être inhabile, mais qu'il est toujours resté un honnête
homme.

Et cette déclaration-là, Pierre, c'est pour lui
l'infamie et la prison évitées et, plus tard, ce sera le
salut pour ses enfants ; car ils auront le droit de dire
qu'ils sont les fils d'un homme d'honneur, et tout le
monde aimera à leur venir en aide.

Et, en disant ces mots, la voix du père Gérard
tremblait : toute sa fière probité de soixante années
venait de passer sur ses lèvres.

— Comprends-tu, maintenant, mon Pierre, pourquoi
jamais je ne monte me coucher sans avoir écrit,
comme tu me vois faire, sur ces deux ou trois gros
livres ? Le comprends-tu ?

— Oh, oui, monsieur Gérard.

— Désormais c'est toi qui me remplaceras. Je te
prendrai le soir avec moi, après dîner, et je te mon-
trerai comment se tient une comptabilité. C'est
simple comme bonjour : dans une soirée, tu en auras
appris autant qu'il en faut. Mais nous n'avons pas
fini encore.

être considéré comme habile de nouveau, comme capable de
remplir certaines fonctions dont il avait été déclaré indigne :
fonctions de juré, fonctions d'électeur, etc. C'est la cour d'appel,
en séance plénière *, avec tous ses conseillers en robe rouge,
qui prononce la **réhabilitation**. Le président constate que tous
les créanciers ont été désintéressés et que le débiteur a
recouvré son honneur de commerçant. C'est une imposante et
belle solennité.

CHAPITRE XIX

Le bilan d'un commerçant.

— Je t'ai dit que la comptabilité était une lunette à deux tuyaux. Nous venons de regarder par l'un. Qu'est-ce que le commerçant voit par l'autre?

— Par l'autre? il voit sa situation à lui.

— Et comment la voit-il?

— Dame, je suppose, en surveillant tout ce qu'il a.

— Et qu'est-ce que j'ai, moi, par exemple? J'entends dans mon commerce.

— Vous avez d'abord l'argent de la caisse.

— Bon! et puis?

— Vous avez vos marchandises.

— Bien! Et encore?

— Encore? je ne sais pas.

— Eh bien : et ce que l'on me doit?

— Oh! oui, ma foi. Vous avez ce que doivent tous ceux qui vous ont acheté quelque chose à crédit.

— En sorte qu'à ton compte, l'argent de la caisse, les marchandises du magasin, et les factures de ceux qui me doivent, tout cela est à moi?

— Oui, monsieur.

— Tu n'as rien à en retrancher?

— J'ai beau chercher, je ne vois rien.

— Je vais t'aider. Les marchandises du magasin, d'où viennent-elles?

— Ah! s'écria Pierre tout d'une haleine, elles viennent de vos vendeurs et vous leur en devez le prix. En sorte que, de ce que vous possédez et de ce que l'on vous doit, il faut encore retrancher ce que vous devez vous-même.

— Parfaitement, monsieur le moulin à vent. Et maintenant, retiens ceci : quatre-vingt-dix commerçants sur cent, je parle des petits, des commerçants comme moi, quatre-vingt-dix et peut-être quatre-vingt-dix-neuf sur cent, ne savent pas exactement où ils en sont, ni vis-à-vis des autres, ni vis-à-vis d'eux-mêmes. Ils vivent au jour le jour; ils laissent aller les choses sans les surveiller et se laissent surprendre par les événements. Une fois, c'est la faillite d'un client

---

Leçon de choses : **La vente à crédit; les billets, les traites; l'escompte; l'échéance.** — Jacques Dubois fonde une épicerie. Il possède 10 000 francs. Il loue une boutique, achète des comptoirs, des tiroirs, des bocaux, des marchandises, etc. Cela lui coûte 14 000 francs. Il en paie une partie comptant; il donne, par exemple, des acomptes s'élevant ensemble à 8000 francs; il garde 2000 francs pour fonds de roulement * et pour les 6000 francs qu'il reste devoir, il demande du temps, il demande qu'on lui fasse *crédit*.

Crédit vient du latin *credere*, qui signifie croire, se fier, avoir confiance. Jacques prie ceux qui lui ont vendu le pétrole, le café, le chocolat, les rayons, etc., d'avoir confiance en lui. Il va, à son tour, revendre ses marchandises à sa clientèle, et, avec l'argent que ses acheteurs lui donneront, il paiera ce qu'il doit. Ses vendeurs acceptent.

Mais eux-mêmes ont besoin d'argent. Ils ont vendu à Dubois au mois de mai, ils ne seront payés qu'en août. Durant ces trois mois, ils ont beaucoup d'argent à dépenser. Ils ont à payer leurs ouvriers, par exemple, et tous ceux qui leur ont fait des fournitures : le constructeur mécanicien. l'armateur, etc. De l'argent, ils en pourraient en avoir chez leur banquier *; mais ils trouvent absurde d'emprunter tandis qu'on leur doit à eux-mêmes. Ils s'entendent donc avec Jacques pour que Jacques leur remette du papier, en attendant le jour où il leur remettra de l'argent.

Du papier, en style de commerce et de banque, ce sont des écrits constatant la dette de Jacques et l'époque à laquelle cette dette sera payée. Ces écrits peuvent avoir deux formes : ou bien la forme de *traite*, par laquelle le vendeur *tire* sur son acheteur, c'est-à-dire le prie de payer telle somme à telle date, à telle *échéance*; ou bien la forme de *billet*, par laquelle l'acheteur s'engage envers son vendeur à payer à telle date telle somme. On vous a expliqué tout cela dans le cours de

à qui ils ont toujours vendu à crédit et qui ne les paie pas; une autre fois, ce sont des billets ou des traites souscrits par eux, mais qu'ils avaient oubliés et dont ils n'ont pas les fonds *; ou encore, le jour où ils cèdent leur boutique, ce sont leurs marchandises qu'ils évaluaient à 12 000 ou 15 000 francs et qui n'en valent plus que 6000 ou 8000.

— Et comment faire pour éviter ces surprises?

— Avoir de l'ordre.

Mais des clients survinrent et interrompirent la leçon. Puis, vint l'heure du souper, et ce ne fut que dans la soirée que le père Gérard put reprendre son enseignement.

---

comptabilité. Maintenant quelle est l'utilité de ce papier? La voici.

Le vendeur s'en va chez son banquier et lui dit : Voici l'engagement de Jacques Dubois de me payer 2000 francs dans trois mois; voulez-vous sur cet engagement m'avancer ces 2000 francs, déduction faite de l'intérêt durant ces trois mois? Ou bien Dubois paiera à l'échéance, ou bien, s'il ne paie pas, je vous rembourserai. De toute façon, vous n'y perdrez rien.

Le banquier prend des renseignements sur Dubois et, si ces renseignements sont bons, il *escompte* * le papier, c'est-à-dire qu'il avance les 2000 francs que Dubois doit payer dans trois mois. Toutefois, il ne donne pas les 2000 francs; il en déduit l'escompte, c'est-à-dire l'intérêt de l'argent pendant trois mois, plus une petite somme appelée *commission*. Par exemple, il donne 1965 francs (trois mois d'intérêt à 6 0/0 + une commission de 5 francs = 35 francs).

Le vendeur a maintenant de l'argent. Mais vous voyez qu'il a vendu 2000 francs de marchandises, et qu'il n'a reçu que 1965 francs. Va-t-il donc perdre la différence? Rassurez-vous : il avait établi ses prix en conséquence. Le marchand vend toujours plus cher à celui qui doit ne le payer qu'au bout de quelques mois. C'est la différence entre la vente au comptant et la vente à crédit. Dans le commerce de gros et de demi-gros, les prix sont établis en prévision de la vente à crédit, ou à terme. Aussi celui qui paie comptant demande toujours qu'on lui déduise l'escompte, c'est-à-dire ce que le vendeur aurait dû payer au banquier pour obtenir son argent tout de suite au lieu d'attendre l'échéance.

— Cette fois-ci, dit-il à Pierre, ça va être une leçon pratique. Tiens, viens ici et mets-toi à la caisse *.

Combien y a-t-il dans la caisse?

Pierre sépara les sous, l'argent et l'or, et fit le compte : 228 fr. 60, monsieur, dit-il.

— Bien ! maintenant prends-moi le livre journal ; ici, ce gros cahier de papier. Qu'y vois-tu? Lis ce que tu vois.

— Robineau, fromage, 90 centimes; Denis (Auguste), facture de ce jour, 114 francs; Mᵐᵉ Langin, café, 6 fr. 50, *payé*; Auguste Lombard, 27 fr. 30, *payé*; Henri...

— Bon ! Et qu'est-ce que tout cela représente?

— Cela représente les affaires de la journée, ce que l'on nous a acheté depuis hier soir.

— Après « Mᵐᵉ Langin, café, 6 fr. 50 », qu'est-ce que tu as lu?

— J'ai lu : *Payé*.

— Ce qui veut dire?

— Ce qui veut dire que celle-là a payé comptant, tandis que les autres vous doivent encore ce qu'ils ont pris chez vous.

— Bon ! Les 6 francs 50 de Mᵐᵉ Langin et les 27 fr. 30 de Lombard sont ici; ils figurent dans les 228 francs de la caisse que tu viens de compter. Et les 90 centimes de Robineau, les 114 francs de Denis?

— Oh ! ceux-là, vous ne les aurez que dans quelque temps. Ils sont inscrits à leur compte.

— Tu veux dire que tu vas les inscrire. Prends-moi donc le livre de comptes. Cherche tout à la fin : lettre R, le nom de Robineau.

— Page 76.

— Bon ! A la page 76, au compte de Robineau, écris-moi 90 centimes. Fais de même pour Denis ;

inscris à son compte 114 francs; fais de même pour tous ceux d'aujourd'hui qui n'ont pas payé. Et, à la fin du mois, nous relèverons tout cela et leur enverrons leurs factures.

Pierre inscrivit comme il lui était commandé.

— Maintenant, dans ce que nous avons vendu aujourd'hui, sépare-moi, en deux totaux, d'un côté ce qui a été payé comptant, de l'autre ce qui a été acheté à crédit. Pierre fit les deux additions : au débit de Robineau, Denis, etc., 194 francs; comptant 78 fr. 60.

— A merveille. Vois-tu maintenant dans la caisse, à droite, un petit papier blanc?

— Le voici.

— Lis ce qu'il y a là-dessus.

— 150 francs.

— Ces 150 francs, c'est l'indication de ce que j'ai moi-même mis, ce matin, en or, en argent et en billon dans la caisse, pour l'alimenter durant la journée :

Leçon de choses : **La monnaie, mesure de la valeur des choses : Or — Argent — Billets.** — La monnaie est une mesure (*V. livre V, chap.* I) comme le mètre, le litre, l'hectare, etc.

Voici une corde, quelle est sa longueur? si vous n'avez pas de mesure, vous ne pouvez le dire. Vous dites bien : elle est courte, ou elle est longue; elle est très courte, ou très longue. Ces déterminations sont insuffisantes. Une corde est très longue quand elle a 100 mètres; elle est très longue encore quand elle a 20 mètres. Donc « très longue » est une indication qui ne suffit pas à renseigner celui à qui vous la donnez. Mais il y a plus.

Voici deux cordes. L'une est plus longue que l'autre. De combien? Pour le savoir, vous avez besoin d'une mesure commune. Si vous n'aviez pas cette mesure, vous pourriez dire : la première est *plus* longue que la seconde, elle est *un peu* plus longue, elle est *beaucoup* plus longue. Mais cela est vague. Si, au contraire, vous avez une mesure commune, le mètre, vous dites : la première a 8 mètres, la seconde en a 6. Tout de suite, on sait et la longueur précise de chacune d'elles et la différence qui existe entre elles deux.

rendre de la **monnaie**, payer ce que je devais, etc.
Je dis donc : 150 francs que j'ai mis ce matin ; 78 fr. 60
que nous avons reçu dans la journée, total : 228, 60.

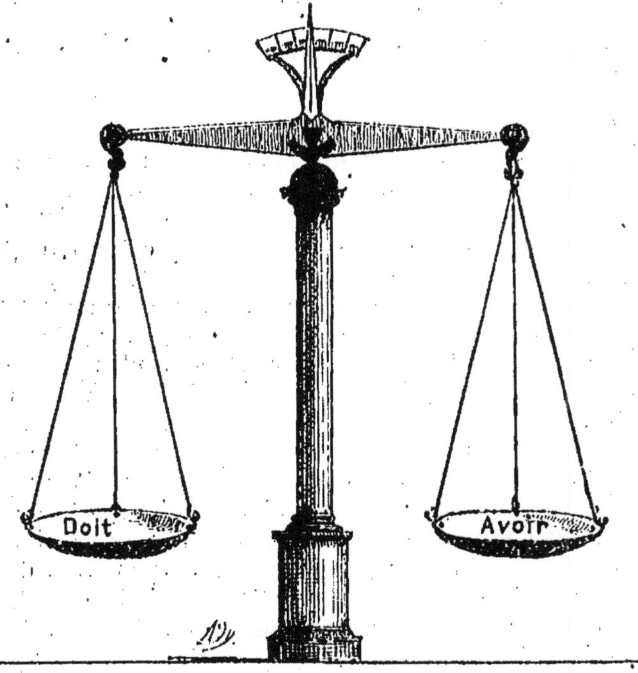

Fig. 21. — Le bilan d'un commerçant.

— C'est juste la somme que je viens de trouver
dans la caisse.

— Eh bien, mon garçon, c'est que la caisse est

La monnaie, pour la *valeur* des choses, joue le même rôle
que le mètre pour la *longueur*. Elle sert à la mesurer.
Voici une armoire carrée. Vous pouvez en mesurer le *poids*
et savoir qu'elle pèse 120 kilogrammes ; vous pouvez en mesurer
la *surface* et savoir qu'elle a 3 mètres carrés ; vous pouvez en
calculer le *volume* et savoir qu'elle déplace 2 mètres cubes. Si
vous voulez en savoir la *valeur*, ce qu'elle vaut, vous devez la
mesurer avec la mesure des valeurs, la monnaie. En France,
l'unité monétaire est le franc. En *évaluant* l'armoire au moyen
du franc, vous dites qu'elle vaut 80 francs.
A quoi cela sert-il d'en avoir mesuré la valeur et de savoir
qu'elle vaut 80 francs ?

juste. Nous pouvons donc être tranquilles et aller nous coucher : tu l'as bien gagné.

— Et ce que nous devons, monsieur Gérard? et les marchandises en magasin?

— Cela suffit pour ce soir, Pierre. Tu en sais assez

Quand vous avez mesuré le poids de l'armoire, cela pouvait vous servir à savoir combien il faudrait d'hommes pour la porter.

Quand vous avez mesuré le volume, cela pouvait servir à savoir l'espace qu'elle occuperait dans votre appartement.

Mais quand vous en mesurez la valeur, quelle utilité en retirerez-vous? Tant que vous la garderez, vous n'en retirerez aucune utilité; mais si un jour vous voulez la vendre ou l'échanger contre un autre meuble, alors cela vous devient très utile.

La monnaie est donc utile parce qu'elle permet de comparer des objets dissemblables, parce qu'elle fournit une mesure commune de la valeur des choses. Voici une table et voici une armoire. Vous pouvez en comparer respectivement le poids, la surface, le volume. Pour cela, vous avez des unités de mesure : le kilogramme, le mètre carré, le mètre cube. Si vous voulez en comparer la valeur, vous prenez l'unité de mesure des valeurs : le franc. La table vaut 60 francs; l'armoire en vaut 80. En sorte que si l'on veut échanger cette table contre cette armoire, il faudra donner, outre la table, 20 francs. Voilà l'utilité de la monnaie, mesure commune de la valeur de la table et de la valeur de l'armoire.

Maintenant qu'est-ce que 20 francs? C'est vingt fois le franc, 20 fois l'unité monétaire. 20 francs, c'est ou bien une pièce de 20 francs en or, ou bien 4 pièces de 5 francs en argent, ou bien 20 pièces de 1 franc en argent, ou encore 20 fois cent centimes en cuivre, en pièces de 5 et de 10 centimes. Ainsi il y a de la monnaie d'or, de la monnaie d'argent, de la monnaie de cuivre; il y a même de la monnaie de papier.

Parlons seulement, pour ne pas nous étendre trop, de la monnaie d'or et de la monnaie d'argent.

Il existe donc de la monnaie d'or et de la monnaie d'argent. Est-ce que cela fait deux mesures de la valeur? Est-ce qu'il y a une mesure en or et une mesure en argent? Non! il n'y a qu'une seule mesure. Vous avez bien vu des mètres? il y a des mètres en fer, en bois, en ruban, etc. En quelque matière qu'ils soient, ils sont toujours de la même longueur. Il existe un mètre type ou, comme on dit, un mètre *étalon*, en platine ou en pierre (par exemple, à Paris, rue de Vaugirard, au

pour pouvoir m'aider. Nous reprendrons le reste
quelque autre jour.

Pierre, très éveillé, serait resté là jusqu'à minuit.

Petit Luxembourg, vous pourrez voir gravé, sur une pierre
très dure, un mètre étalon), et tous les mètres de bois, de
ruban, de fer, etc., doivent avoir exactement la longueur du
mètre étalon.

De même pour la monnaie : il y a un franc type, un franc
étalon. Et toutes les monnaies, qu'elles soient d'or ou d'argent,
doivent se rapporter au franc étalon. Un marchand veut vendre
un objet 20 francs, peu lui importe d'être payé en argent ou
en or ; il veut 20 francs, soit en or, soit en argent.

Mais l'or et l'argent sont bien différents l'un de l'autre. L'or
est plus *rare*, plus *dur*, et, pour cette raison, plus *précieux*.
Prenez 10 grammes d'argent et 10 grammes d'or : les 10 grammes
d'argent valent, je suppose, 2 francs ; les 10 grammes d'or
valent, suivant les époques, 10, 15, 20 fois davantage, c'est-
à-dire valent 20, 30, 40 francs.

Pourquoi 10 fois à une époque et 20 fois à une autre époque ?
Cela provient de la rareté de l'or à ces époques.

Il y a des années où 100 belles pommes valent 5 francs, et
d'autres années ou elles valent 10 francs. Pourquoi 5 francs
une année et 10 francs l'autre ? Parce qu'il est arrivé que la
seconde année les pommes étaient plus rares.

Eh bien, il en est de même pour l'or. L'or est un métal qui
se trouve dans la terre. Les années où l'on en trouve beaucoup, où il n'est pas rare, il est moins cher ; les années où l'on
en trouve peu, il est plus cher, et il vaut alors plus de poids
égaux d'argent.

Les marchands d'or et d'argent savent toujours si la récolte
de l'or et de l'argent a été abondante et si, par conséquent,
la valeur de l'or ou de l'argent monte ou baisse. Mais le public
n'en sait rien. Et pour lui éviter toutes sortes d'ennuis, pour
qu'il n'ait pas à se préoccuper de savoir si l'or vaut 10, 15, ou
20 fois son poids d'argent, les gouvernements ont décidé de
fixer, de rendre *fixe*, (au moins pendant de longues années)
la valeur respective d'un poids donné d'or et du même poids
d'argent. En France, cette valeur respective est de 15 1/2, c'est-
à-dire que si 10 grammes d'argent valent 2 francs, 10 grammes
d'or valent 15 fois 1/2 plus, valent 31 francs. Vous savez qu'une
pièce de 5 francs en argent pèse 25 grammes ; 20 francs en
argent pèsent donc 100 grammes ; dès lors, 20 francs en or
pèseront 15 fois 1/2 moins. Faites l'expérience, pesez une pièce
d'or de 20 francs, elle doit peser environ 6 gr. 451.

Ce *rapport* de 15 1/2 dure en France depuis cent ans ; mais,

Ce qui n'empêche pas qu'une demi-heure après il voyageait au pays des rêves. Il se voyait faisant la caisse, empilant les francs et les pièces d'or. Le tas

---

depuis longtemps déjà, il est inexact; les autres nations l'ont modifié, et nous devrons le modifier également.

Pour la facilité du public, le gouvernement fait fabriquer ou, comme on dit, frapper * des pièces de monnaie d'un *poids* garanti par lui. Ces pièces ne sont pas en or pur, ni en argent pur. Elles seraient trop malléables *, elles s'useraient trop vite. Pour les rendre plus dures, on y mélange un peu de cuivre et de zinc, environ un dixième. Une pièce de 2 francs en argent pèse 10 grammes ou 100 décigrammes ou 1000 centigrammes : sur 1000 centigrammes de métal, il y en a 900 en argent pur et 100 en cuivre et en zinc, c'est-à-dire en *alliage*. On dit alors que cette pièce est au *titre* de 900 millièmes.

Le *titre*, comme le poids, est garanti par l'État et la valeur est connue d'avance, sans que le public ait rien à peser ou à vérifier.

J'ai dit qu'il existe aussi de la monnaie en papier. Vous avez tous vu des billets de banque de 50, de 100, de 1000 francs. Cette monnaie est, comme la monnaie d'or et d'argent, une mesure de la valeur des choses. Mais l'or et l'argent ont, par eux-mêmes, une valeur. S'ils n'étaient plus des pièces de monnaie, ils pourraient encore devenir des bijoux, de l'argenterie, etc. Le papier, au contraire, ne vaut rien par lui-même. D'avoir écrit sur un papier : cent francs, cela ne fait pas que ce papier vaille effectivement 100 francs. Il ne les vaut que si la banque qui a imprimé ce papier, a 100 francs dans sa caisse et est prête à donner 100 francs en or ou en argent à quiconque lui présente ce billet de 100 francs.

Il en résulte qu'une banque ne peut pas, comme beaucoup de personnes le croient, imprimer autant de billets qu'elle veut. Elle ne peut en imprimer qu'à proportion des valeurs (soit en métaux précieux, soit en traites de commerce, etc.) qu'elle a en caisse; si elle faisait autrement, si elle *émettait* * beaucoup plus de billets qu'elle n'a de valeurs en caisse, elle ruinerait une grande partie de ceux qui auraient ces billets. En effet, elle pourrait bien rembourser les premiers *porteurs* * de ces billets, ceux qui se présenteraient les premiers à ses caisses; mais quand elle leur aurait donné tout ce qu'elle a en caisse, les autres ne recevraient plus rien et alors ils s'apercevraient qu'un billet de banque qui n'a pas sa *contre-partie*, sa garantie en métal ou en papier de commerce, ne vaut rien de plus qu'un autre chiffon de papier. On l'a bien vu, durant la Révolution, avec les *assignats*.

montait jusqu'au plafond et il entendait M. Gérard
murmurer : 100 000 francs pour la journée; c'est
assez, prends le reste pour toi et tu seras riche. Mais
quand il voulait prendre ce reste, les piles d'or et
d'argent fuyaient sous ses mains (fig. 22); il ne trou-

Fig. 22. — Le rêve de Pierre.

vait plus rien et M. Gérard lui disait en riant : « Tes
deux poings bien emmanchés, voilà tout ce qu
reste; mais c'est la vraie richesse. »

CHAPITRE XX

L'instruction pour un commerçant.

Un soir qu'ils étaient tous autour du feu après le
souper, et que Pierre dépliait le journal pour faire la
lecture, le père Gérard, qui avait l'air pensif depuis
un moment, lui dit tout d'un coup :

— Écoute, mon garçon, je sais que tu as bien travaillé à l'école et que as obtenu ton certificat

d'études. C'est bien, ça; mais il y a encore terrible-
ment de choses que tu ne connais pas et qui te
seraient utiles à connaître. Ce que tu sais, c'est si peu
à côté de ce que tu ignores! Un grand **savant**, je ne sais
plus lequel, a dit : « L'instruction primaire, c'est le
couvert, l'assiette, le couteau et la fourchette; reste à
trouver la nourriture. » Rien n'est plus exact; ce que
tu as appris jusqu'ici peut seulement te servir à apprendre plus tard. On ne va pas loin aujourd'hui, sans
instruction, dans n'importe quel métier. Ça sert par-

Leçon de choses : **Newton. — Darwin. — Claude Bernard. — Pasteur. — Paul Bert.** — Newton (fig. 23), né à
Voolstrop (comté de Lincoln) le 25 décembre 1642, mort à Londres le 20 mars 1727, trouva l'explication des mouvements des
étoiles et des planètes et donna ainsi le moyen de prévoir les
phénomènes célestes, tels que les éclipses, l'apparition des
comètes, etc.

Darwin (fig. 24), né à Shrewsbury le 12 février 1809, mort à
Down le 19 avril 1882, démontra que les êtres vivants se trans-
forment peu à peu suivant le genre de vie qu'ils mènent. Il
pensait, par exemple, que l'on pourrait avec un seul couple de
pigeons élevé d'une façon convenable obtenir en quelques
années l'espèce de pigeons que l'on voudrait.

Pasteur (fig. 25), né à Dôle (Jura) le 27 décembre 1822,
mort à Garches (Seine-et-Oise) le 28 septembre 1895, prouva
que les maladies des hommes, des animaux et des plantes,
ainsi que les fermentations du vin, de la bière sont dues à
la présence de plantes ou d'animaux extrêmement petits. Il a
su en outre, trouver des remèdes à plusieurs maladies dange-
reuses, telles que la rage.

Claude Bernard (fig. 26), né à Saint-Julien (Rhône) le 12 juillet
1813, mort à Paris le 10 février 1878, étudia le fonctionnement
des organes de la digestion, entre autres l'estomac et le foie.
Il fit faire un grand progrès à la science en indiquant les règles
à suivre pour arriver à de nouvelles découvertes en physiologie.

Paul Bert (fig. 27), né à Auxerre (Yonne) le 17 octobre 1833,
mort à Hanoï (Tonkin) le 11 novembre 1886, étudia les organes
de la respiration et les effets de la raréfaction de l'oxygène. Il
inventa des procédés nouveaux pour supprimer la douleur
dans les opérations chirurgicales et pour permettre de res-
pirer même dans les régions élevées où l'air ne contient plus
assez d'oxygène.

Fig. 23. — Newton.

Fig. 24. — Darwin.

Fig. 25. — Pasteur.

Fig. 26. — Claude Bernard.

Fig. 27. — Paul Bert.

tout, chez l'épicier comme à la Chambre des députés, et c'est un fameux **capital**. Tu es à l'âge où l'on apprend facilement, il faut en profiter et apprendre.

LEÇON DE CHOSES : **Le capital**. — Ce mot capital qu'on entend tous les jours, la plupart de ceux qui le prononcent en ignorent le sens exact. Ils confondent le *capital* avec la *richesse* et, à cause de cela, en parlent parfois avec injustice; vous allez voir que le capital n'est pas la richesse, mais qu'il est surtout l'économie.

Dubois, caissier, chez un banquier, gagne 800 francs par mois. Il n'est pas marié, il n'a pas d'enfants. Il dépense chaque mois 100 francs pour son logement; 180 francs pour sa nourriture, 50 francs pour ses vêtements, etc.; il va au théâtre, il fréquente le café, il joue aux cartes; il fait des parties de campagne, tant et si bien que le 30 de chaque mois il ne lui reste plus rien et qu'il voit avec plaisir arriver le 1er du mois suivant pour toucher ses appointements et recommencer à dépenser de l'argent. Il gaspille depuis qu'il travaille; ce sera ainsi toute sa vie.

Legendre est chef de rayon dans un grand magasin; il gagne 450 francs par mois. Il est marié, il a deux enfants. Il vit très économiquement. Le logement de toute la famille ne lui coûte que 80 francs par mois, la nourriture que 200 francs, l'entretien que 60 francs. Quant à ses plaisirs, ils sont des moins coûteux : il s'en va le dimanche, avec sa femme et ses enfants, l'hiver visiter les musées et les beaux monuments, l'été courir dans les champs et goûter d'un peu de lait et de pain. Grâce à ce régime simple, Legendre économise près de 100 francs par mois.

Au bout de dix années, Dubois le *prodigue* n'est pas plus avancé qu'au premier jour; au bout du même temps, Legendre *l'économe* a mis 12 000 francs de côté.

12 000 francs ne sont pas la richesse; mais 12 000 francs sont déjà un *capital*. Ce capital, Legendre va l'utiliser. Ses enfants sont devenus grands, leur entretien coûte plus cher. Il songe à se faire une position plus lucrative *. Avec ses 12 000 francs, il achète un fonds de commerce et s'établit à son compte. Il garnit son magasin de marchandises, il engage des employés et, à force de travail et d'attention, se fait une clientèle. Il gagne de l'argent; ses bénéfices lui permettent d'étendre ses affaires. Vingt ans plus tard, il a une fortune de 200 000 francs.

A ce moment, les envieux disent que Legendre est un capitaliste. Parmi ces envieux, vous entendez souvent Dubois, qui, lui, est à la veille d'être pauvre : car il n'est plus jeune; il a

Ici, il s'arrêta un instant, et Pierre, qui l'écoutait, les yeux tout ronds, dit à demi-voix :

— Oui, patron.

---

peine à gagner encore ses 500 francs par mois. Il n'est pas sûr de pouvoir travailler jusqu'à sa mort. Il déblatère contre Legendre; il crie : *A bas le capital!*

Ce capital, cependant, est le résultat, vous venez de le voir, de deux choses :

1° De la sévère économie de Legendre qui, dans sa jeunesse, se privait de bien des plaisirs ; 2° de sa hardiesse, lorsqu'ayant 12 000 francs patiemment économisés, il n'eut pas peur de les aventurer dans le commerce. Il aurait pu comme tant d'autres acheter des rentes à 3 0/0 qui lui eussent rapporté 400 francs de revenu annuel; il a préféré les engager dans le commerce. Il risquait ainsi de perdre tout ce qu'il avait. Heureusement, il a osé, il a travaillé, il a réussi; il possède une fortune. Respectez le capitaliste Legendre : il a donné le bon exemple et, grâce à son capital, il peut désormais fournir du travail à d'autres qui, à leur tour, s'enrichiront comme lui, par l'*économie* et l'*esprit d'entreprise*.

LEÇON DE CHOSES : **Le prêt à intérêt.** — J'ai 100 francs dans ma poche. Vous me demandez de vous les prêter. Je vous les remets à la condition que vous me les rendrez dans un an. Au bout d'un an, vous me les rendez. Toutefois, ce n'est pas 100 francs seulement que vous me rendez, c'est 105 francs : 100 francs de capital et 5 francs d'intérêt.

Pourquoi me rendre 105 francs, alors que je ne vous en ai prêté que 100? cela semble bizarre et peu juste. Cela est cependant très naturel.

Pendant un an, vous avez eu mon argent; vous m'avez, pendant ce temps-là, empêché d'en faire ce que je voulais. Si je ne vous l'avais pas prêté, j'aurais pu profiter d'une bonne occasion, faire une opération avantageuse. Cela m'a été impossible. Et au contraire, c'est vous qui, avec ces 100 francs, avez pu faire la bonne affaire qui m'échappait : il est donc très juste que vous m'indemnisiez. De nos jours, il n'y a personne qui ne comprenne ce raisonnement et ne le trouve très légitime.

Cependant, pendant de longs siècles, le prêt à intérêt a été défendu et par la religion chrétienne et par la loi civile. Voici sur quelles fausses apparences cette défense se basait.

Vous me prêtez un hectolitre de blé sous la condition qu'à la récolte prochaine je vous en rendrai deux. Cela est permis, cela est juste et naturel. C'est qu'en effet le blé que je vous ai emprunté, je l'ai semé; la terre aidant, j'en ai retiré 10 hectolitres; en vous en rendant deux, celui que vous m'avez prêté

— Eh bien, continua le père Gérard, ce n'est pas moi, bien entendu, qui peux te donner cette instruction; je ne l'ai pas moi-même. Mais à la mairie, on

---

et un autre, je ne fais qu'imiter, que suivre la nature, qui, lorsque je lui en ai confié 1, m'en a rendu 10. Mais les 5 pièces de 20 francs que vous me prêtez, j'aurais beau, ce qui serait stupide, les mettre en terre; la terre ne m'en rendra jamais que 5, et alors, en vertu de quoi devrais-je vous en rendre plus de 5? Cela serait contraire à la nature.

Ceux qui raisonnaient ainsi ne s'apercevaient pas qu'ils condamnaient du même coup tout le commerce. J'ai acheté ce balai 4 francs, en vertu de quoi vous le revendrais-je 5? vendre à bénéfice doit paraître injuste à ceux qui trouvent injuste de prêter à intérêt. Ou si, au contraire, ils le déclarent raisonnable et permis, alors il leur faut aussi permettre le prêt à intérêt. En effet, avec les 100 francs que vous m'avez prêtés, j'ai acheté 25 balais, à 4 francs pièce. Chaque balai, je le revends 5 francs. Je gagne donc 25 francs; il est alors bien naturel que je vous fasse une part dans mon bénéfice : c'est ce que je fais en vous rendant 105 francs.

Et même si, par hasard, je n'avais rien gagné, je devrais encore vous rendre 105 francs, car vous de votre côté, vous m'avez confié votre argent, vous avez couru le risque que je ne vous rende rien du tout, et c'est aussi en échange de ce risque que je dois vous payer un intérêt de 5 pour 100.

Ce raisonnement et cette façon de procéder sont si bien entrés dans nos habitudes que nous ne concevons pas qu'on ait pu raisonner autrement. Cependant, jusqu'à la veille de la Révolution, le prêt à intérêt était défendu par nos lois. Turgot (*V. leçon*, p. 121), le grand ministre de Louis XVI, qui a été le véritable précurseur de la Révolution, Turgot écrivit (en 1770) un célèbre ouvrage, où il soutint qu'il était juste et naturel et qu'il devait être permis de prêter de l'argent en exigeant un intérêt. Mais ce n'est que la Révolution qui sanctionna * cette opinion.

L'interdiction de prêter à intérêt entraîna, durant tout le moyen âge et presque jusqu'au xviiie siècle, deux conséquences bien singulières :

Voici la première. En dépit de la loi, il y avait des gens qui avaient besoin d'emprunter de l'argent et d'autres gens qui en avaient à prêter. Ils tournèrent la loi. Au lieu de faire des prêts à intérêts, on recourut à ce qu'on appelait les *rentes constituées*, dont la rente viagère, la seule encore en usage aujourd'hui, était une des formes.

On ne *prêtait* pas l'argent moyennant un intérêt annuel; on

fait, le soir, des cours gratuits pour la jeunesse; pourquoi n'irais-tu pas les suivre? L'instituteur m'a dit que ce sont des cours très bien faits, par des messieurs bien capables. Voyons, ça te va-t-il?

— Moi, je veux bien, répondit Pierre; vous savez que je ne boude pas à la besogne; mais est-ce qu'il y a besoin de savoir tant de choses pour être commerçant? J'achète et je revends. Je revends un peu plus cher que je n'ai acheté. Ça s'apprend tout seul. Et la preuve, c'est que vous avez fait fortune.

— D'abord, je n'ai pas fait fortune; ensuite avec ce que je sais, un homme comme moi ne ferait pas fortune aujourd'hui. Il y a maintenant trop de concurrents.

Autrefois, une petite ville comme Saint-Florentin était une capitale *, la capitale d'un royaume formé des villages environnants; ces villages ne connaissaient que Saint-Florentin, et Saint-Florentin, qui n'avait pas beaucoup de relations avec Auxerre, n'en

---

feignait de le *donner*; et celui à qui on l'avait remis payait au donateur apparent une *rente*, une somme annuelle, dont le chiffre était précisément calculé sur l'intérêt que cette somme aurait pu rapporter.

Voici la seconde conséquence. L'interdiction de prêter que formulait la loi civile n'était que la conséquence de l'interdiction semblable que formulait la religion chrétienne. Aussi ne fut-elle, en fait, obligatoire que pour les chrétiens, mais ne le fut-elle pas pour les juifs. En conséquence, les juifs, durant tout le moyen âge et même dans les siècles suivants, furent les seuls ou presque les seuls à faire le prêt à intérêt. Ils devinrent ainsi extrêmement habiles dans les affaires d'argent. Les chrétiens auraient bien voulu les imiter, mais ils étaient retenus par la défense de leur religion, et une des causes de la haine contre les juifs, qui aujourd'hui anime encore les *antisémites* *, n'est autre chose que la survivance de l'envie des chrétiens contre les fidèles d'une religion qui gagnaient tant d'argent dans des opérations à eux interdites.

avait presque pas avec Paris. Aujourd'hui, Auxerre et Paris ont envahi notre pays. Les voyageurs de commerce de Paris, d'Auxerre et même de Troyes visitent tous nos villages et nous enlèvent des clients, pendant que beaucoup d'habitants de Saint-Florentin vont s'approvisionner directement à Paris.

— D'où cela provient-il?

— Des chemins de fer. Paris, avec le chemin de fer, n'est plus qu'à quatre heures de nous. De mon temps, il en était à deux jours. Et l'on faisait son testament avant d'y aller.

Le petit commerçant de Saint-Florentin a donc des concurrents de tous côtés, qui viennent sans cesse chasser sur ses terres. A son tour, il lui faut chasser sur les terres d'autrui, c'est-à-dire étendre ses affaires. Quand j'ai commencé, la clientèle des 7 ou 8 villages qui nous environnent me suffisait; aujourd'hui, il faut la clientèle des cantons voisins, demain il faudra celle du département.

— Mais comment l'avoir, cette clientèle? comment la disputer aux autres?

— En sachant la gagner par plus de soins, par plus d'habileté, par plus de science.

Cette habileté, cette science, tu comprends bien que je ne la possède pas. Et si je la possédais, je ne pourrais plus m'en servir; je suis trop vieux et trop attaché à ma routine; mais d'autres peuvent te l'enseigner. Tu auras plus tard, s'il plaît à Dieu, d'autres patrons plus jeunes et plus au courant des choses. Et, en attendant, tu peux aller à ces cours du soir : tu y acquerras bien des connaissances dont je n'ai pas eu besoin, mais dont je devine que tu pourras avoir besoin.

— Quoi donc?

— Et que sais-je? Par exemple, un peu de droit, si tu fais des affaires avec des clients chicaneurs, ou si plus tard tu devenais, dans quelque ville, juge au tribunal de commerce (fig. 28).

— Oh! patron, no vous moquez pas de moi.

— Je ne me moque pas de toi. L'ambition est permise à qui travaille.

Autre chose : crois-tu qu'il ne serait pas avan-

Fig. 28. — Juge au tribunal de commerce.

tageux de savoir une ou deux langues étrangères, aujourd'hui qu'on a affaire aux Anglais, aux Allemands, aux Italiens? Dans un petit pays comme ici,

---

Leçon de choses : **Le tribunal de commerce**. — Le **tribunal de commerce** est le tribunal qui rend la justice entre commerçants, et dont les membres sont des commerçants.

En principe, la justice en France est la même pour tous les citoyens français. Vous faites une vente, vous constituez une hypothèque *, vous commettez un crime; que vous soyez rentier ou commerçant, laïque ou ecclésiastique, civil ou militaire, c'est la même loi qui vous est toujours appliquée, et les mêmes juges qui vous l'appliquent.

Cette égalité et cette uniformité devant la loi et la justice sont une des plus précieuses conquêtes de la Révolution. Autrefois, il y avait des tribunaux spéciaux pour chaque grande catégorie de citoyens : les ecclésiastiques, les clercs, comme on disait, étaient jugés par la justice ecclésiastique; les nobles, par les cours de noblesse; etc. Cela entraînait de grands abus et de profondes iniquités.

Cela, toutefois, présentait en revanche certains avantages. Chaque catégorie connaissait mieux les affaires de ses membres et pouvait juger avec plus de sûreté.

Depuis la Révolution on a cherché à concilier les avantages : 1° de l'égalité de tous devant les lois; 2° de la spécialisation

j'achète tout à mon épicier de Paris. Mais si tu allais à Paris, tu verrais que cet épicier, lui, se fournit dans bien des pays. Il achète de l'épicerie et des sauces en

---

de certaines juridictions *, de certains tribunaux. Voici comment on y est parvenu.

Il se commet tous les jours des actes qui, quel qu'en soit l'auteur, ont le même caractère délictueux ou criminel, et dont le caractère ne saurait changer avec la situation ou la qualité de leur auteur.

Vous êtes, je suppose, un bon bourgeois de Paris, un rentier, comme on dit; je vous achète une maison, je vous emprunte 1000 francs, je vous donne en public un soufflet, je vous tire un coup de pistolet; que je sois un civil, un prêtre, un officier, un commerçant, peu importe : c'est la même loi, qui, dans tous ces cas, me sera appliquée, les mêmes juges qui me l'appliqueront. Et cela n'a aucun inconvénient : à quelque catégorie de citoyens que j'appartienne, la même loi peut s'appliquer, sans qu'il y ait besoin ici de faire aucune distinction; les mêmes juges sont toujours capables de discerner et d'apprécier mes motifs et mes intentions.

Mais il y a des actes qui ont besoin d'être interprétés et jugés en tenant compte de la situation respective des parties. Nous sommes deux commerçants : vous me vendez 50 douzaines de bonnets de coton d'une qualité autre que celle que j'avais commandée; nous sommes deux militaires, vous chef de bataillon, moi capitaine, je vous donne un soufflet; vous êtes mon patron, moi votre ouvrier, et nous ne sommes pas d'accord sur la durée de ma journée de travail ou le chiffre de mon salaire. Alors, pour pouvoir bien apprécier le différend * qui surgit entre nous, il faut, dans le premier cas, être commerçant; dans le second, militaire; dans le troisième, industriel. Pour ces cas, qui ne peuvent pas se présenter avec le même caractère et la même importance dans la vie de n'importe quel citoyen, la loi ordinaire, la loi générale, semble difficilement applicable; et alors on a fait des lois spéciales et institué des tribunaux spéciaux.

Entre militaires, on applique le code de justice militaire et l'on fait rendre la justice par un conseil de guerre.

Entre patrons et ouvriers, on applique diverses lois particulières et l'on fait rendre la justice par un conseil de prud'hommes.

Entre commerçants, on applique le code de commerce, et l'on fait rendre la justice par un tribunal de commerçants.

Le tribunal de commerce est un tribunal dont les juges, au lieu d'être nommés à vie par le gouvernement, sont élus par

Angleterre, des conserves de homard et de poisson à Terre-Neuve, des fruits séchés ou confits en Amérique, de l'huile, des olives en Italie, du poisson salé et fumé en Norvège, etc., etc. Il reçoit donc de tous ces pays des lettres, des factures, chacune dans une langue différente. Et, ces langues, s'il ne les sait pas? Crois-moi, il est bon de pouvoir dire à un client : en quelle langue voulez-vous que nous parlions? il est bon de pouvoir contrôler ses affaires soi-même.

— C'est vrai, c'est vrai, disait Pierre tout bas.

— Il y a encore la **sténographie**, l'art d'écrire aussi vite que la parole; il y a la géographie commerciale, continua le père Gérard. Si tu veux acheter les choses

des électeurs commerçants, pour un certain nombre d'années, et devant lequel sont portés les procès des commerçants. Grâce à cela, ces procès coûtent beaucoup moins cher et sont jugés beaucoup plus rapidement.

Leçon de choses : **La sténographie. — La phonographie.** — Le mot sténographie vient de deux mots grecs : *stenos*, étroit, *graphein*, écrire, et signifie : écrire en raccourci, en abrégé. C'est un procédé fort ancien, qui était déjà connu des Grecs et des Romains. On l'a quelquefois appelé : *tachygraphie*, mot formé de deux mots grecs également : *tachus*, rapide, et le même mot : *graphein*, qui veulent dire : écrire vite. Et, effectivement, la sténographie ressemble à la tachygraphie par ce fait que toutes deux permettent d'écrire aussi vite que l'on parle; mais ce qui caractérise la sténographie c'est qu'elle n'écrit que l'essentiel de chaque mot, et qu'elle l'écrit en abrégé.

Le sténographe écoute ce que dit celui qui parle. Il enregistre les sons dominants et néglige les autres. L'orateur dit : *bou-le-ver-se;* le sténographe entend *boul-verss*, au lieu de quatre syllabes, il n'en entend que deux et n'en enregistre que deux; *aime* et *aiment*, *estime* et *estiment*, *entende* et *entendent*, tous ces mots pour la sténographie donnent les mêmes sons et par conséquent se représentent par les mêmes caractères abrégés.

De ce que la sténographie *enregistre les sons*, il en résulte deux choses :

1° C'est que d'abord le sténographe doit savoir parfaitement l'orthographe, pour pouvoir ensuite reproduire correctement,

directement, par exemple, il faut savoir où les prendre.

Et cent autres choses encore : ce que c'est qu'une banque *, ce que c'est que le crédit, ce que c'est que

---

en caractères ordinaires, le texte *déformé* qu'il a recueilli et abrégé ;

2° C'est ensuite qu'un Français, par exemple, s'il entendait distinctement les sons d'un discours prononcé en anglais, en allemand, en italien, etc., pourrait le *sténographier*, comme il sténographie du français et par les mêmes moyens d'abréviation.

Toute la difficulté pour lui est d'entendre bien les sons de la langue étrangère; pour cela, il faut que son oreille soit exercée.

La sténographie rend de très grands services. On en a besoin pour recueillir les discours au parlement, dans les tribunaux, dans les solennités publiques, etc.; on en a besoin aussi dans le commerce. Le patron, au lieu d'écrire lui-même ses lettres, les dicte à un sténographe, qui ensuite les recopie ou les imprime avec la machine à écrire, et lui n'a plus ensuite qu'à les signer.

Il existe, dans beaucoup de villes, des cours publics et gratuits où l'on enseigne la sténographie aux jeunes gens et aux jeunes filles. On leur apprend également à se servir de la machine à écrire. On dit alors qu'ils sont à la fois *sténographes* et *dactylographes* (qui écrit avec ses doigts, en pesant du doigt sur un bouton, lequel fait sortir un caractère d'imprimerie). Un sténographe-dactylographe ordinaire peut gagner environ 200 francs par mois; un très bon sténographe gagne bien davantage.

Il est possible que dans un avenir plus ou moins éloigné, le sténographe soit remplacé par un instrument : le phonographe. Cet instrument, qu'en France nous ne voyons guère jusqu'ici que dans nos musées industriels, est, dès à présent, en Amérique, entré dans la pratique de la vie. Un commerçant, au lieu d'avoir un employé sténographe, achète un phonographe; devant l'embouchure de l'instrument, il *parle* à haute voix les lettres qu'il a à écrire, ou les recommandations qu'il veut faire; puis il confie l'instrument à son secrétaire qui, en déroulant le cylindre sur lequel ses paroles ont gravé leur son, entend la reproduction exacte de ces paroles, et transmet les ordres de son patron ou recueille ce qu'il a dicté pour le mettre au net.

Sténographie ou phonographie, ce sont là des procédés qui évitent beaucoup de pertes de temps; celui qui est dans les affaires connaît bien le prix du temps : ces procédés devraient donc être vulgarisés.

l'économie* politique. Sans parler de l'instruction générale, si nécessaire à chacun. L'épicier est tout aussi bon Français que l'avocat ou le médecin, et l'histoire de son pays l'intéresse tout autant. De ce que je suis un petit épicier de rien, crois-tu que je ne sois pas fier de nos grands hommes et curieux de comprendre quelque chose, si peu que ce soit, à leurs découvertes?

— Vous avez raison, monsieur Gérard, s'écria Pierre, les yeux brillants, vous avez raison. Je veux aller à ces cours, j'y travaillerai bien, vous verrez.

Mais, ajouta-t-il, devenant subitement sérieux, ça ne vous gênera pas? Pendant que je serai au cours, vous serez tout seul.

— Ne t'inquiète pas, ça ne me gênera pas du tout; je t'ai déjà dit que ces cours se font le soir.

La chose fut donc convenue et, le lendemain matin, Pierre, tout joyeux, alla s'enquérir des jours et des heures.

CHAPITRE XXI

Le prix des denrées : les surprises d'une servante anglaise.

Les cours du soir ne nuisaient pas à la besogne; chaque matin, Pierre était debout de bonne heure; dès cinq heures, on l'entendait chanter dans sa chambre, et quand Mme Gérard descendait, elle trouvait son feu déjà allumé et le café mis en train.

Le père Gérard pouvait de temps en temps se permettre une matinée de jardinage ou une après-midi à la campagne; Pierre, quoique gai comme pinson, était malgré cela très sérieux. Il veillait à tout avec beaucoup de soin et jamais le magasin n'avait été mieux tenu.

Pierre lui avait donné un air non seulement de propreté, mais de coquetterie et de gaîté. Lui-même s'entendait à parer sa marchandise. Il faisait des paquets joliment ficelés, qui donnaient envie de les ouvrir. Les clients aimaient beaucoup être servis par lui.

— Vous avez un gentil garçon, il est toujours complaisant et de bonne humeur.

— Mais oui, il y en a de plus mauvais, répondait le père Gérard en branlant la tête, l'air tout content.

Pierre lui-même était enchanté de son métier; il s'y intéressait; le va-et-vient des clients l'amusait. C'est qu'on en voit de bien drôles, racontait-il à Mᵐᵉ Gérard, un matin : tout à l'heure est venue cette petite vieille, qui porte toujours de grandes lunettes et une pèlerine bleue; elle doit avoir au moins cent ans; elle ne voulait pas d'un timbre parce qu'il n'y avait pas dessus la tête de l'Empereur et, au lieu de bougies, elle demandait des chandelles parfumées, parce qu'elle veut des chandelles et qu'elle n'aime pas l'odeur du suif.

Mais voici quelqu'un que je ne connais pas, fit-il, en voyant entrer une jeune fille blonde, mince, très droite, avec un tablier blanc à bavette et un petit rond de mousseline sur le haut de la tête.

— Bonjour! donnez-moua douze de livres soucre cristallayse pour confitioures, fit-elle assez péniblement, avec un très fort accent anglais.

— Douze livres de sucre cristallisé? répéta Pierre; parfaitement, mademoiselle; il apporta la boîte et lui pesa les six kilogrammes.

— Combien? demanda la jeune fille lorsqu'il eut
ficelé le paquet.

Fig. 29. — Elle partit d'un joli éclat de rire.

— Six kilogrammes, à 1 franc 05, cela fait 6 francs 30,
répondit Pierre.

— Combien! répéta-t-elle, en ouvrant de grands yeux épouvantés.

— Six francs et six sous, fit Pierre plus lentement.

— Aoh! et elle planta le paquet sur le comptoir et recula. Ce n'est pas possible, fit-elle enfin; combien un livre, s'il vous plaît?

— Onze sous la livre.

— Onze sous! en Angleterre, six sous. Et le thé combien?

— La livre?

Pierre n'était pas habitué à vendre le thé à la livre.

— Oui.

— Nous en avons à 8, à 10 et à 12 francs la livre.

Elle partit d'un joli éclat de rire et secoua la tête (fig. 29).

— No, no, quelque chose moi pas comprendre; français très difficile; Angleterre, 2 shillings *, deux shillings et demi et très bon. Moi chercher madame. Et elle partit en courant.

Au bout de vingt minutes elle revint avec une jeune dame, qui parlait fort bien le français et n'eut pas de peine à se faire comprendre.

— Vous ne vous êtes pas trompée, Clara, dit-elle; le sucre est plus cher en France qu'en Angleterre, voilà tout, et le thé aussi. Mais, que voulez-vous? nous n'y pouvons rien.

Et elle tira son porte-monnaie en souriant. Elle resta un certain temps à causer avec le père Gérard, se renseignant sur le prix des denrées et constatant qu'en général les choses d'épicerie, telles que thé, sucre, pétrole, allumettes, café, etc., sont considérablement plus chères en France qu'en Angleterre.

Pierre en cherchait la cause et allait la demander au père Gérard, quand d'autres clients arrivèrent et l'on fut occupé jusqu'à l'heure du dîner, qu'il fallut expédier vivement pour laisser partir Pierre.

Car c'était soir de cours.

CHAPITRE XXII

Les cours d'adultes. Les impôts, les droits de douane et la vie à bon marché.

— Eh bien, mon garçon! qu'est-ce qu'on vous a conté au cours, hier soir? (fig. 30) demanda, le lendemain, le père Gérard.

Fig. 30. — Un cours du soir.

— Ah! monsieur, on nous a dit bien des choses. Ce serait long à tout redire, et, bien sûr, j'en ai oublié.

— Essaye toujours,

— Eh bien, on nous a expliqué d'abord que l'argent des impôts sert à bâtir des écoles, à faire des routes et des canaux, à payer l'armée, les gendarmes, les juges, etc. Alors, comme tout le monde se sert des routes, que tout le monde envoie ses enfants à l'école, que l'armée défend toute la France, il faut bien, et c'est juste, que tout le monde paye l'impôt.

— Oh! parfaitement juste, opina le père Gérard.

— Après, continua Pierre, il nous a dit qu'il y a deux espèces d'impôts: les impôts directs et les impôts indirects. Les impôts directs, c'est, par exemple, l'impôt sur la terre, qu'il appelait l'impôt foncier *, **l'impôt sur les portes et fenêtres**, etc. Il en

---

LEÇON DE CHOSES : **L'impôt sur les portes et fenêtres.** — Il existe un impôt sur les portes et fenêtres? — Oui! il en existe un. — Pourquoi sur les portes et fenêtres plutôt que sur les cheminées, ou sur les murs, ou sur les cours? — D'abord, il faut que vous sachiez que, dans certains pays, il existe un impôt sur les cheminées; ensuite, je vais tâcher de vous faire comprendre pourquoi on a établi un impôt sur les portes et fenêtres. Nos aïeux qui remanièrent tout le système fiscal * en 1791 étaient des esprits sérieux et pratiques; soyez sûrs que ce qu'ils ont fait, si ce n'est pas toujours ce qui pouvait se faire de mieux, est raisonnable et sensé.

Tout citoyen doit payer l'impôt (V. leçon, p. 20). Cet impôt, il le paie en proportion de ce qu'il possède. Mais comment savoir ce qu'il possède?

Pour le savoir, faut-il le lui demander? Faut-il lui dire : Exposez-nous en détail les éléments * de votre fortune? Et prenez garde de nous tromper; car nous irons chez vous, nous inspecterons tout, nous fouillerons les meubles, nous examinerons les titres de propriété, etc.

Les législateurs français ne l'ont point pensé. Ils ont écarté les deux procédés qui consisteraient :

Soit à demander au contribuable la liste de ce qu'il possède et à s'en rapporter entièrement à lui; soit, tout en l'interrogeant, à se défier de lui et alors à pénétrer dans sa vie privée, à visiter sa maison, pour contrôler ses déclarations.

a peut-être nommé d'autres; je ne me les rappelle pas; mais enfin, j'ai compris que les impôts directs nous frappent directement. Pas de détours, pas de

---

Ils ont à l'entière confiance ou à l'inquisition préféré un moyen terme, qui consiste en ceci : évaluer la fortune d'après des signes extérieurs. Un homme a un champ ou une maison, cela se voit; il a des valeurs de bourse * (V. leçon, p. 240), il faut qu'il en touche les coupons *, cela se sait; on peut mettre alors, sans crainte d'erreur, un impôt sur le champ, sur la maison, sur les valeurs.

Pour calculer l'impôt à mettre sur le champ, on a mesuré ce champ, on l'a cadastré *; mais sur la maison, comment faire? Calculer la hauteur des murs? ou l'épaisseur? ou sonder les fondations? Ce ne serait guère pratique. Alors on imagine d'en compter les portes et les fenêtres. Il est probable que plus une maison a de portes et de fenêtres, plus elle est importante; donc en comptant les portes et fenêtres, on arrivera à établir sur la maison tout entière un impôt non plus entièrement, mais suffisamment équitable *, c'est-à-dire à peu près proportionnel à sa valeur.

Et l'on n'aura pour cela à recourir ni à la déclaration du contribuable qui peut être mensongère, ni à l'inquisition chez ce même contribuable, laquelle peut être vexatoire *.

Toutefois ce procédé a de grands inconvénients. Comme l'impôt se paie à raison de tant par porte et par fenêtre, le contribuable, pour payer moins, peut être amené à diminuer le nombre de ses portes et de ses fenêtres.

Dans une grande pièce où il fait coucher ses cinq ou six enfants, et qui comporterait au moins deux grandes fenêtres, il n'en met, par économie, qu'une seule; ses enfants respirent ainsi, dans cette chambre, un air moins facilement renouvelé, par conséquent moins pur, et leur santé s'en ressent.

Et il n'y a pas que la respiration qui est gênée. Dans cette chambre, qu'éclaire mal la fenêtre unique, la lumière arrive à peine; le fond de la pièce est obscur; à peine y voit-on clair pour travailler; la vue se fatigue dans ce demi-jour; la surveillance y est plus difficile : les araignées s'établissent dans les angles, la poussière s'amoncelle, la propreté, condition de la décence * et de la santé, est négligée.

Pour ces raisons, l'impôt sur les portes et fenêtres n'est pas, malgré ce que nous avons dit plus haut, un bon impôt. Un ministre de la troisième République, dont il faut retenir le nom, M. Burdeau, avait imaginé un procédé ingénieux pour le remplacer. Mais il est mort sans avoir pu effectuer cette excellente réforme. Le gouvernement républicain devra s'en occuper de nouveau.

discussion : vous possédez tant, vous payez tant. On a tâché de s'arranger pour que chacun fût taxé selon sa fortune. Par exemple, un bourgeois, qui a beaucoup de terres, paiera plus d'impôts que mon père, qui n'en a qu'un tout petit lopin. Et M. Dufour, qui a un grand château, avec je ne sais combien de fenêtres, payera plus que nous autres, dont la maison n'en a que quatre ou cinq.

— Tout ça est bien exposé et très juste; mais les impôts indirects, comment les comprends-tu, ceux-là?

— Ah ! voilà. Il a dit que c'était très compliqué, et hier il a parlé seulement des octrois et des droits de douane. Il nous a demandé d'abord ce que c'était que les octrois *. Nous lui avons répondu que les octrois étaient des impôts perçus à l'entrée des villes, et qu'on les payait quand on voulait faire entrer du beurre, du gibier, du vin et un tas d'autres choses.

Alors, il nous a expliqué que les douanes sont comme des octrois perçus à la frontière. C'est un impôt qu'il faut payer pour les choses qui viennent de l'étranger, comme le café, les tissus, les machines. Naturellement, plus l'impôt de douane est fort, plus le marchand est obligé de vendre cher pour se rattraper.

M. Durand aime bien qu'on cause avec lui et qu'on lui pose des questions, et quand il nous a eu exposé cela, Paul Moreau lui a dit : —Mais, monsieur, ce n'est pas juste, ces impôts-là.

— Et pourquoi? a dit M. Durand.

— Parce que, a répondu Moreau, tout le monde ne les paie pas également. Le marchand a acheté des objets à l'étranger; à leur entrée en France, il acquitte les droits de douane; mais, au bout du compte, ce n'est pas lui qui les paie, ces droits. Quand il revend ces objets achetés à l'étranger, il établit son prix de vente en additionnant ensemble et le prix d'achat et le droit de douane. Ainsi, c'est le client qui lui rembourse ce qu'il a payé à la douane. Et alors un pauvre homme, qui a beaucoup d'enfants à nourrir, a besoin de bien plus de sucre et de café qu'un richard qui est tout seul, et, sous le système actuel, il paie bien plus d'impôts; voilà pourquoi ce n'est pas juste du tout.

M. Durand lui a dit que tout cela était assez vrai. Puis, il lui a demandé s'il n'avait rien à proposer pour arranger les affaires. Alors, M. Paul, qui n'est jamais embarrassé, lui a répondu : — Mais, monsieur, si j'étais gouvernement, j'abolirais les douanes tout de suite et je chercherais des impôts qui tomberaient sur tout le monde également.

— Il n'est pas bête, ce petit Moreau, fit le père Gérard.

— Ah! mais non, il n'est pas bête, reprit Pierre. M. Durand lui a dit que, s'il pense ainsi, il est libre-échangiste, parce qu'il paraît qu'il y a des gens, qu'on appelle **libre-échangistes**, qui essaient justement de supprimer tous ces droits sur les marchandises qui entrent. Grâce à eux, on aurait la vie à bien meilleur marché.

Leçon de choses : **Cobden et Bastiat.** — Cobden (fig. 31) fut un grand citoyen anglais. Il naquit en 1804 et mourut en 1865. Beaucoup de Français l'ont connu. Il fut reçu à la cour de l'empereur Napoléon III et, grâce à ses bons rapports avec lui, exerça sur certaines affaires de la France une influence décisive.

Dans sa vie, deux circonstances sont à retenir.

Il était le fils d'un fermier sans fortune. Doué d'une rare intelligence, il sut, à force d'énergie, s'élever au premier rang parmi les manufacturiers de Manchester et prendre parmi les hommes d'État de son pays une situation considérable. Il

— Et pourquoi donc ne veut-on pas les laisser faire? demanda Mme Gérard, qui avait écouté aussi.

— Moi, je les laisserais faire, dit le père Gérard.

---

se fit l'apôtre de la liberté du commerce (*V. plus loin, cinquième partie, chapitre IV*), d'abord dans l'intérieur de son propre pays, puis entre les nations étrangères. A s'occuper des affaires publiques, il compromit ses affaires privées. Alors on vit en Angleterre les souscriptions affluer en faveur de ce bon citoyen qui avait, par amour du bien général, négligé ses propres intérêts. On réunit un gros capital, on paya ses dettes, on racheta pour lui la maison de son père, où lui-même était né, et on lui assura une existence honorable. *C'est peut-être le seul exemple d'un simple citoyen (non fonctionnaire et non militaire) tenant une fortune de la générosité de ses compatriotes.*

Fig. 31. — Cobden.

La seconde circonstance de la vie de Cobden qui doit intéresser les Français est la part qu'il prit à la conclusion du traité de commerce de 1860 entre l'Angleterre et la France.

Entre les deux pays, les droits de douanes étaient alors fort élevés; beaucoup d'articles étaient prohibés. Cobden, autorisé par le gouvernement anglais, vint à Paris. Il proposa à l'empereur la suppression des prohibitions et une réduction considérable sur les droits. L'empereur accepta, et dès lors les affaires entre la France et l'Angleterre prirent un développement gigantesque.

Ce changement de régime, l'opinion anglaise y était préparée complètement et depuis longtemps. La France, au contraire, ne l'était pas aussi bien. Il y avait bien eu les publications et les discours de Bastiat et de ses amis, à la suite desquels les tarifs douaniers avaient déjà été abaissés; toutefois la conversion de l'opinion publique était encore loin d'être achevée. Le traité de 1860 n'aurait donc pas été ratifié *, si cette opinion avait pu manifester librement ses préférences. Mais, sous le second empire, l'empereur était le maître à peu près absolu. Il voulut ce traité et l'imposa au pays.

L'œuvre ainsi accomplie était excellente; mais l'opinion publique, violentée, ne voulut ni la comprendre ni l'accepter. Il en

Mais tu trouveras des gens qui te diront : — « Le libre-échange, ce serait la ruine de nos fabricants et

---

résulta qu'aussitôt que le pays fut libre, il protesta contre le régime inauguré * en 1860, et le fit bientôt modifier et presque abolir. Si bien qu'aujourd'hui, après vingt-cinq années de république, la liberté du commerce avec les nations étrangères a peut-être moins de partisans que sous l'Empire.

Toutefois l'éducation économique de nos concitoyens se fait peu à peu; on peut croire qu'ils arriveront prochainement à apprécier et à désirer les bienfaits de la liberté commerciale, qu'ils reviendront d'eux-mêmes aux traités de commerce et que la réforme, ayant été librement étudiée, comprise et voulue par le peuple, sera cette fois irrévocable.

Bastiat (fig. 32) fut un excellent citoyen français. Il naquit à Mugron (Landes) en 1801, et mourut en 1850.

C'était un homme fort modeste, que rien ne semblait préparer au rôle considérable qu'il joua. Il était juge de paix de son pays natal et s'occupait d'affaires qui ne dépassaient pas les limites du canton, quand il entendit parler de Cobden et de sa propagande en faveur de la liberté du commerce. Il lut ses discours, étudia l'économie politique et, à son tour, par la plume et la parole, entreprit de défendre les mêmes idées.

Fig. 32. — Bastiat.

Pendant cinq ou six ans, il produisit presque chaque jour de courts traités qui sont des chefs-d'œuvre de bon sens et d'esprit. Même si l'on ne partage pas ses idées économiques, on devrait les lire, ne fût-ce que pour l'agrément et la vivacité du style, qui rappelle celui de Voltaire et de P.-L. Courier.

Ses compatriotes, fiers de lui, l'envoyèrent en 1848 les représenter à l'Assemblée constituante. Mais déjà il était malade. Il mourut deux ans après, en Italie.

Il est le précurseur de tous ceux qui, dans les quarante dernières années, ont combattu pour procurer à notre pays les bienfaits de la liberté des échanges et de la vie à bon marché. Tous les Français pour qui un sou est un sou et qui désirent dépenser moins pour économiser davantage et enrichir eux-mêmes et leur pays, garderont et honoreront son souvenir.

de leurs ouvriers, la mort de l'industrie française. »

— Comment ça? fit Mme Gérard, en laissant tomber son tricot sur ses genoux.

— Mais parce que les étrangers fabriquent certaines choses à bien meilleur compte que nous, et, sans les droits de douane qu'on met sur ce qu'ils fabriquent, sans les *droits protecteurs*, comme on les appelle, nos fabricants ne pourraient pas lutter du tout. Voici une machine par exemple. Les Anglais la vendront 300 francs ; la même machine, nos fabricants déclarent qu'elle leur revient à 350. Alors, on frappe les machines anglaises, d'un droit de 100 francs ; 300 francs d'achat et 100 francs de droit, font 400 ; de cette façon, la machine française vaut en France 50 francs de moins que l'anglaise. Là-dessus les libre-échangistes vous disent : « Vous faites perdre 50 francs à l'acheteur » ; et les protectionnistes répondent : « C'est vrai, mais le manufacturier français peut lutter ; il donne du travail aux ouvriers et fait vivre des centaines de familles. » Ah ! c'est très difficile, ces questions-là, et on hésite, tu comprends.

— Oui, mais vous disiez l'autre jour, avec M. Martin, qu'il faut toujours travailler dans l'intérêt du plus grand nombre, dit Pierre, et il y a beaucoup plus d'acheteurs, de consommateurs que de fabricants. Le libre-échange profiterait donc à bien plus de monde.

— Certainement, fit le père Gérard d'un air rêveur. Enfin, ajouta-t-il en riant, ce n'est pas moi heureusement qu'on a chargé d'arranger ces choses-là : c'est l'affaire de nos députés (fig. 33). En somme, tout a joliment marché depuis cent ans et le pauvre monde est plus heureux.

— C'est ce que M. Durand nous disait. Il nous

racontait qu'avant la **Révolution** il y avait, par
exemple, des douanes intérieures ; beaucoup de choses
payaient pour passer d'une province dans une autre.

Fig. 33. — La chambre des députés.

— Cela est vrai, fit le père Gérard, mon grand-
père me l'a raconté plus d'une fois. Et de l'étranger,

Leçon de choses : **Turgot.** — Turgot (fig. 34) est un serviteur
de l'ancienne monarchie dont la France républicaine doit
garder le plus reconnaissant sou-
venir (1727-1781).

Il était un philosophe politique
de premier ordre. Longtemps
avant la guerre qui mit fin à la
domination des Anglais sur leurs
colonies d'Amérique (les Etats-
Unis d'aujourd'hui), il en avait
prédit l'émancipation [1]. En tant
que savant, il a écrit des ouvrages économiques qui, encore aujourd'hui, sont considérés comme
des chefs-d'œuvre. Enfin, comme
ministre, il a accompli de telles
réformes que son nom mérite
d'être mis à côté des plus illus-
tres de notre histoire.

Son ministère n'a duré que
vingt mois (1774-1776). Mais, dans

Fig. 34. — Turgot.

ce court laps [2] de temps, il a si profondément remanié un
ordre de choses qui datait de Sully et de Colbert, que la

il y avait des marchandises qui ne pouvaient pas du tout entrer en France. Il y en avait d'autres qui ne pouvaient entrer qu'en payant deux ou trois fois leur

---

révolution de 1789 n'a guère fait, sur beaucoup de points, que reprendre ses idées.

Les réformes de Turgot ont porté principalement sur trois points : la réforme de l'impôt des corvées, la liberté du commerce et la liberté de l'industrie.

Les *corvées* étaient un impôt lourd au pauvre peuple ; Turgot le supprima et le remplaça par une imposition plus équitable (*V. leçon*, p. 20).

Le *commerce* n'était point libre. Il existait, dans l'intérieur de la France, entre chaque province, des douanes intérieures et des péages. Il fallait payer à chaque barrière nouvelle ; c'était une grosse dépense et une grosse perte de temps. De plus, un certain nombre de denrées étaient soumises à des règlements vexatoires : notamment le blé et la viande. Ces règlements autrefois avaient eu leur raison d'être. Sully et Colbert, qui les avaient faits, étaient, eux aussi, de grands ministres. Mais ce qui est utile en 1610 et en 1670, peut en 1770 être nuisible. Et tel était le cas. En fait, précisément à cause de ces règlements, la France d'alors était toujours menacée de la famine. Turgot supprima les douanes intérieures et abolit les règlements sur le transport et le commerce des blés.

L'*industrie* non plus n'était point libre. Il existait alors des maîtrises et des jurandes qui, grâce à leurs privilèges surannés, exerçaient sur elle une véritable tyrannie. Turgot supprima ces corporations (*V. leçon*, p. 133).

Il fut d'ailleurs bientôt renversé du ministère par la coalition de tous ceux que ces privilèges enrichissaient, sans être en revanche soutenu et défendu par ceux que leur abolition devait soulager. Lui-même l'avait prévu dans une *Lettre au roi*, qui est restée célèbre.

« J'aurai, écrivait-il à Louis XVI, lors de son entrée au ministère, j'aurai à lutter même contre la bonté naturelle, contre la générosité de Votre Majesté et des personnes qui lui sont le plus chères. Je serai craint, haï même de la plus grande partie de la cour... On m'imputera tous les refus ; on me peindra comme un homme dur, parce que j'aurai représenté à Votre Majesté qu'elle ne doit pas enrichir ceux qu'elle aime aux dépens de la subsistance de son peuple...

« Et ce peuple, auquel je me serai sacrifié, est si aisé à tromper que peut-être j'encourrai sa haine. »

Turgot ne s'était pas trompé. Il fut, aussitôt après la publication des fameux *édits* * de 1770, qui contenaient ces réformes,

valeur. Depuis une quarantaine d'années, on a bien amélioré tout cela. Il y a encore beaucoup à faire, mais on a déjà fait beaucoup.

— Oui, fit Pierre avec conviction. Ah! mais, s'écria-

Fig. 35. — Nous avons fait route ensemble.

t-il tout d'un coup, je ne vous ai pas dit qu'en sortant de la mairie, j'ai accompagné M. Durand chez lui. Il avait un très gros paquet de livres sous le bras; alors je lui ai proposé de les lui porter et nous avons fait route ensemble (fig. 35).

— Il est aimable, ce M. Durand?

renversé par des intrigues; les réformes mêmes furent abolies, et ne furent reprises que par l'Assemblée constituante, en 1791.

Turgot mourut à Paris en 1781, le 18 mars, âgé de cinquante-quatre ans. Jamais vie plus courte n'avait été mieux remplie.

— Oh ! très aimable. Je lui ai raconté ce qui nous est arrivé avec ces dames anglaises, et alors il m'a expliqué qu'en Angleterre on a supprimé des droits de douane sur la plupart des articles et principalement sur ceux qui servent à nourrir le monde. Et voilà pourquoi ces dames disaient que tout est meilleur marché là-bas.

Mais, malgré ses explications, il y avait le sucre qui me taquinait ; je ne comprenais pas qu'il fût plus cher chez nous. Nous en fabriquons beaucoup en France ; naturellement, nous n'avons pas de droits d'entrée à payer pour celui-là. Pourquoi donc est-ce que nous le payons tout de même plus cher ici qu'en Angleterre ?

Là-dessus, il m'a expliqué que, pour encourager la fabrication et la vente du sucre, le gouvernement français donne une prime, une somme d'argent, je ne sais pas combien, par quintal de sucre vendu aux étrangers. Alors, vous comprenez, les fabricants, étant ainsi payés par le gouvernement, peuvent vendre leur sucre beaucoup moins cher aux marchands anglais et faire encore une bonne affaire. Et alors, cela amène un résultat très drôle : on achète en Angleterre du sucre fabriqué en France bien moins cher qu'on ne l'achète en France même.

— Oui, c'est intéressant à savoir, tout cela, fit le père Gérard.

— Oui, mais ce serait intéressant aussi d'aller dormir, dit sa femme ; mes yeux ne veulent plus se tenir ouverts, et elle plia son ouvrage et se mit à faire ses petits préparatifs pour monter se coucher.

— Eh ! au fait, il est tard, s'écria le père Gérard en regardant la pendule. C'est ce petit bavard de Pierre qui nous fait perdre ainsi notre temps. Allons, bonsoir, mon garçon, va te coucher et dors bien.

— Vous pareillement, patron; bonne nuit, madame Gérard.

Chacun alla gagner sa chambre, et, en moins d'un quart d'heure, tout était tranquille dans la petite maison.

CHAPITRE XXIII

Les inquiétudes de Pierre.
L'inventaire et le bilan d'un commerçant.

Pierre continua à suivre les cours tout cet hiver et même les deux hivers suivants. Il s'était bien développé de toutes façons, de corps aussi bien que d'intelligence et de jugement. C'était maintenant un grand garçon vigoureux, plein de santé et de gaieté, avec beaucoup de bon sens pratique.

C'était lui qui s'occupait de tout et il s'en occupait bien, à la satisfaction de son patron et à la sienne propre. Il aurait seulement voulu que le brave et digne père Gérard fût un peu plus homme de progrès, qu'il se payât, pour l'installation du magasin, par exemple, certaines petites commodités nouvelles qu'il considérait comme avantageuses, quelques-unes même comme indispensables.

— Pourquoi donc n'auriez-vous pas le gaz, lui disait-il, au lieu de la vieille lampe à huile? Voyez comme c'est commode et propre et quelle belle lumière claire. Et la dépense n'est pas grosse.

Mais le père Gérard lui disait toujours :

— Ce que tu dis là est vrai, mon garçon; mais tu

sais, je suis de la vieille école : je me suis éclairé pendant soixante-sept ans avec une lampe et je ne vais pas changer à mon âge.

Et il ne sortait pas de là.

Pierre s'inquiétait de ce qu'il appelait un esprit rétrograde *. En vain, il avait reçu de son patron des leçons excellentes et les conseils les plus sages. Il se demandait si, avec un tel esprit, son cher maître avait su faire ses affaires et mettre seulement quelque chose de côté pour ses vieux jours.

— Il est capable, pensait-il, de n'en rien savoir.

Un soir qu'il était entre M. et Mme Gérard, il finit par s'enhardir et leur dit :

— Quand vous m'avez donné cette première leçon de comptabilité, monsieur Gérard, vous m'avez bien parlé de l'inventaire. Mais je ne vous en ai jamais vu faire. Est-ce que vous ne faites pas le vôtre quelquefois, patron ?

— Mon inventaire ! fit M. Gérard tout stupéfait de la question. Et il allait s'écrier : Mais certainement je fais mon inventaire ; quel commerçant n'en fait pas ? quand sur un signe de Mme Gérard, qui depuis quelques instants surveillait Pierre et flairait un secret, il changea d'attitude et répondit d'un air humble :

— Non, jamais je n'en ai fait.

— C'est qu'on nous en a parlé au cours, et on disait que c'était une bonne chose pour un commerçant d'en faire tous les ans.

— Je sais bien qu'il serait utile et sage d'en faire, dit le père Gérard, mais je n'en ai jamais fait.

— Oh ! fit Pierre, ce n'est pas très compliqué. Il faut inscrire les quantités de toutes les marchandises en magasin et mettre en regard leur valeur. Et pour la valeur, c'est de la valeur vraie qu'il s'agit, bien entendu.

Il y a, par exemple, des choses que vous ne vendrez plus aujourd'hui ce que vous les auriez vendues, il y a trois ans, parce que la **mode** est passée, ou

---

Leçon de choses : **La mode.** — Une femme passe sur le boulevard dans une toilette à la mode, qui n'est pas toujours jolie ni toujours de bon goût (fig. 36 et 37) : vous voyez alors

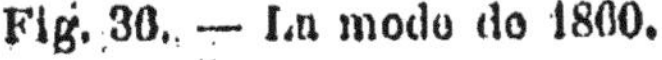

Fig. 36. — La mode de 1860.

Fig. 37. — La mode actuelle.

les gens graves sourire, se moquer discrètement de cette femme et dire : Que la mode est bête et que les femmes sont sottes de la suivre !

Ces gens graves ont tort et ont raison.

Ils ont raison de penser et de dire qu'une femme a autre chose à faire qu'à suivre la mode; qu'il y aurait pour elle des préoccupations et des occupations plus intelligentes, et qu'elle emploierait mieux son temps à diriger sa maison, à élever ses enfants, à lire de bons livres, à visiter les pauvres, etc. Ils ont raison aussi de dire que, si elle veut à toute force s'inquiéter de sa toilette, elle ferait peut-être mieux de ne pas se plier à toutes les modes successives, dont quelques-unes, il est vrai, lui siéent et la parent mieux, mais dont d'autres, au contraire, la rendent disgracieuse et parfois ridicule.

Mais ils ont tort de condamner la mode et ses variations ou, pour mieux dire, ses caprices. La mode est très utile dans une société démocratique.

parce qu'on a trouvé quelque chose de mieux. Sur celles-là, vous perdez. Mais il y en a d'autres, au contraire, que vous vendrez plus cher. Par exemple, ce vin de Bourgogne que vous avez à la cave, vaut plus aujourd'hui qu'il ne valait il y a trois ans. Vous faites cette estimation pour toutes les marchandises :

En général, il n'y a guère que les riches qui suivent la mode. Ils font bien. Supposez qu'ils se mettent à ne plus vouloir la suivre : que deviendraient toutes leurs richesses? Elles resteraient inutiles entre leurs mains. Sans doute les meilleurs et les plus intelligents d'entre eux travailleraient et fourniraient du travail au pauvre monde; ou encore ils feraient la charité; mais tous n'ont pas assez de générosité pour vouloir la faire ni surtout assez de clairvoyance pour la faire bien. Les autres, pour la plupart, vivraient retirés, dans une grande simplicité, quelquefois même dans une grande avarice. Ils ne dépenseraient rien, ils mettraient de l'argent de côté. Or, mettre de l'argent de côté, chez les pauvres, cela s'appelle *économiser* et c'est parfait; mais chez les riches, cela s'appelle *thésauriser*, et c'est souvent très fâcheux. L'argent s'amasse alors entre des mains qui ne savent pas s'en servir ni en tirer un parti utile à l'intérêt du pays. Puis, quelque jour, la mort vient; un héritier prodigue trouve le trésor et gaspille stupidement en peu de mois ce qui, en beaucoup d'années, avait été imprudemment entassé.

Or, la mode, agissant parmi les riches, est un grand régulateur des fortunes. Dans un certain monde, la mode veut telle année que les appartements soient revêtus de boiseries blanches : aussitôt les dessinateurs, les menuisiers, les ébénistes, les sculpteurs sur bois, les ouvriers peintres, les doreurs, etc., dix corps de métiers sont mis en mouvement. Telle autre année, la mode exige que les tapisseries remplacent les boiseries : alors, ce sont les artistes, les filateurs, les tisseurs, etc., qui ont de l'ouvrage à foison. Une année, les femmes portent des robes de laine, et c'est du travail pour Reims, Roubaix, Le Cateau, etc.; une autre année, elles ne veulent que de la soie, et alors c'est Lyon, Tours, etc., qui vont gagner de l'argent.

Sans la mode et ses variations, sans l'empire qu'elle exerce sur ceux qui se soumettent à ses exigences, les grosses fortunes s'immobiliseraient, l'argent resterait sans emploi et les ouvriers sans ouvrage. Donc ne rions pas trop de la mode et recommandons seulement aux personnes de condition modeste de ne pas céder à tous ses caprices.

café, sucre, chocolat; vous les marquez à leur vrai prix; souvent ce prix est publié, jour par jour, dans les journaux : c'est ce qu'on appelle les *mercuriales*.

Vous comptez donc ainsi toutes les marchandises qui sont en magasin à leur valeur actuelle; vous inscrivez aussi l'argent que vous avez en caisse et l'argent qui vous est dû. Et voilà votre actif *.

Mais, toutefois, il faut encore faire attention. Pour ce qu'on vous doit, c'est comme pour ce que vous avez en magasin : il y a du bon, du médiocre et du mauvais. Couturat vous doit 500 francs, c'est comme si c'était dans votre caisse. Mais les 200 francs de Rebouleau ne valent pas 5 sous, et des 150 francs de Jacob, vous ne retirerez pas la moitié; tout cela, il en faut tenir compte, en sorte que votre actif vrai, c'est le prix actuel de vos marchandises et la valeur actuelle de vos créances.

Quant à votre passif *.... Mais je ne vous ennuie pas, monsieur Gérard?

— Non, mon cher garçon, tu m'intéresses beaucoup, au contraire.

— Eh bien, donc, pour votre passif, c'est également simple : c'est ce que vous devez aux autres.

Quand vous avez ainsi fait le compte de l'actif et du passif, vous savez exactement ce que vous avez gagné ou perdu, exactement où en sont vos affaires et le chiffre de votre fortune. Et, le jour où l'on prend de l'âge, et où l'on voudrait se retirer, c'est bon à savoir, n'est-ce pas votre avis, patron?

— C'est mon avis, mon cher garçon, et tu as parfaitement raison. Et comme je sais que tu nous aimes bien et que tu aurais de la peine si tu nous voyais dans une mauvaise voie, je veux que tu saches que je fais mon inventaire. Seulement, ma boutique est si petite et mes affaires si peu importantes, que je ne le fais pas tous les ans, je ne le fais que tous les trois ans. Et voilà pourquoi tu ne m'en as pas encore vu faire. Mais un jeune homme comme toi et un commerçant avisé, comme tu en seras un plus tard, ne devrait pas se contenter d'en faire un tous les trois ans. Pour sa tranquillité et aussi pour la bonne surveillance de ses affaires, il doit le faire tous les ans.

Pierre était bien de cet avis, et il pensait que cela serait bon même pour un vieux comme le père Gérard; mais il craignait de faire de la peine à son patron qu'il aimait de tout son cœur, et il n'insista pas.

CHAPITRE XXIV

La routine et le progrès.
Pierre sort de chez M. Gérard.

Toute cette journée, le père Gérard demeura pensif et Pierre remarqua qu'il ne plaisantait pas avec les clients comme d'habitude. Le soir, après souper, au moment où Pierre dépliait le journal pour faire la lecture, le père Gérard lui dit :

— Laisse là ton journal pour un soir, mon garçon; j'ai à te causer; toi aussi, ma femme, viens t'asseoir.

Il était dans son grand fauteuil, les mains croisées, et regardait le feu avec cette même physionomie grave qu'il avait eue depuis le matin.

Sa femme laissa immédiatement ses petits rangements, ferma la porte qui conduisait au magasin et vint s'asseoir sans rien dire.

— Tu dois bien savoir, Pierre, que nous sommes contents de toi, commença le père Gérard sans bouger; depuis que tu es avec nous, tu ne nous as jamais donné que de la satisfaction, et ce sera un gros vide le jour où tu nous quitteras.

— Mais, monsieur Gérard, je ne pense pas à vous quitter, interrompit Pierre.

— Non, mon enfant, tu n'y as pas pensé, je le sais; mais moi, j'y ai pensé pour toi; depuis ta conversation d'hier soir, j'ai beaucoup réfléchi. Tu n'apprends plus rien ici, à l'heure qu'il est; tu en sais plus long que moi sur le commerce. Je suis de la vieille école, j'ai fait mon temps, mais je m'en aperçois; je pense qu'il faut que les jeunes marchent plus loin et qu'ils fassent mieux que nous.

Tu ne manques pas d'intelligence, tu as une certaine instruction. Tu peux mieux faire que de rester dans un petit trou comme ici, auprès de deux vieux hiboux comme tes vieux patrons. Il faut donc t'en aller voir un peu ce qui se fait ailleurs, et ce que c'est qu'une vraie maison de commerce. Je ne te dis pas de faire ton **tour de France** comme faisaient autrefois tous les ouvriers et comme font encore les charpentiers (fig. 38); mais je te dirai : Va voir les grandes villes et les grandes maisons de commerce; rends-toi compte des choses par toi-même.

Leçon de choses : **Les compagnons du tour de France.**
— Autrefois, dès le moyen âge, chaque métier formait ce qu'on appelait une corporation, ou corps de métier. La corporation comprenait à la fois les patrons et les ouvriers. Les ouvriers, à cette époque, s'appelaient *compagnons*. Ce nom leur venait de ceci : ils étaient logés chez leur patron et reçus à sa table; c'est ce qu'on exprimait en disant qu'ils étaient ouvriers, avec le lit et le pain (*cum pane*, avec le pain).

Dans les corporations, les patrons se montrèrent si durs pour

— J'avais quelquefois pensé, dit timidement Pierre, que plus tard, quand vous voudriez vous reposer, vous me céderiez peut-être votre maison.

---

les compagnons (*V. leçon*, p. 133), que ces compagnons formèrent bientôt des associations composées exclusivement d'ouvriers, qu'on appela des *compagnonnages*. C'étaient des associations dans lesquelles les ouvriers d'un même métier s'entr'aidaient réciproquement, s'assistaient en cas de maladie, s'enseignaient le métier, s'indiquaient les maisons où l'on trouvait du travail, etc.

Chaque compagnonnage tenait secrètes les règles de son art. Il en résulta qu'au début les bons ouvriers se formèrent seulement dans certains centres et que le nombre de ces bons ouvriers était limité. Aussi devaient-ils presque tous voyager, appelés ici et là pour exécuter certaines besognes difficiles. Lorsque, du XI⁰ au XIII⁰ siècle, on construisit nos admirables cathédrales gothiques, ce travail gigantesque fut exécuté par la population, mais sous la direction d'ouvriers spéciaux qu'on avait appelés pour telle et telle tâche. C'étaient, par exemple, des tailleurs de pierre, des charpentiers, etc. Ces ouvriers restaient dans la ville où on les avait appelés, tant que leur tâche durait. Puis, libres d'un côté, ils partaient de l'autre, voyageant ainsi de place en place. Beaucoup finirent par se fixer à demeure, ouvrirent des ateliers, formèrent des ouvriers et même des écoles, si bien qu'un bon ouvrier, pour savoir à fond son métier, devait aller l'apprendre sous ces différents maîtres. Le complément nécessaire de l'apprentissage devint ainsi un voyage à travers la France où l'on allait travailler sous les divers patrons et se former à leurs méthodes. Ce voyage s'appelait le *tour de France*, et les compagnons qui l'accomplissaient, *compagnons du tour de France*.

Mais un ouvrier n'a pas, d'ordinaire, la bourse assez garnie pour voyager. Aussi les compagnonnages se préoccupèrent-ils de faciliter à leurs membres ces voyages d'études. Dans chaque ville, ils avaient des compagnons établis qui accueillaient les nouveaux venus; ils avaient aussi une auberge, tenue par la *mère* des compagnons. Là, le voyageur, dès qu'il s'était fait reconnaître par certains signes spéciaux, était hébergé et nourri *gratis*; les compagnons lui faisaient une réception, puis ils lui procuraient du travail chez un bon patron, ou, s'ils n'en avaient pas parmi eux, lui indiquaient une autre ville où ils savaient qu'il en pourrait trouver. Au bout de quelques années de 'pérégrinations', le compagnon avait fait le tour de France et travaillé sous les meilleurs patrons; il savait son métier, s'établissait à son tour et rendait aux nouveaux com-

— Moi aussi, mon Pierre, j'y avais pensé et ça aurait fait plaisir à ma femme et à moi ; mais ce n'est pas notre plaisir à nous, c'est ton intérêt à toi qu'il faut considérer.

Jusqu'ici, j'ai tâché de te conseiller, comme j'aurais conseillé mon propre enfant, si le bon Dieu nous l'avait laissé, ajouta-t-il, après un moment de silence.

Et toi, ma femme, quel est ton avis? demanda-t-il,

— Je pense comme toi, Gérard, fit-elle ; seulement, il faudrait consulter ses parents.

— Bien entendu ; aussi, s'il fait beau dimanche, nous pourrions aller tous trois passer la journée à Germigny.

Fig. 38. — Un compagnon du tour de France.

pagnons les services que les anciens lui avaient rendus à lui-même.

Cela dura ainsi durant plusieurs siècles. Vers 1850, il existait encore quelques compagnonnages, notamment parmi les charpentiers. Aujourd'hui on ne voyage plus à pied : le chemin de fer a supprimé les distances. L'emploi des machines dans l'industrie, et notamment des machines à travailler le bois, a beaucoup diminué l'importance de la grande habileté manuelle. Et, d'autre part, il existe tant d'écoles d'apprentissage qu'il n'est plus besoin de se déplacer pour trouver un bon enseignement professionnel. Aussi les compagnonnages, n'ayant plus guère d'utilité, tendent à disparaître absolument.

LEÇON DE CHOSES : Les corporations. — Au moyen âge, la société n'était pas organisée comme elle l'est aujourd'hui. Il n'y avait pas un pouvoir central fort et juste, capable de faire respecter par tous les droits de chacun. Souvent la loi n'avait pas prévu certaines difficultés qui se présentaient ; l'autorité manquait de puissance, la sécurité publique était

Et le dimanche, en effet, tous trois partirent dès le matin. Les parents pleurèrent de contentement et aussi d'inquiétude, car c'était une vie nouvelle qui

souvent menacée. C'est pourquoi chacun se serrait contre son voisin ou cherchait à entrer dans un groupe de défense mutuelle. Ces circonstances amenèrent à cette époque, dans la *politique*, le mouvement des communes, dans l'*agriculture*, le servage, par lequel les paysans venaient se placer sous la protection d'un seigneur, et, dans l'*industrie*, les corporations et les compagnonnages.

Les compagnonnages (*V. leçon*, p. 131) étaient des associations d'ouvriers; les corporations étaient des associations de patrons, qui se liaient ensemble pour se défendre et s'assister réciproquement : se défendre contre les ennemis qui menaçaient leurs vies et surtout leurs biens, et s'assister contre la maladie et la pauvreté. Elles s'engageaient par *serment* à remplir ces devoirs mutuels. Cette formalité du serment (en latin, *jurandum*) et ce fait qu'elles ne se composaient que des patrons (*maîtres*) firent donner aux corporations le nom de *maîtrises* et *jurandes*.

Formées par la libre initiative des personnes intéressées, les corporations se mettaient en règle avec les pouvoirs publics : elles s'adressaient, par exemple, au seigneur du lieu, ou aux autorités communales, ou au roi, suivant les cas, à l'effet d'obtenir une *charte*, c'est-à-dire un règlement qui fît loi entre leurs membres et qui leur attirât le respect des personnes étrangères à elles. Une fois munies de cette charte, elles se gouvernaient elles-mêmes, par des chefs qu'elles élisaient.

Leur rôle au début était, nous l'avons dit, de défendre et d'assister leurs membres. Plus tard, elles y joignirent la surveillance du métier et de l'industrie qu'elles représentaient. Il y avait, par exemple, la corporation des drapiers : les chefs de cette corporation contrôlaient les produits que chaque marchand drapier mettait en vente et y apposaient la marque de la corporation. Cette marque était une approbation et servait de garantie : le public savait que le produit ainsi estampillé * était de bonne qualité.

Jusque-là, le rôle des corporations était louable et utile. Mais, à la longue, elles le modifièrent et devinrent alors oppressives et nuisibles.

Elles s'arrogèrent d'abord des droits que les chartes ne leur conféraient pas. Elles comprenaient, dans une même ville, tous les patrons de chaque profession; elles s'aperçurent bientôt que moins il y aurait de patrons dans cette ville, plus chacun de ces patrons ferait de bénéfices, et elles s'ar-

allait commencer et tout effraye des parents quand il s'agit de leurs fils. Finalement, il fut décidé qu'au printemps Pierre irait faire sa tournée.

Il avait un oncle à Paris, son grand-père à Lyon et des camarades d'école qui, entrés dans différentes branches de commerce, résidaient dans différentes

---

rangèrent, en conséquence, pour ne plus permettre l'entrée de la corporation qu'à un très petit nombre de personnes. Ces personnes, c'étaient leurs fils, leurs gendres, leurs neveux; les fils de leurs amis.

Aujourd'hui, dans le commerce, on voit — et c'est un très grand bien — beaucoup de fils succéder à leurs pères ou à leurs oncles, et personne n'y trouve à redire. Pourquoi? C'est que celui qui veut s'établir à côté d'eux dans n'importe quel commerce, dans n'importe quelle industrie, a le droit de le faire et que personne ne peut s'y opposer. Du temps des corporations, au contraire, nul ne pouvait s'établir boucher, menuisier, drapier, etc., sans l'agrément, l'autorisation de la corporation. Et cette autorisation, elle ne la donnait que très difficilement. La population avait beau grandir, les villes avaient beau se développer, les corporations n'augmentaient pas le nombre des titulaires * de chaque métier. Ainsi, à Paris, au xviii° siècle, les maîtres bouchers n'étaient guère plus nombreux qu'au temps de Louis XI. On conçoit quels bénéfices chacun d'eux réalisait, ayant à servir une clientèle dix fois plus considérable.

Cet état de choses était très préjudiciable au pays tout entier. Il y avait d'abord dans chaque corps de métier une foule de *compagnons* qui ne pouvaient arriver à se faire recevoir *maîtres*, qui se décourageaient, devenaient mécontents, et, comme on dit, tournaient mal. Ensuite, les corporations ne s'en tenaient pas à monopoliser * au profit de leurs membres les bénéfices de leur métier. Elles prétendaient sans cesse empiéter sur le métier des autres. Si par hasard un artisan * appartenant à une corporation faisait un ouvrage ou vendait un produit qui, à la rigueur, pouvait se rattacher au monopole * d'une autre corporation, aussitôt celle-ci lui faisait défense de fabriquer ce produit, et, s'il n'obéissait pas, lui intentait d'interminables procès.

Ces prétentions des corporations arrêtaient en France le progrès des industries et le développement de la richesse publique. Aussi, en 1776, le grand ministre Turgot (*V. leçon*, p. 121) les supprima et, plus tard, l'Assemblée constituante confirma cette suppression. Sous leur forme ancienne, les corporations ne reparaîtront jamais dans notre pays.

grandes villes. Il irait les voir, causer avec eux, savoir ce qu'ils avaient fait, ce qu'ils espéraient faire.

— Et quand il aura vu par lui-même et qu'il aura réfléchi, il reviendra près de moi, disait le père Gérard, et je l'aiderai à trouver ce qu'il lui faut.

Fig. 30. — Il glissa dans la main de M. Darle cinq billets de cent francs.

Et, disait-il tout bas à M. Darle, je peux me tromper, mais je crois qu'il réussira, ce petit, je crois qu'il réussira.

En disant cela, il glissa dans la main de M. Darle cinq billets de 100 francs (fig. 30).

— C'est pour faire son voyage, dit-il.

M. Darle, tout surpris, ne savait comment remercier le père Gérard. Mais celui-ci coupa court à tout en déclarant qu'il était l'heure de rentrer.

Ils partirent donc tous trois, Pierre, Mᵐᵉ Gérard et son mari; mais le voyage fut silencieux. Le père Gérard ne pouvait s'empêcher de songer à « ce petit » qui allait le quitter pour courir le monde.

TROISIÈME PARTIE

UN VOYAGE D'EXPLORATION COMMERCIALE

CHAPITRE XXV

Pierre en route pour Paris.

Cette année-là, l'hiver fut rude ; il était tombé beaucoup de neige et, au mois de mars, il y en avait encore dans les campagnes. Le paysan se plaignait et le commerce n'allait pas. « De petites misères, tout ça ! disait le père Gérard, en hochant la tête ; un rayon de soleil les fera fondre ; attendez les beaux jours, mes amis. » Et il gardait sa bonne humeur.

Pierre ne perdait pas son temps, il suivait consciencieusement les cours du soir, tout comme s'il ne devait pas les abandonner un mois plus tard et, dans la journée, il savait toujours se créer de la besogne pour ses moments de loisir.

Comme il était vigoureux et adroit de ses mains, il s'était mis en tête d'établir pour la maman Gérard une buanderie * dans la cour, derrière la maison (fig. 40) ; il lui avait aussi posé des planches dans la cuisine et organisé un portemanteau dans la chambre à coucher.

— Je ne sais pas où il a appris tout ça, disait le père Gérard, mais il scie une planche et enlève un copeau comme un menuisier.

Les deux vieux se demandaient ce qu'ils feraient

Fig. 40. — Pierre établit une buanderie pour la maman Gérard.

quand Pierre ne serait plus là. Ah! ce serait un grand vide.

Le mois d'avril approchait cependant; c'était la date fixée pour son départ. Il devait aller passer quelques jours chez ses parents, puis se diriger sur Paris, où son oncle Benjamin lui offrait l'hospitalité; ensuite continuer la tournée par Lyon, où était la famille de sa mère, et aller enfin jusqu'à Marseille, la grande ville commerçante, et, ainsi qu'on le lui avait appris en classe, un des plus beaux ports du monde.

L'idée de ce voyage le faisait rêver; il se demandait si c'était bien lui, Pierre Darle, dont l'horizon jusqu'alors n'avait guère dépassé la boutique du père

Gérard, qui allait faire connaissance avec toutes ces merveilles. Et de temps en temps, il s'apostrophait en se frottant les mains : « Tu tiendras les yeux ouverts, mon camarade, et l'esprit aussi; c'est qu'il s'agit de profiter de tout ce que nous allons voir par là! » Et c'est plein de bonnes et sages résolutions qu'il quitta Saint-Florentin, par un beau matin d'avril.

CHAPITRE XXVI

Les projets de Pierre; l'ambition et le progrès.

Le chef de gare avait déjà donné le signal du départ et le train allait se mettre en mouvement, quand quelqu'un arriva sur le quai au pas de course. En le voyant, Pierre ouvrit lestement la portière et cria : « Par ici, monsieur Durand, par ici. » Une seconde après, le train s'ébranlait, emportant côte à côte professeur et élève (fig. 44); car le nouvel arrivant était ce M. Durand qui professait aux cours du soir et pour lequel Pierre avait une sympathie toute particulière.

— Et vous voici en route pour Paris, jeune homme? fit M. Durand, après avoir remercié Pierre.

— Oui, monsieur; mes parents trouvent qu'avant de décider quelque chose pour mon établissement, il faut voir un peu ce qui se fait dans les grandes villes. Et comme, grâce à M. Gérard, j'ai mon boursicot bien garni, je vais voir un peu de pays.

— Je suis au courant de vos projets, mon ami. J'ai rencontré votre patron l'autre jour, et je trouve que, pour lui comme pour vous, il raisonne. très sagement. Vous pouvez faire mieux que de continuer sa maison; elle ne se développerait que bien

Fig. 41. — M. Durand et Pierre en wagon.

difficilement dans un petit pays comme le nôtre; et il est bon de chercher à s'élever et à progresser. Il faut avoir un peu d'ambition pour faire de grandes choses.

— Pourtant, monsieur, l'ambition a perdu bien des hommes, dit Pierre.

— D'accord; mais entendons-nous. Il ne faut pas se laisser prendre à un mot : il y a ambition et ambition, comme il y a épargne et épargne. Quand l'épargne s'appelle économie, elle est une précieuse qualité; quand elle s'appelle avarice, elle est un vice abominable.

L'ambition, quand elle est le désir de s'élever par le travail, est une chose noble; mais quand elle est le désir de s'élever par l'intrigue, elle est condamnable.

Désirer la richesse et la puissance, c'est de l'ambition; la désirer non par vanité et pour éblouir le voisin, mais pour en faire un bon usage, pour défendre et encourager ceux qui en ont besoin, c'est une ambition noble, qu'il est permis, qu'il est utile et bienfaisant d'avoir. C'est cette ambition chez les bons citoyens qui fait les grandes nations.

— Alors on peut être ambitieux dans tous les métiers?

— Assurément. Et un modeste travailleur qui a l'ambition de faire bien sa tâche pour s'élever, s'il le peut, et, en tous cas, pour entretenir sa famille et répandre autour de lui le bon exemple, a une ambition très noble et très digne d'encouragement; car il ajoute quelque chose, lui aussi, à la grandeur morale de son pays.

Pierre ne répondit rien. Peut-être songeait-il au but que lui-même donnerait à sa vie.

— Vous trouvez, dit-il, après un instant de silence, que le père Gérard raisonne bien pour lui-même en me dissuadant de prendre sa maison? Il est à son aise, il n'a pas d'enfants, voici qu'il se fait vieux et fatigué. Il me semble que ce serait pour lui un soulagement de me céder sa maison et de se reposer tranquillement.

— Non, mon ami, il ne se reposerait pas, il s'ennuierait. Il est d'une autre génération que la vôtre. Il y a quarante ou cinquante ans, on n'enseignait pas grand'chose à l'école : la lecture, l'écriture, un peu de calcul et c'était tout; on ne rendait pas l'esprit curieux, on ne donnait pas le goût du travail intellectuel *. Dans un sens, c'était très sage. Un commerçant, qui lirait toute la journée, se ruinerait infailliblement. Mais entre ignorer trop et trop vouloir apprendre, il y a un juste milieu. Je crois que, de notre temps, nous nous en approchons.

Quant au pauvre père Gérard et à ceux de son âge, ils avaient l'esprit vraiment trop peu cultivé. Aussi, voyez-le. Il a beau être intelligent et vouloir s'intéresser à tout : sa vie s'est absorbée dans son petit commerce ; si vous le lui ôtez, il ne saura plus que faire, il mourra d'ennui. Vieil arbre déplanté ne prend pas racine.

— Oui, fit Pierre, je n'avais pas songé à tout cela.

— Aux États-Unis, continua M. Durand, où l'instruction est peut-être même plus répandue que chez nous, il y a néanmoins dans le commerce beaucoup d'hommes comme le père Gérard. Trop souvent, celui qui se destine au commerce n'apprend que tout juste ce qu'il faut, rien en dehors, ni au delà. Quand il a fait fortune, qu'arrive-t-il ? C'est qu'il ne sait s'intéresser à rien et qu'il se sent gagner par le dégoût de toute chose. Alors, pour se désennuyer, assez souvent il se remet aux affaires ; mais comme il n'a plus la vigueur et l'audace de sa jeunesse, que les méthodes de commerce changent vite, et que ce qui réussit à un moment ne réussit plus dix ans plus tard, assez souvent aussi il se ruine et sa vieillesse est misérable.

— Allons, je vois, dit Pierre, que nous avons de la chance, nous autres, de la jeune France.

Et c'est en devisant ainsi de choses et d'autres, que nos deux voyageurs arrivèrent à Paris, sans avoir trouvé le temps trop long.

CHAPITRE XXVII

En famille : comment les provinciaux font leur chemin à Paris.

Pierre était à peine descendu de wagon, qu'il aperçut la bonne et aimable figure de sa tante Maria, qui l'attendait sur le quai.

— Ah! te voici, s'écria-t-elle; on n'a pas besoin de

Fig. 42. — Les droits d'octroi sont perçus à l'entrée des villes.

demander de tes nouvelles, tu as une fameuse mine! Et, là-bas, tout le monde va bien?

— Merci, ma tante, tout le monde va très bien.

— Allons, c'est parfait; dépêchons-nous de retirer les bagages; car je suppose que tu en as?

— Oui, ma tante, j'ai une malle et un panier, qu'il va falloir déclarer à l'octroi (fig. 42).

— Ah! je me doutais qu'il y aurait de bonnes choses de là-bas; je vois d'ici ta mère préparant tout cela, courant au poulailler, choisissant des fromages, faisant de la galette. En voilà une qui aime à donner! Mais va avec ton bulletin faire le nécessaire, et moi, pendant ce temps, je prendrai une voiture.

Elle choisit une voiture ouverte, car il faisait très doux, un vrai jour de printemps, et bientôt ils roulaient le long des quais.

Tout en causant de Germigny, de Saint-Florentin et des amis du pays, la tante Maria montrait à Pierre, en passant, les choses intéressantes.

Leçon de choses : **Le Jardin des plantes.** — Vous connaissez tous, au moins de nom, le Jardin des plantes à Paris ou, comme on doit l'appeler, le *Muséum d'histoire naturelle*. Mais très probablement ceux d'entre vous qui l'ont visité n'auront regardé que la ménagerie. Cette ménagerie cependant n'est qu'un accessoire * du Jardin des plantes. Quand le roi Louis XIII le fonda, sur les conseils du savant Guy de la Brosse, il se préoccupait surtout de rassembler des échantillons des plantes utiles ou curieuses, pour le progrès de la science ou l'avantage des hommes. A la collection de plantes, on joignit peu à peu diverses collections : une collection d'animaux, qui fut un moment fort belle, mais qu'on néglige aujourd'hui, parce qu'on n'a pas assez d'argent et parce que, d'autre part, elle n'est plus d'un si grand intérêt scientifique qu'autrefois; une collection de minéraux, et le musée de minéralogie du Muséum est un des plus riches qui existent; puis des laboratoires * de toutes sortes : chimie, physique, physiologie végétale, etc. Aujourd'hui, dans l'ordre des sciences naturelles, le *Muséum* est un grand centre de recherches et d'études.

Il donne l'enseignement à de futurs botanistes, zoologistes, minéralogistes, médecins, explorateurs; il a organisé des cours, dits *cours des voyageurs*, où celui qui se prépare à de grands voyages d'explorations et de découvertes peut apprendre tout ce qu'il lui faut savoir pour que son voyage soit fructueux : un peu d'hygiène, d'astronomie, de botanique, de zoologie, etc.

Le *Muséum* fait plus encore : il étudie la flore * des pays lointains et cherche parmi leurs plantes celles qui pourraient être acclimatées * chez nous avec quelque utilité. Ce sont là des études extrêmement profitables. Vous savez que beaucoup de nos plantes sont originaires de pays étrangers, d'où on les a anciennement importées et acclimatées * en France : la cerise

— Tiens, disait-elle, tu vois ces arbres de l'autre côté de l'eau? c'est le **Jardin des plantes**; et ce grand dôme, tout là-bas, avec une croix d'or, c'est le Panthéon; par ici, c'est Notre-Dame (fig. 43).

Fig. 43. — Notre-Dame de Paris.

Et puis c'était l'Hôtel de Ville, le Louvre (fig. 44), l'Institut de France (fig. 45), et tous ces noms bour-

et la pêche, par exemple, viennent de Perse, la pomme de terre vient peut-être d'Amérique, etc. A l'heure actuelle, il y a encore bien des plantes utiles à importer : le Muséum y travaille.

Toutefois, il ne semble pas aussi bien outillé pour cette besogne que le célèbre jardin de Kew (prononcez *kiou*), près de Londres, en Angleterre. L'administration de Kew est en relations avec les administrations similaires * du monde entier et notamment de toutes les colonies anglaises; elle reçoit de chacune d'elles des échantillons de toutes les plantes de sa région, avec des indications sur le climat, le sol et la culture qui lui conviennent. Elle publie ensuite, dans un *Bulletin* très bien fait, les renseignements qu'elle a ainsi rassemblés; et ce Bulletin elle l'envoie dans tout l'Empire britannique. Alors chacun le consulte, voit quelles plantes peuvent convenir à la latitude et au climat qu'il habite, et s'adresse, pour les avoir, au Jardin de Kew, qui généralement les a dans ses collections et les donne ou les vend à très bon marché.

Ainsi, ce Jardin de Kew contribue largement au progrès de la science et de la richesse en Angleterre et dans les colonies anglaises. Le *Muséum* en ferait autant, car ses professeurs comptent parmi les plus savants du monde, s'il disposait de crédits * suffisants. Ce sera d'une bonne politique de les lui accorder.

donnaient dans la tête de Pierre et le grisaient. Il lui semblait qu'il était emporté dans un rêve.

— Nous ne trouverons pas ton oncle à la maison,

Fig. 44. — Le Louvre.

fit sa tante, il ne sort de l'usine qu'à sept heures ; car maintenant, tu le sais, il est chef d'atelier.

Fig. 45. — L'Institut.

M. Pérouse, l'ingénieur, qui l'avait connu à Laroche, l'a fait avancer rapidement.

— Je le connais, fit Pierre, c'est un homme très bon.

— Oh ! ce n'est pas seulement par bonté qu'il a

fait cela; c'est par justice. Il savait ce que vaut ton oncle. « Darle, lui a-t-il dit un jour, j'ai besoin d'un bon chef d'atelier, ferme et intelligent, et sachant conduire l'ouvrier. Vous sentez-vous de taille à cela? — Dame, monsieur Pérouse, a fait ton oncle, on peut toujours essayer. — Ah! mais non, mon ami, on ne peut pas essayer. Si, d'ouvrier, vous devenez chef d'atelier, et que vous ne puissiez pas garder ce poste, après cela vous ne pourrez plus, de chef d'atelier, redevenir ouvrier. Votre successeur serait gêné avec vous et avec les autres. — Alors, monsieur Pérouse, je réfléchirai, si vous voulez bien. J'en causerai à la bourgeoise. — C'est ça, a fait M. Pérouse, prenez conseil de votre femme. » En voilà un qui est poli. Et moi, tu comprends, j'étais pour que ton oncle accepte.

— ... tât, fit Pierre, sans y songer; mais la tante ne l'entendit point.

— C'est ce qu'il a fait. Et, depuis dix-huit mois, jamais atelier n'a été mieux conduit, à ce que m'a dit M. Pérouse; car il nous parle, quand il nous voit à l'usine...

Pierre aimait bien sa tante, mais il ne l'écoutait plus. Il aurait voulu qu'elle lui expliquât, comme elle l'avait fait tout d'abord, tout ce qu'ils voyaient. Mais elle continua :

— Je ne t'ai pas encore parlé de ton cousin Georges. Lui, il n'est jamais rentré avant huit heures et souvent plus tard. Leur journée finit à sept heures et demie. Seulement, il a dîné quand il rentre.

Et elle lui narra toute la carrière du cousin Georges. Il était, depuis plusieurs années déjà, employé aux *Cent-Comptoirs*. Après un très court apprentissage, il avait pu y entrer sur la recommandation d'un de leurs parents de Bourgogne. Il y avait débuté par les petits emplois; mais, travailleur, intelligent, débrouillard, comme disait son chef de rayon, il s'était fait remarquer et était déjà en voie d'arriver à une jolie et peut-être même à une belle situation.

Les deux jeunes gens se connaissaient depuis leur enfance; ils avaient été à l'école ensemble; car l'oncle Benjamin et sa famille n'étaient Parisiens que depuis six ans.

Vous pensez quelle joie ce fut pour les uns et les autres de se retrouver, de parler du pays, des amis, des camarades! aussi on ne se coucha qu'à minuit. Et une fois couchés, Georges et Pierre, qui avaient la même chambre, bavardèrent jusqu'à deux heures du matin.

On ne s'occupa guère, il faut l'avouer, de commerce ni de position à chercher. Cependant il fut décidé que, le lendemain, Pierre irait trouver son cousin aux *Cent-Comptoirs* pour voir un peu ces grands magasins (fig. 46) dont, depuis si longtemps, il entendait parler.

— Viens tout de suite après déjeuner, lui dit Georges; à cette heure-là, je pourrai te piloter un peu et tu verras. Ça vaut la peine d'être vu.

Pierre n'avait garde de l'oublier, et le lendemain, aussitôt le déjeuner expédié, il sortit avec son oncle qui retournait à l'usine *, se fit indiquer le chemin et se dirigea du côté de la rue de Ninive.

Arrivé devant la maison, il ne se rendit pas compte tout de suite de son étendue; mais, quand il vit se succéder ces grandes fenêtres à étalage, quand il eut tourné tout autour de l'immense magasin, et constaté que tout cela c'était toujours les *Cent-Comptoirs*, il resta stupéfait. Afin de mieux saisir l'ensemble, il

traversa la rue et s'aperçut alors, que non seulement
le rez-de-chaussée, mais encore les cinq étages étaient
occupés par des marchandises. Il finit par entrer et
demanda le rayon des soieries, où il trouva Georges.

Fig. 46. — Un grand magasin de Paris.

— Mais, ce n'est pas une maison, fit-il à son cousin,
c'est une ville.

— Oui, n'est-ce pas? je pensais que ça te ferait cet
effet. Malheureusement, mon cher Pierre, je suis
obligé de sortir; mon chef de rayon m'envoie faire
une course urgente. Tu peux te promener partout,
monter aux étages et regarder autour de toi, c'est
déjà quelque chose; un autre jour, quand je serai
libre, nous visiterons ça en détail.

Là-dessus, les deux jeunes gens se dirent au revoir.
Malgré ce contretemps, Pierre ne perdit pas son
après-midi. M. Pidault, le chef de rayon de Georges,
le recommanda à un des employés; puis, le voyant
si curieux de s'instruire, et voulant faire plaisir à
Georges, qu'il aimait beaucoup, il invita Pierre à
revenir le lendemain, dès le matin, et s'offrit même
à lui montrer et à lui expliquer tout ce qui pourrait
l'intéresser.

CHAPITRE XXVIII

Le grand magasin des « Cent-Comptoirs ». L'organisation, l'administration et le fonctionnement d'un grand magasin.

Vous pensez si Pierre accepta avec empressement; aussi le lendemain, dès le matin, il débarqua de nouveau au rayon des soieries.

— Ah! vous voici, jeune homme, lui dit M. Pidault en le voyant arriver; attendez-moi un instant et je suis à vous.

Il reparut bientôt. Eh bien, voyons, fit-il, par où allons-nous commencer? D'abord, dites-moi ce qui vous frappe le plus ici.

— Je n'en sais rien, répondit Pierre, tout est si nouveau; j'imaginais si peu des choses pareilles que j'en ai la tête un peu troublée. Cependant ce qui peut-être m'a le plus étonné, c'est l'ordre que je vois partout; je ne comprends pas comment on a pu arriver à se débrouiller dans tout cela : ce monde, ces achats partout à la fois, les factures à faire, les paquets à envelopper, et puis ces commandes, ces livraisons, ces arrivages de marchandises, la comptabilité; rien que d'y penser, je m'y perds.

M. Pidault réfléchit un instant : « Eh bien, pour que vous vous y retrouviez, nous allons commencer par le commencement et descendre à la réception des marchandises. » Et ils prirent le chemin du sous-sol.

Là, c'était comme une ruche en pleine activité; des hommes de peine apportaient des ballots, des employés vérifiaient des marchandises, d'autres les emportaient; c'était un va-et-vient incessant. Et cependant il n'y avait ni confusion, ni hésitation, ni perte de temps : chaque employé savait exactement quelle était sa besogne spéciale et il la faisait sans se préoccuper de son voisin. Tout cela marchait comme une immense machine.

— Nous allons simplement regarder comment les choses se passent, dit M. Pidault, et vous trouverez vous-même le secret de cet ordre qui vous étonne.

Voici par où entrent toutes les marchandises qui nous arrivent journellement de tous les points du globe ; toutes, sans exception, sont apportées ici. Et il en passe, par cet escalier derrière vous, pour plus de cent millions par an. Aussitôt les marchandises arrivées, on les *vérifie*, puis on les classe.

— C'est ce classement qui me paraît difficile, fit Pierre.

— Ce l'est moins que vous croyez, vous allez voir. Nous formons d'abord des catégories de choses ; c'est ce que nous appelons *comptoirs* ou *rayons* : rayon des soieries, rayon des lainages, de la parfumerie, de la ganterie, etc. Ce premier classement, assez sommaire, n'est pas malaisé.

Mettre ensemble tout ce qui est lainage, tout ce qui est soie et ainsi de suite : le premier venu peut le faire.

— Oui, c'est simple, en effet.

— Une fois les marchandises classées, nous les portons à la *Réserve*. Chaque rayon a une salle spéciale où l'on vient s'approvisionner, quand on se trouve à court pour la vente.

Voilà donc nos marchandises à leur rayon respectif. A la tête de chaque rayon, est un chef responsable qui l'organise et le dirige, à peu de chose près comme ferait un patron dans sa propre maison.

— En sorte qu'il est maître de son comptoir, puisqu'il dirige les choses à son gré, fit Pierre.

— Non pas absolument maître; il y a au-dessus de lui un conseil * d'administration, qui le contrôle.

Vous savez bien, n'est-ce pas, qu'une machine ne marche pas toute seule; pour que toutes les pièces fonctionnent convenablement, il faut qu'elles soient surveillées par quelqu'un. Eh bien, ici, ce quelqu'un, c'est nos administrateurs qui surveillent et guident notre machine commerciale. Le chef de rayon soumet une idée; si les administrateurs l'approuvent, le chef est libre d'agir. S'agit-il d'achats? il part pour les grands centres de fabrication. Il s'en va à Lyon pour les soieries, à Roubaix et à Reims pour les lainages, à Elbeuf, Sedan, Mazamet, en Angleterre, pour les draps, dans les Vosges, à Angers et à Cambrai, pour les toiles fines et ainsi de suite, partout où il y a des spécialités. Il fait sa commande et, dès lors, vous voyez le roulement : arrivage des marchandises, vérification, classement, vente. Et, pour tout cela, une seule direction : celle du chef de rayon, contrôlé et guidé par le conseil d'administration.

— Alors les administrateurs sont les vrais chefs de la maison?

— Pardon, il y a encore les directeurs. Les administrateurs guident notre machine. Ce sont les directeurs qui la mettent en mouvement.

— En somme, dit Pierre, votre administration revient à ceci : des comptoirs, maisons presque indépendantes que vous avez réunies sous le même toit.

— Et sous une même direction, ajouta M. Pidault, oui, c'est parfaitement cela.

— Et combien de comptoirs avez-vous? demanda Pierre.

— Nous en avons actuellement 87.

Pierre, émerveillé, se laissait conduire sans même songer au temps précieux qu'il faisait perdre à son guide.

Celui-ci tira sa montre.

— Ah! voici l'heure du courrier, fit-il, voulez-vous assister au dépouillement *?

— Bien volontiers, monsieur, répondit Pierre; ici tout est intéressant.

Et tous deux s'acheminèrent vers une grande salle, où un monsieur, probablement un administrateur, arrivait presque en même temps qu'eux.

— Qu'est-ce que pèse le courrier ce matin? demanda-t-il.

— Soixante kilogrammes, monsieur, répondit quelqu'un.

— Soixante kilogrammes, répéta-t-il en réfléchissant. Faites monter encore dix de ces messieurs; et vivement.

— On pèse donc le courrier? fit Pierre tout bas.

— Vous pensez bien, mon ami, que personne ne songerait à compter les lettres : elles sont trop nombreuses; on les pèse, afin de pouvoir calculer à peu près ce qu'il faut de monde pour les ouvrir. On sait que, passé 50 kilogrammes, le service normal ne suffit plus et qu'il faut des auxiliaires.

Quelques minutes plus tard, près de six mille lettres étaient étalées sur les tables devant 250 commis (fig. 47).

— Et vous allez voir, dit M. Pidault, qu'ici comme ailleurs, il n'y a pas la moindre confusion; tout se fait avec une précision quasi mécanique. En effet, les lettres furent ouvertes, classées par rayons, selon leur objet et distribuées.

9.

— Jusqu'à la distribution, je comprends, fit Pierre; mais après? Les chefs de rayon ne doivent pas avoir le temps de répondre à toutes ces lettres-là.

— Non, assurément; mais voici comment nous procédons. Quand ces lettres sont des demandes de renseignements, le chef de rayon met simplement en

Fig. 47. — Six mille lettres étaient étalées devant 250 commis.

marge la substance de la réponse; le plus souvent, deux mots suffisent. Les lettres ainsi annotées sont alors portées au bureau de la correspondance, qui se charge de rédiger et d'expédier.

— Et les commandes? fit Pierre, car il doit y en avoir dans le nombre.

— Ah! décidément, jeune homme, vous aimez à savoir le fond des choses. Eh bien, sur ces 6000 lettres, il y a peut-être 2000 commandes, qu'on sera obligé d'expédier aujourd'hui même; pour celles-là, il y a un service à part.

On passa rapidement à travers bien des services : expéditions en province, où chaque département avait sa place spéciale; expéditions à l'étranger, où chaque pays avait la sienne, puis à la comptabilité. Et partout, on trouva même méthode et même précision.

— Eh bien, mon ami, dit M. Pidault, cet ordre, cette précision et cette rapidité qui vous étonnent, sont le résultat d'un principe unique : la **division du travail.**

Leçon de choses : **La division du travail.** — Quand Robinson Crusoé s'est trouvé tout seul dans son île, il lui a fallu apprendre à tout faire : ses vêtements, ses souliers, ses meubles, ses outils. Ainsi il était à la fois tailleur, cordonnier, menuisier, forgeron, etc. Nous qui vivons en société, nous voyons bien qu'il y a dans nos villes des ouvriers qui ne font que des vêtements, d'autres qui ne font que des souliers, d'autres, que des meubles, etc., et que celui qui est tailleur n'est pas en même temps cordonnier ou menuisier. Dès que les hommes vivent les uns près des autres, ils dressent le compte des diverses besognes, du travail qu'ils ont à faire, et ils se le partagent, ils le divisent : c'est ce qu'on appelle la **division du travail.**

La division du travail est indispensable. Elle permet à l'homme de travailler plus vite et mieux. Celui qui ne fait qu'une chose y devient fort habile : il exécute sa tâche en moins de temps et avec plus de sûreté de main qu'aucun autre. Aussi tous ceux qui travaillent, soit de leurs mains, soit autrement, ont-ils pris l'habitude de se spécialiser.

Le même homme n'est pas à la fois avocat, médecin, banquier. Il risquerait d'être un mauvais médecin, un mauvais banquier, un mauvais avocat. Pour ces trois professions, au lieu d'un seul homme, il en faut trois : un pour être avocat, un pour être médecin, un pour être banquier. Et en conséquence, l'un étudie le droit, l'autre la médecine, et le troisième la finance.

De même les artisans * apprennent chacun un métier : l'un apprend à être forgeron, l'autre à être peintre, un troisième à être ébéniste.

Ils se partagent les besognes, ils divisent le travail : notre siècle est celui de la division du travail, de la spécialité.

On a poussé la spécialisation si loin, que dans une même profession, dans un même corps de métier, on subdivise encore le travail. Ainsi les médecins se distinguent maintenant en médecins et en chirurgiens * ; et parmi les médecins, les uns étudient les maladies des yeux (oculistes), les autres les maladies des oreilles (auristes), les autres les maladies des dents (dentistes), etc. De même, parmi les avocats : les uns plaident les causes criminelles et sont ce qu'on appelle avocats d'assises ; les autres, les causes civiles et sont ce qu'on appelle avocats d'affaires ; puis ces avocats d'affaires se subdivisent encore la tâche : les uns plaident les questions de propriété

Tandis que le petit commerçant est obligé de veiller à tout, de s'occuper seul des achats, de la vente, de la comptabilité, ici, chacun ne porte son attention que sur un seul point : celui qui convient le mieux à ses aptitudes. Le vendeur s'occupe spécialement de la vente; le caissier, de sa caisse; le comptable, de ses comptes. Naturellement, chacun, ne s'occupant ainsi que d'une seule partie, y devient fort habile et l'ensemble de ces habiletés donne les résultats que vous voyez.

Mais maintenant je suis obligé de vous quitter et de retourner à mon rayon; j'espère bien que nous nous reverrons.

Pierre le remercia très chaleureusement de toute la peine qu'il s'était donnée pour lui et s'en alla enchanté de sa matinée; il avait vu bien des choses;

---

intellectuelle (brevets d'invention, etc.), les autres, les questions de droit international *, etc., etc.

Parmi les artisans, la spécialisation a été poussée si loin qu'une seule catégorie d'objets occupe dix, quinze, vingt ouvriers différents, dont chacun ne sait faire qu'une pièce de cet objet. Dans les fabriques de chaises, par exemple, il y a des ouvriers qui ne font que les pieds, d'autres que les dossiers, d'autres que les sièges, etc.; dans les fabriques de souliers, les uns coupent, les autres assemblent, les autres cousent, et parmi les coupeurs, il y en a qui coupent les tiges, d'autres les empeignes, d'autres les semelles, etc.

Cette spécialisation à outrance * a des inconvénients en même temps que des avantages. Sans doute celui qui ne coupe que des tiges de bottines acquiert une extraordinaire habileté, et, s'il travaille aux pièces, parvient à gagner de grosses journées; mais si l'ouvrage vient à manquer dans la maison qui l'emploie, le jour où il va d'atelier en atelier chercher du travail, il risque d'en trouver difficilement : car il ne peut pas se proposer comme ouvrier cordonnier, mais seulement comme coupeur de tiges, etc.; au lieu de vingt chances d'obtenir du travail, il n'en a plus qu'une.

Avant de se spécialiser, un homme devrait apprendre à fond toutes les parties de sa profession ou de son métier.

et maintenant il lui semblait qu'il commençait à comprendre l'organisation d'une vraie maison de commerce.

CHAPITRE XXIX

Les grands magasins : leurs avantages, leurs inconvénients.

Ce soir-là, Georges rentra du magasin rayonnant.

— Mon beau cousin, fit-il à Pierre, tu peux te flatter d'avoir opéré une conquête.

— Moi ! une conquête?

— Qu'as-tu donc fait à mon chef de rayon?

— J'ai dû passablement l'ennuyer, car je tenais à comprendre ce que je voyais et mes *comment* et mes *pourquoi* ont dû à la fin lui paraître intolérables.

— Je ne sais pas si tu lui as paru intolérable, mais je suis sûr que tu lui as plu, si bien qu'il nous a invités tous les deux à dîner avec lui.

— Tu plaisantes, voyons! toi, d'abord, tu dînes au magasin.

— Il m'en a fait dispenser, et nous dînons chez lui lundi soir.

On ne bavarda pas longtemps ce soir-là, car tout le monde avait sommeil, mais, le lendemain, dès le petit jour, Pierre et Georges étaient en grande discussion.

— Qu'est-ce qu'il y a entre vous, les garçons? demanda l'oncle Benjamin en ouvrant la porte.

— Il y a, mon père, répondit Georges, que Pierre, monsieur Pierre, qui, hier soir, était dans l'admiration de ce qu'il avait vu, s'est sans doute ravisé cette nuit, car ce matin il semble se plaire à éreinter les grands magasins. Oh! je vais avertir M. Pidault de ces idées-là.

— Mais je les lui dirai bien moi-même; chacun est

Fig. 48. — Son accueil fut ce qu'il y a de plus cordial.

libre d'avoir une opinion, n'est-ce pas? En attendant, allons déjeuner pour nous mettre d'accord.

Lundi soir arriva vite, et les deux jeunes gens, après avoir fait soigneusement leur toilette, se rendirent chez M. Pidault. Son accueil fut tout ce qu'il y a de plus cordial (fig. 48), et le dîner, ce qu'il devait être chez de francs Bourguignons, plantureux et convenablement arrosé.

M. Pidault était seul, sa femme et ses deux enfants étant allés passer leurs vacances de Pâques chez leurs grands-parents, en Bourgogne. On parla du pays, on finit par découvrir plusieurs amis communs, et personne n'avait l'air de songer le moins du monde aux questions commerciales, quand tout d'un coup, M. Pidault se tournant vers Pierre, lui dit :

— Mais, au fait, monsieur Pierre, il paraît que vous avez des griefs * contre nous depuis l'autre jour; contez-nous cela.

— Monsieur, fit Pierre, je n'ai pas le droit d'avoir des griefs; je n'ai pas assez réfléchi sur toutes ces questions. Pourtant, en songeant à ce que j'ai vu, il me semble que nécessairement de grandes maisons comme les *Cent-Comptoirs* doivent écraser tous les petits commerçants ; à 50 lieues à la ronde, il doit être impossible de lutter contre vous.

— C'est vrai; il est certain que nous faisons concurrence au petit commerce, beaucoup moins toutefois que vous ne croyez : je pourrais vous le prouver par des chiffres et par des raisonnements. Mais ne voyez-vous pas, mon ami, que si le petit marchand y perd, le grand public y gagne, et ne faut-il pas faire passer l'intérêt général avant l'intérêt particulier?

Remarquez bien aussi que chaque fois qu'il surgit une invention, une transformation, un progrès quelconque, il y a, pour quelques-uns, un moment difficile à passer. Quand on a inventé le métier à filer, bien des gens se sont trouvés dans le même cas que nos boutiquiers d'aujourd'hui. De même, quand on

---

Leçon de choses : **Chemins de fer.** — Il est bien inutile de dire ce que c'est qu'un chemin de fer : tout le monde en a vu.

Sur un terrain bien nivelé, on dispose, de place en place, des *traverses* de bois solide, sur lesquelles on assujettit fortement des bandes d'acier appelées *rails*; les traverses et la partie inférieure des rails sont enterrées sous des pierres et du sable appelés *ballast*; la partie supérieure des rails émerge *, présentant une surface plane sur laquelle court la roue des *wagons*. Ces rails sont posés bout à bout, tout en laissant entre eux un petit intervalle pour permettre la dilatation ou la contracs'est mis à construire les **chemins de fer**, est-ce que les entrepreneurs de **diligences** et les maîtres de

---

tion de l'acier, suivant les variations de la température. Traverses, rails, ballast, constituent ce qu'on appelle la *voie*, le chemin, et, à cause des rails, on dit que ce chemin est un chemin de fer.

Les chemins de fer sont si bien entrés dans nos habitudes que nous ne concevons pas qu'on ait pu s'en passer. Aujourd'hui, où l'on ne met plus que quatorze heures pour aller de Paris à Marseille, on s'étonne qu'on ait dû autrefois mettre huit jours et même davantage. Et cependant les chemins de fer sont d'invention toute moderne.

Le premier chemin de fer concédé * en France est celui de Saint-Étienne à la Loire (1823). Les wagons étaient traînés par des chevaux et ce n'est qu'en 1832 qu'on remplaça les chevaux par une locomotive. A cette époque, les locomotives représentaient d'énormes animaux : des éléphants, des rhinocéros, etc. De 1832 à 1837, on concéda certaines lignes très courtes : Alais à Beaucaire, Paris à Saint-Germain, Mulhouse à Thann. Ce n'est que de 1842 à 1848 que l'on commença à construire les grandes lignes qui vont de Paris aux diverses extrémités de la France.

La troisième république a donné une énorme impulsion * à la construction des voies ferrées. Elle en a peut-être même trop construit. Car un chemin de fer coûte cher non seulement à construire (*V. leçon*, p. 242), mais à exploiter. Il faut entretenir le matériel, payer les mécaniciens, les chauffeurs, les employés, les chefs de gare, etc. Tous ces frais doivent être payés avec les bénéfices, avec le *trafic* *, comme on dit. Si la ligne passe dans un pays peu commerçant, elle fait peu de trafic et, par suite, peu de bénéfices. Et alors, pour payer ses frais généraux, elle s'adresse à l'État. L'État lui vient en aide. Mais l'argent de l'État, c'est l'argent que les contribuables lui donnent sous forme d'impôt.

En sorte que, quand on construit une ligne de chemin de fer dans une région pauvre, où elle ne fera pas ses frais, c'est comme si l'on augmentait les impôts du pays.

Aujourd'hui, les chemins de fer dans le monde entier représentent une longueur de 550 000 kilomètres environ, à savoir :

France et colonies............	38 000	kilomètres.
Angleterre	33 000	—
Allemagne	37 000	—
Autriche	26 000	—
Italie	13 000	—
États-Unis	200 000	—

poste n'étaient pas à plaindre aussi? Cependant tout a fini par s'arranger. On avait prédit que les chemins de fer diminueraient l'élevage du cheval; or, en 1893,

Fig. 49. — Les anciennes diligences : la cour de la rue du Boulot.

il y a dans notre pays deux fois plus de chevaux qu'en 1843; d'autre part, chacun a trouvé à s'employer, et qui donc aujourd'hui demanderait à revenir aux diligences (fig. 49)?

LEÇON DE CHOSES : **Les diligences.** — Une diligence est une voiture qui sert au transport des voyageurs et qui est attelée de façon — son nom l'indique — à marcher vite. Autrefois, on voyait de ces voitures sur toutes les routes. Aujourd'hui, dans les pays de plaine, elles ont à peu près disparu. Il ne subsiste plus guère que les *correspondances* du chemin de fer, ou, par-ci par-là, quelque *service* indépendant qui veut encore, à force de bon marché, lutter contre la voie ferrée. Dans les régions montagneuses, les diligences, au contraire, sont encore nombreuses. Dans les Alpes, dans les Pyrénées, dans les Cévennes, où les voies ferrées n'ont pas encore gravi les flancs des montagnes, la diligence met en communication les villes et les villages des vallées voisines, et telle voiture, attelée de quatre chevaux étiques *, fait en

Il en sera de même pour nos grands magasins.
Le public le sait bien, et il est avec nous. En quoi
il a raison ; car nous lui offrons beaucoup d'avan-

---

quelques heures, presque sans arrêt, 40 ou 50 kilomètres au
galop.

La diligence est pittoresque *. Le soir, à cinq heures, sur
la principale place du pays, à Grenoble, à Anduze et dans
vingt autres villes, vous voyez les diligences se préparer à
partir dans toutes les directions. Les voyageurs arrivent
chargés de paquets de toutes sortes; ils étaient *descendus* à
la ville traiter une affaire, faire des emplettes, voir leurs
enfants au collège, puis, à la nuit tombante, les voici qui
remontent au village. Des amis leur font la conduite, on se
serre les mains, on s'embrasse, le cocher presse les adieux;
le fouet claque, les chevaux s'enlèvent, la voiture s'ébranle.
Bon voyage : Dieu vous garde des faux pas et des avalanches.

Les diligences d'aujourd'hui ne font pas de voyages de plus
de 50 ou 60 kilomètres. Autrefois, elles traversaient la France.
On s'y empilait, les places étaient peu nombreuses et fort
recherchées. Il fallait les retenir longtemps d'avance. Quelquefois, même au point de départ, on attendait quatre ou cinq
jours avant d'en trouver une; le long de la route, aux stations
que desservait la diligence, les voyageurs risquaient d'attendre
bien plus longtemps encore.

Une fois emballé (le mot n'est pas trop fort), on ne pouvait plus bouger. Les jambes enchevêtrées avec le voisin d'en
face, serré par le voisin de gauche, poussé par le voisin de
droite, on attendait impatiemment la montée prochaine, où
les voyageurs étaient invités à descendre pour soulager les
chevaux, et la station où l'on prenait des chevaux frais. La
même voiture servait pour tout le trajet ; mais à chaque
relai, distant de 10 à 15 kilomètres environ, on changeait de
chevaux, et même à certains endroits, de postillon : chaque
postillon, sur un parcours donné, connaissait les moindres
détours de la route et pouvait conduire les yeux fermés. La
voiture allait souvent au galop.

Les relais de poste étaient en même temps une auberge.
On y mangeait, quelquefois même on y couchait. Le privilège
de recevoir les voyageurs et de fournir des chevaux aux diligences était extrêmement fructueux pour le *maître de poste*.
Il y avait tel relai dont les écuries contenaient 150 chevaux
et dont les cuisines nourrissaient 800 personnes par jour.
Disposés de place en place le long des grandes routes, ils
groupaient autour d'eux tout un commerce local, qui vivait
uniquement de la diligence et aussi de ce qu'on appelle le

tages : un grand choix d'abord et, ensuite, les prix les plus bas.

— C'est vrai, du moins pour certains articles; et pour ceux-là, vos prix sont si bas que je n'y comprends rien, fit Pierre.

— Vous allez comprendre tout de suite, dit M. Pidault.

Par le fait que nous réunissons tous les services sous un même toit, nous diminuons de beaucoup nos **frais généraux**. Une seule grande installation coûte

---

roulage. Le roulage servait au transport des marchandises comme la diligence au transport des voyageurs.

Le jour où, vers 1840, il fut question de construire les chemins de fer, qui ne pouvaient pas suivre les grandes routes, puisqu'ils nécessitaient des voies absolument planes, et devaient ou bien tourner les montagnes ou bien les traverser sous des tunnels, ce jour-là, les maîtres de poste se virent ruinés. Ils protestèrent contre ces projets de chemin de fer; ils s'efforcèrent d'en entraver l'exécution. Un grand savant, M. Arago, l'illustre astronome, prit parti pour les maîtres de poste : il annonça que les voies ferrées seraient une cause d'appauvrissement pour le pays. On ne crut ni lui, ni eux, on construisit les chemins de fer; les maîtres de poste furent indemnisés, et le commerce de la France prit, grâce aux nouveaux moyens de transport, un prodigieux développement, qui nous a valu la prospérité des cinquante dernières années.

LEÇON DE CHOSES : **Les frais généraux. — L'amortissement.** — Une erreur fréquente et très dangereuse des commerçants est de ne pas faire figurer, dans leurs comptes, ce qu'on appelle les *frais généraux*. Un épicier achète au commencement de l'année pour 20 000 francs de marchandises : sucre, café, chocolat, bougie, fromage, etc. A la fin de l'année, il fait son inventaire et trouve que ces mêmes marchandises, il les a vendues 27 000 francs. Il conclut : j'ai gagné 7000 francs; voilà une bonne année. Il n'a oublié qu'une chose : c'est de déduire les frais généraux de son commerce.

Il a un petit commis qui l'assiste et qu'il paie 20 francs par mois, soit 240 francs par an; il a son loyer, soit 800 francs par an; il a sa prime d'assurance contre l'incendie, qui se monte peut-être à 30 francs. A quoi il faut ajouter des marchandises dont, chaque année, une partie se détériore : cela fait encore 200 ou 300 francs; puis l'outillage qui s'use, les

moins cher comme loyer, comme éclairage et comme personnel que 20 ou 30 maisons moyennes, n'est-il pas vrai? Voilà donc une première économie sur les frais généraux et une très forte.

Ensuite, nous allons directement à la source des

---

bocaux qui se cassent et qu'il faut remplacer, etc., etc. Au total, il y a là au moins 1000 ou 1500 francs à déduire des bénéfices de l'année. En sorte que ce bénéfice s'élève non à 7000, mais à 6000 ou 5500 francs; la différence représente les frais généraux.

Dans l'industrie, les frais généraux sont encore bien plus importants. Dans les usines, il y a un outillage considérable, des centaines de métiers *, des machines-outils *, des moteurs * qui coûtent fort cher et qu'un bon industriel doit amortir * en peu d'années. Voici ce qu'on appelle *amortir*. Une machine a coûté 1000 francs. On calcule qu'au bout de dix années elle sera hors d'usage; alors à l'inventaire, quand l'industriel établit le compte de ce qu'il possède, il fait, à son actif, figurer cette machine chaque année pour 100 francs de moins. La première année, il la compte pour 900 francs; la seconde pour 800, et ainsi de suite, si bien que la dixième année il la compte pour rien. Grâce à cette prévoyance, il ne se croit pas plus riche qu'il n'est, et si par hasard, au bout de dix années sa machine peut encore fonctionner, c'est autant de bénéfice inespéré.

Malheureusement, l'expérience prouve que le plus souvent, au bout des dix années, la machine ne peut plus fonctionner. Voici pourquoi. D'abord, il y a des machines qui s'usent vite. Certaines tournent avec une rapidité prodigieuse, et font par exemple 12 000 tours par minute. On conçoit que, même avec les frottements les plus doux, la machine doive se détériorer en peu de temps.

Mais il y a une autre cause qui menace de rendre la machine promptement inutile : c'est le progrès de l'outillage. Les inventeurs cherchent toujours à faire mieux. Cette année-ci, vous achetez la machine la plus perfectionnée; dans 4 ans, on en fabriquera peut-être d'infiniment supérieures qui, à moins de frais et en moins de temps, feront plus de besogne. Si vous vous obstinez à garder la vôtre, vos concurrents ont sur vous un avantage considérable. Vous devez vous résigner à faire l'achat de la nouvelle. Et si l'ancienne, par la manière que j'indiquais plus haut de faire l'inventaire, n'est pas amortie, cet achat vous impose une lourde perte.

L'amortissement figure au premier rang des frais généraux. Et les frais généraux doivent sans cesse préoccuper le commerçant et l'industriel.

productions : nous supprimons tous les intermédiaires, courtiers, commissionnaires, etc., voilà une seconde économie. Et maintenant, troisième cause de bon marché, comme nous achetons en gros, les fabricants nous font des réductions considérables. Ainsi triple économie : sur les *frais généraux*, sur les *intermédiaires* et sur le *prix d'achat*.

Enfin, nous achetons à crédit et nous vendons au comptant; nous avons donc toujours de l'argent d'avance; nous n'empruntons jamais et ainsi nous n'avons pas d'intérêts à payer. Comprenez-vous maintenant comment nous arrivons à d'aussi bas prix?

— Mais vendre bon marché, fit Georges, n'est pas notre seul mérite. Nous pouvons nous vanter aussi de faire vivre bien des fabricants. Plus d'un chef d'usine pourrait mettre la clef sous la porte si, du jour au lendemain il ne recevait plus nos commandes.

— C'est incontestable, fit M. Pidault. Aussi les grands magasins ont fait faire des progrès considérables à notre industrie française. Combien de fabricants n'auraient pas osé transformer leur matériel ou introduire chez nous des genres de fabrication qui jusqu'alors ne se faisaient qu'à l'étranger, en Allemagne, en Suisse, en Angleterre, si les commandes des grands magasins n'avaient pas été là pour leur assurer l'écoulement régulier de leurs produits!

— Je n'avais pas, dit Pierre, pensé à cela : les grands magasins faisant faire des progrès à l'industrie.

— Et l'exportation, reprit M. Pidault, voilà encore où nos maisons ont rendu de grands services : elles sont entreprenantes, se créent des relations au dehors et font des envois souvent très considérables. Nul plus qu'elles n'a contribué à faire connaître aux dehors les produits français.

— Allons, allons, tu as beau dire, s'écria Georges, tu es démoli sur toute la ligne et rien ne vaut nos magasins; voilà la vérité.

— Ne concluez pas si vite, dit M. Pidault en riant; votre cousin a d'autres griefs contre nous : je les lis dans ses yeux. Allons, monsieur Pierre, qu'est-ce que vous avez encore à nous reprocher?

— Je vais encore me faire démolir, dit Pierre.

— Ce n'est pas sûr, répliqua M. Pidault. Nous ne prétendons pas à la perfection; dites toujours.

— Eh bien, je trouve que si vous rendez service au public, ce qui est assuré, votre personnel est un peu sacrifié et, pour mon propre compte, il me semble que je ne tiendrais pas à être employé dans un de vos grands magasins.

— Et pourquoi, mon ami? expliquez-vous.

— D'abord, je crois qu'à force de faire invariablement la même chose, je deviendrais une espèce de machine, et que mon cerveau finirait par s'endormir. La besogne est si exactement tracée, qu'on n'a presque plus besoin de son intelligence.

— On n'est pas plus aimable, monsieur mon cousin, fit Georges.

— Mais tu ne me laisses pas finir. Je ne parle pas des employés supérieurs, bien entendu, de ceux qui ont à prévoir, à calculer, à diriger, comme le chef de rayon, par exemple. Mais, chez vous, il y a peut-être trois mille petits employés qui n'arriveront jamais à un pareil poste; c'est de ceux-là que je parle. Ils travaillent toute leur existence, ils font leur petite besogne de chaque jour pour gagner leur vie et ce sera ainsi jusqu'à la fin. Cela ne m'irait guère. Je voudrais pouvoir me dire un jour : tu voleras de tes propres ailes, tu auras une maison à toi, tu seras ton maître, tu seras ton patron.

— Il y a du vrai dans ce que vous dites, jeune homme. Il est certain que l'idée de s'établir à son compte est un puissant stimulant. Mais d'abord, tout le monde n'a pas les aptitudes nécessaires pour être chef de maison. Combien d'employés se sont ruinés après avoir acheté une maison qu'ils n'ont pas su diriger. J'en ai vu de ces misères. L'employé de grand magasin n'a peut-être pas une situation brillante, mais, du moins, il a une situation solide. Son lendemain est assuré, il sait qu'il peut compter sur une pension de retraite pour ses vieux jours. N'est-ce pas quelque chose que cette tranquillité pour l'avenir?

— Assurément, c'est quelque chose, fit Pierre, c'est même beaucoup.

— Maintenant, tu dis qu'il n'y a pas d'avenir pour nos employés, fit Georges; mais tel que tu me vois, j'espère bien devenir un jour chef de rayon. Et quoi que tu en dises, cela vaut bien la direction d'une modeste maison de commerce.

— Sans compter, ajouta M. Pidault, que le chef de rayon n'aventure jamais son avoir personnel. Il a la responsabilité morale des opérations faites à son rayon, mais tous les risques, toutes les pertes, sont pour la maison.

— Et qui dit même, fit Georges, que le chef de rayon restera toujours chef de rayon? Il peut monter plus haut et entrer au conseil d'administration.

— Voire au conseil de direction, dit M. Pidault. En attendant, faites-moi l'amitié de prendre sur la cheminée cette vieille bouteille; nous avons assez discuté sur les questions commerciales; discutons maintenant sur les qualités de mon pomard *, et buvons à la santé des Bourguignons (fig. 50), qu'ils soient petits marchands ou grands négociants.

Fig. 50. — Buvons à la santé des Bourguignons.

Et la soirée se prolongea joyeusement. M. Pidault était loin d'être morose; il avait un stock inépuisable d'histoires amusantes, qu'il racontait avec verve.

Et l'on resta là, sans songer à l'heure, jusqu'à minuit.

Dehors, il faisait beau mais très froid, et les deux jeunes gens rentrèrent chez eux au pas de course.

— Tu me croiras si tu veux, fit Pierre, pendant qu'ils attendaient sur le trottoir qu'on leur ouvrît la

porte, mais je t'affirme qu'en ce moment je préfére-
rais un bon lit bien chaud à la direction des *Cent-
Comptoirs*.

CHAPITRE XXX

Pierre à Lyon : un canut * de l'ancien temps.

Pierre passa plus de deux mois chez son oncle et
il n'y perdit pas son temps. Il ne borna pas, bien
entendu, ses visites aux *Cent-Comptoirs*; il alla voir
la plupart des grandes maisons et usines de Paris.

Fig. 51. — La place de la Concorde, à Paris.

Partout, il vit qu'on ne peut arriver à une organisation quelconque que par la division du travail,
la spécialisation des aptitudes * et la détermination
des responsabilités.

Pierre ne manqua pas non plus d'aller voir les
musées, ni les monuments, les jardins publics, tout
ce qui fait de Paris une ville unique au monde (fig. 51).

Sa tante et lui passèrent ainsi des après-midi char-
mantes. Mais tout a une fin; il fallut bien songer au

départ. Pierre écrivit à Lyon pour avertir ses grands-parents de sa prochaine arrivée.

Il ne les avait pas vus depuis le temps où il était un tout petit enfant. Il se rappelait vaguement un grand vieux à barbe blanche, qui avait sur son gilet des boutons à tête de chien et lui avait apporté un cheval de bois, lequel existait encore, et qu'on appelait, à la maison, le cheval de grand-père. Mais de sa grand'mère, qu'il avait vue à la même époque, il n'avait gardé aucun souvenir.

Et cependant, à peine fut-il arrivé, qu'il lui sembla les avoir toujours connus et avoir toujours vécu près d'eux. C'est bien ainsi qu'il s'était figuré cette jolie petite vieille, gaie, vive, qui courait par la maison, leste comme une jeune fille, son bonnet blanc bien soigné et son fichu noir épinglé sur les épaules.

Quant au grand-père, un beau vieillard encore vigoureux, il l'aurait certainement distingué entre mille, car il retrouvait en lui tout son père : la même physionomie, les mêmes traits, et ce même regard très doux avec quelque chose d'imposant.

— Regarde, Jeanne, c'est bien un Darlo, et un beau gaillard, ma foi, dit le vieux, en examinant son petit-fils avec orgueil.

— Oui, c'est un Darlo, mais il a les yeux de sa mère, répliqua la vieille.

Ils étaient heureux de le choyer, de l'admirer et de le faire causer sur tous les chers petits qu'ils ne connaissaient pas encore.

Depuis un siècle, de génération en génération, les Darlo avaient travaillé la soie ; seul, le second fils, le père de Pierre, avait tenté un autre métier : il ne faut pas, disait le grand-père, mettre tous ses œufs dans le même panier.

Ces Darle étaient ainsi, à la longue, devenus des ouvriers qui avaient un renom d'habileté et de finesse de travail. Les deux vieux ne travaillaient plus guère ; mais, dans leur temps, ils avaient fait des merveilles, et on voyait encore dans leur chambre le métier à tisser (fig. 52).

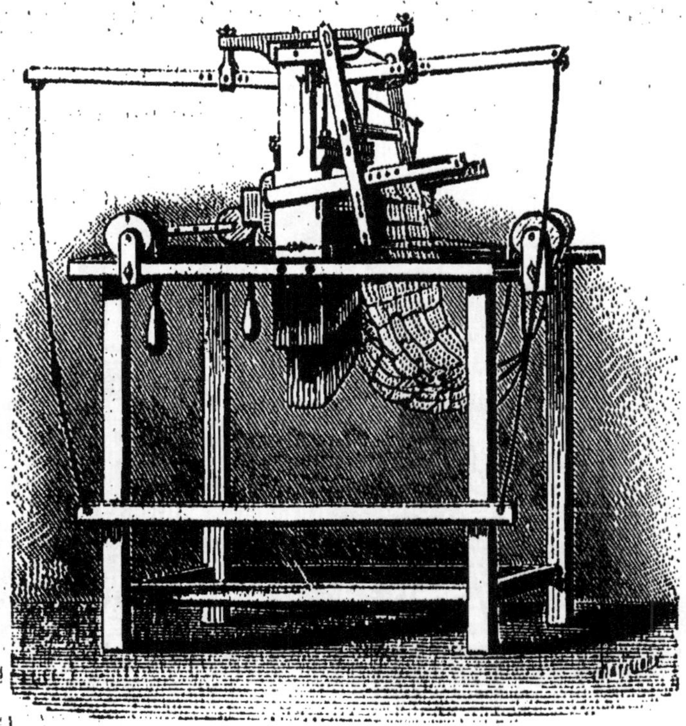

Fig. 52. — Métier à tisser.

Pierre, qui n'en avait jamais vu, l'examina curieusement.

— Ah ! c'est un vieil ami, celui-là, disait le grand-père ; nous en avons passé des nuits à bavarder tous les deux, quand nous étions jeunes et que le travail pressait. Mais, dans ce temps-là, quand j'étais *canut*, j'avais cinq métiers comme ça à la maison et, quand tous marchaient à la fois, on n'avait guère le temps de lire la *Gazette*.

— Mon père dit qu'il y a bien moins de canuts que dans le temps?

— Ah! je le crois bien; je n'affirmerais pas qu'il restât encore dix mille canuts dans la ville de Lyon, à l'heure qu'il est, tandis que, dans le temps, nous étions peut-être cent mille. Ah! c'est un métier, mon garçon, qui a changé depuis une vingtaine d'années.

Fig. 53. — Autrefois chaque canut avait un métier et travaillait chez lui.

— Changé en quoi, grand-père? Est-ce qu'autrefois les canuts, comme vous le dites, ne travaillaient pas chez eux ainsi qu'ils font aujourd'hui (fig. 53)?

— Si, mon enfant, mais en ce temps c'était tout le monde qui faisait ainsi. Tandis qu'aujourd'hui, les neuf dixièmes s'en vont loin de Lyon, à la campagne, ou bien travaillent dans des usines; et alors la vie n'est plus la même. Veux-tu que je te dise ce qu'était notre vie en ce temps-là?

— Je crois bien, grand-père, je ne demande que ça.

— Eh bien, en ce temps-là, tout un quartier de Lyon (fig. 54) était à nous; nous étions à la Croix-Rousse des mille et des mille, peut-être des centaines de mille. Chaque maître canut * avait un petit appartement, deux chambres, une pour la famille, l'autre pour les métiers, où il travaillait avec sa femme, ses enfants et quelquefois deux ou trois compagnons; car un maître canut était quelqu'un. Il était proprié-

Fig. 54. — Vue de Lyon.

taire de ses métiers et il employait des compagnons qui, plus tard, devenaient à leur tour des maîtres comme lui.

Et alors, voici comment les choses se passaient :

Il y avait ce qu'on appelle des fabricants. Les fabricants sont mal nommés; ils ne fabriquent rien; c'est nous qui fabriquons. Le fabricant, lui, a de l'argent; il achète de la soie et il emploie des dessinateurs qui lui font des modèles d'étoffes. Quand il recevait une commande, il venait chez nous, les canuts; il nous donnait le modèle, il nous fournissait la soie et nous travaillions. Puis, quand c'était fini, nous lui portions notre travail; il nous payait et livrait l'étoffe à son client.

Tant qu'il y avait des commandes, ça allait bien, les métiers marchaient, on avait du pain et on ne se plaignait pas; mais quand les commandes devenaient rares, les métiers languissaient; des fois même, ils s'arrêtaient tout à fait; alors, c'était la misère; le canut mourait de faim et il y avait des émeutes terribles.

C'est dans ce temps-là qu'on criait : du pain ou la mort. Nous n'étions pas comme les « travailleurs » d'aujourd'hui, qui veulent se reposer deux jours sur sept et seize heures sur vingt-quatre. Nous, nous ne demandions vraiment qu'à travailler et nous avions pour devise : *Vivre en travaillant ou mourir en combattant...*

Ah! j'en ai vu des batailles au pied de la Croix-Rousse, et des batailles qui n'étaient pas pour rire. Il y avait un mur gardé par les soldats, pour empêcher les émeutiers * de descendre dans la ville. Ils devenaient fous, les malheureux, quand ils avaient trop faim; ils ne savaient plus ce qu'ils faisaient; alors on s'assommait. Et des fois, c'était sérieux...

Sous Louis-Philippe, le faubourg de la Guillotière a été détruit, ruiné complètement par la mitraille. On se battait dans les rues, il y avait des incendies partout, c'était effrayant.

CHAPITRE XXXI

Les métamorphoses de l'industrie lyonnaise.

— Mais il n'y a plus d'émeutes comme cela, aujourd'hui? dit Pierre.

— Non, Dieu merci, il n'y en a pas eu depuis des années. L'ouvrier est plus heureux qu'il n'était, il y a quarante ans. Le travail est plus régulier et les métiers chôment moins souvent.

— Et quelle est la cause de ce changement?

— Dans ce temps-là, on ne faisait guère de soie qu'à Lyon. Nos fabricants ne s'inquiétaient donc pas d'aller chercher des clients; ils savaient bien que les clients viendraient. Et ils les attendaient ici, à Lyon, et se contentaient d'exécuter leurs commandes.

Mais aujourd'hui, de la soie, on en fait partout. Ce n'est plus la soie de mon temps, qui durait toute la vie, et qui était admirable de dessin et de qualité.

C'est aujourd'hui un peu plus pacotille.* et on peut la fabriquer ailleurs qu'ici : en Allemagne, en Suisse, en Angleterre, aux États-Unis, en Russie. Aussi tout le monde en vend et, dès lors, il faut se disputer les acheteurs.

En revanche, des acheteurs, il y en a bien davantage. Ta mère n'a jamais porté de robe de soie, mais tes sœurs en porteront. Nos grands magasins en font des commandes! C'est quelque chose d'incroyable.

Il leur en faut de prodigieuses quantités. Alors le fabricant, au lieu d'attendre le client et de travailler sur commande, comme dans le temps, travaille pour les clients à venir ou, comme on dit, pour le *stock* *, parce qu'il est à peu près sûr d'écouler ses marchandises.

Comme il vend bon marché, il ne paie pas cher de façon. Et alors l'ouvrier, lui, au lieu de rester à Lyon où la vie est chère, s'en est allé à la campagne; sa besogne n'est plus aussi compliquée qu'autrefois : il fait surtout des tissus unis, noirs ou de couleur. Il n'y a guère que les habiles ouvriers, ceux qui font encore les beaux tissus façonnés, pour lesquels il faut des dessins spéciaux, avec les *liseurs*, les cartons, et tout le tremblement, qui demeurent à Lyon. Il y a ainsi, dans sept ou huit départements autour de nous, des milliers de tisseurs, qui ont une petite maison et un champ, et qui vivent moitié de la terre et moitié du métier.

Et puis il y a les grandes diablesses d'usines mécaniques avec des 800, des 1000, des 1500 ouvriers à la fois. Ah! tout cela a changé notre affaire à nous.

— Mais enfin, dit Pierre, vous, ouvriers, vous n'avez pas à vous plaindre de ces changements.

— Ah! je crois bien que nous n'avons pas à nous en plaindre. Ce que je regrette toutefois de l'ancien temps, c'est le beau travail. On faisait des choses magnifiques, de beaux tissus façonnés; et, il n'y a pas à dire, il fallait des artistes pour ça. C'était admirable. On ne trouvait rien de pareil dans le monde entier; c'était notre fierté à nous autres. Mais, que veux-tu, c'est le bon marché que l'on cherche aujourd'hui. Le tissu même n'a plus sa qualité d'autrefois; la moitié de ce qu'on fait aujourd'hui est un mélange de coton. Il n'y a plus d'ouvriers, il y a des machines. On vous fabrique des pièces par centaines et par milliers. Au lieu de teindre les fils comme dans le temps, c'est une fois la pièce tissée en écru * qu'on la porte au teinturier. La soie et le coton prennent la teinture inégalement : alors on flambe la pièce pour l'égaliser, on la passe au rouleau, on la satine, on l'imprime. Oh! ils en ont des systèmes, à n'en plus finir! Mais, avec tout ça, ce n'est plus soigné comme de notre temps.

— Alors, avec tous ces systèmes, comme vous dites, grand-père, il ne faut plus tant d'habileté pour être tisseur?

— Oh! mais bien sûr; n'importe qui peut faire les tissus d'aujourd'hui; les machines font les trois quarts de la besogne, on n'a plus besoin d'être un artiste. Et voilà pourquoi le *caput*, le vrai artiste tisseur, est en train de disparaître.

Fig. 55. — Jacquard.

— Je voudrais bien visiter une de ces grandes fabriques de soierie, dit Pierre.

— Mais toutes, si tu veux, mon garçon; les grandes fabriques sont surtout dans la région; il y en a aussi quelques-unes à la ville; nous irons en voir une demain; c'est bien facile. Il n'y a guère d'usines à Lyon où je n'aie des connaissances et des amis.

— Eh bien, grand-père, c'est entendu; demain nous irons faire un tour, et vous me montrerez toutes ces machines, ces métiers, ces rouleaux, et le reste.

Le brave homme n'était que trop heureux de promener son petit-fils et, comme Pierre voulait tout voir, c'était chaque jour des visites d'usines et d'ateliers, des promenades dans la ville et aux environs.

Un jour, on montait à Fourvières pour jouir du coup d'œil; le lendemain, on s'engageait dans les petites rues de la vieille ville; partout le grand-père était de la partie, marchant gaillardement comme un jeune homme.

— Ah! tu me croyais un infirme, parce que j'ai soixante-seize ans; mais tu vois que je te tiens tête tout de même, disait-il à Pierre; je suis de la forte race, vois-tu, et, s'il le fallait, je ferais encore le coup de feu. Gredins de Prussiens!

Et une fois sur ce chapitre, le vieux oubliait métiers, usines et tout le reste.

CHAPITRE XXXII

Les nécessités nouvelles du commerce. L'enseignement commercial.

Dans leurs visites et promenades de chaque jour, Pierre avait fait plusieurs connaissances. Il s'était surtout pris d'amitié pour un jeune homme à peu près de son âge, qui suivait les cours de l'*école de commerce*. C'était le fils d'un simple ouvrier tisseur. Son oncle, qui avait gagné une petite fortune dans le commerce, le voyant intelligent, faisait les frais de ses études.

Les deux jeunes gens s'arrangeaient de façon à se

voir souvent, ce qui n'était pas difficile d'ailleurs, car le fils Guillemot — c'était le nom du nouvel ami — était dans les très bonnes grâces du grand-père.

Les deux jeunes gens avaient des entretiens pleins d'intérêt. Guillemot était fanatique de son école de commerce et de l'enseignement qu'on y recevait.

— Je dois dire, objectait Pierre, que je ne comprends pas la grande utilité de toutes ces écoles de commerce. Mon vieux patron, le père Gérard, m'a bien prouvé la nécessité d'une solide instruction générale et certainement c'est avantageux ; mais, après cela, il me semble que le commerce s'apprend surtout par la pratique. C'est en forgeant qu'on devient forgeron et c'est en faisant du commerce qu'on devient commerçant.

— Eh bien, non ; pour bien faire, il faut les deux : l'*enseignement* commercial, d'abord, et la pratique ensuite.

— Mais voyons, Guillemot, votre oncle, à vous, n'a jamais eu d'enseignement commercial ; cela ne l'a pas empêché de réussir, à ce qu'il me semble.

— Je ne vous dis pas non. Mais d'abord mon oncle a l'intelligence des affaires d'une façon peu commune, et, s'il avait eu l'instruction, qui lui a manqué, il aurait peut-être donné autrement d'extension à ses entreprises. De plus, ce que vous oubliez tout à fait, c'est que, depuis mon oncle, le commerce a rudement changé en France, et que ce qui suffisait alors ne suffit plus du tout aujourd'hui.

— Je sais bien, je sais bien ; voilà encore l'antienne de mon cher vieux père Gérard. Il est certain que les chemins de fer et les bateaux à vapeur ont transformé notre commerce. Malgré cela, j'aurais cru qu'aujourd'hui, tout comme il y a cinquante ans, la pratique et l'expérience valent beaucoup mieux que toutes les théories du monde.

— Si c'étaient des théories, et si ces écoles faisaient des théoriciens, vous pourriez avoir raison, mais ce ne sont pas des théories; c'est un bagage * pratique de connaissances indispensables qu'on nous donne. Nos grands-pères trafiquaient surtout entre eux, notre commerce n'était guère qu'un commerce national, provincial même ; par conséquent, il suffisait de connaître la France et les marchés français.

Mais aujourd'hui, c'est différent : les produits étrangers nous arrivent de partout, faisant concurrence aux nôtres, pour lesquels il nous faut alors trouver des débouchés *. Nous-mêmes, avec une industrie qui produit de quoi vêtir et outiller la moitié de l'Europe, nous sommes forcés d'aller vendre au dehors. Alors, vous voyez, ce n'est plus la France seulement qu'il faut connaître, mais le monde entier. Et, au rebours de ce que vous disiez, ce sont des connaissances très étendues qu'il faut aujourd'hui pour celui qui veut se lancer dans le grand commerce.

— Et qu'est-ce qu'on vous enseigne dans ces écoles de commerce ? Cela m'intéresse, vous comprenez, étant un peu du bâtiment, comme disent les charpentiers.

— Une foule de choses que je ne pourrais jamais vous dire dans l'ordre : la géographie, les langues étrangères, le droit, l'économie politique, la comptabilité, etc.

— Voyons, voyons, un peu d'ordre et de calme. Je m'y perds là dedans. Reprenons cela. Vous dites?

— La comptabilité. En somme, c'est là peut-être ce qu'il y a de plus important : savoir mettre de l'ordre dans les finances, établir ses prix de revient, et connaître sa situation de façon à conduire les opérations comme il faut. Quelquefois, il faut aller tout doucement, n'est-ce pas? d'autres fois, il faut dépenser et aller de l'avant.

Fig. 50. — Carte des marchés français et des grands centres de productions.

Ensuite, les langues étrangères; puisque nous aurons affaire aux étrangers, il faut au moins savoir leur parler leur langue. Et négocier les affaires directement, sans interprète, est toujours une bonne chose.

Maintenant, il y a la *géographie commerciale*, qui

nous renseigne sur les produits des différents pays, les débouchés, les moyens de transport, etc.

Nous avons aussi un cours de législation, qui s'occupe des règlements à observer dans nos relations commerciales, des différents tarifs de douanes, des douanes, des traités de commerce et de toutes ces histoires-là.

Nous apprenons encore l'**économie politique**.

— A quoi ça peut-il servir?

— Ce serait un peu long à vous expliquer; mais, en résumé, elle sert surtout à ceci : à savoir que, dans le monde, tous les peuples et, dans un même peuple, toutes les industries, sont solidaires.

Le commerce de la soie ne va pas : le banquier risque de faire faillite à la suite des marchands de soie.

La République Argentine s'appauvrit : les affaires de la France avec elle diminuent de moitié.

Leçon de choses : **Adam Smith. — J.-B. Say.** — Adam Smith (fig. 57) naquit en Écosse en l'année 1720 et mourut en 1703. Le plus célèbre des économistes. Il a écrit un livre admirable intitulé : *Richesse des Nations*, qui le premier a formulé les lois de l'Économie politique : aussi a-t-on appelé Adam Smith le Père de l'économie politique. L'économie politique est une science qui recherche, découvre et formule les moyens par lesquels une nation peut devenir riche.

Adam Smith avait beaucoup étudié les premiers économistes français qu'on appelait les *Physiocrates*; il avait été en relations avec Turgot (*V.* leçon, p. 121) et, dans une grande

Fig. 57. — Adam Smith.

partie de son ouvrage, s'est inspiré des doctrines de nos compatriotes.

Nous voulons ne plus boire que du vin français et nous n'achetons plus ni vin d'Espagne ni vin d'Italie. L'Espagne et l'Italie ne nous achètent plus nos soies, nos cuirs, etc., et nous faisons avec elles 200 millions d'affaires de moins par an et ainsi de suite.

— Diable, c'est terrible et compliqué.

— Aussi, n'y a-t-il que les bons commerçants qui y comprennent quelque chose. Les autres disent que ce sont des bêtises.

— Et après l'économie politique?

— Après? dame, je ne sais guère; il y a pourtant des choses que j'oublie en ce moment : la *sténogra-*

J.-B. Say (fig. 58) est un grand économiste français. Il naquit en 1767 et mourut en 1832. Il a écrit de très importants ouvrages : notamment son célèbre *Traité d'Économie politique*. Avant lui, on possédait beaucoup de travaux de mérite, mais qui étaient presque tous spéciaux à une seule question. De plus, beaucoup de questions économiques n'avaient jamais été posées ni étudiées. Le *Traité* de J.-B. Say a repris toutes les questions économiques dans un ordre méthodique et logique. C'est encore aujourd'hui, après quatre-vingts ans, l'un des meilleurs ouvrages qu'on puisse lire.

Fig. 58. — M. J.-B. Say.

J.-B. Say était le grand-père de M. Léon Say, qui est, lui aussi, un grand économiste, et qui a été successivement : ministre des finances, ambassadeur, président du sénat; de plus, il est membre de l'*Académie Française* et membre de l'*Académie des sciences morales et politiques*.

phie, par exemple. Mais enfin, voilà, dans les grandes lignes, ce qu'on nous enseigne à l'École, et ce n'est pas de trop; et ce ne sont pas des choses qu'on puisse apprendre derrière le comptoir.

— Non, ce ne serait pas de trop, répliqua Pierre, si tout le monde devait être patron, ou se lancer dans le grand commerce, mais pour les employés et les petites gens comme moi, qui...

— Ah! interrompit Guillemot, nul ne sait ce qu'il deviendra dans la vie et il faut se munir comme pour un long voyage. De plus, pour ceux dont vous parlez, il y a d'autres écoles, celles du premier degré. Nous avons les écoles supérieures de commerce pour former les patrons, et les écoles moyennes pour former les employés.

— A la bonne heure, je suis pour ce système-là, s'écria Pierre, je le comprends. Et à présent, si je pouvais faire de la propagande pour vos écoles, ce serait gratis et de bon cœur.

— Je vous ai converti, alors?

— Comme vous dites; je me sens apôtre depuis que je sais qu'on n'a pas oublié les petites gens comme moi.

Les récits du grand-père, les causeries avec Guillemot, les tournées parmi les ateliers et les usines, les promenades, les gâteries de la chère vieille grand'mère, Pierre trouvait tout cela charmant, et il n'aurait pas mieux demandé que d'en jouir plus longtemps; mais les jours s'envolaient avec une rapidité désolante. Il retarda son départ tant qu'il put; puis, avec mille promesses de donner souvent de ses nouvelles et de s'arranger pour revenir un jour ou l'autre, il finit par quitter les bons vieux, et monta dans le train de Marseille.

CHAPITRE XXXIII

Un grand port de commerce : Marseille.

Pierre ne connaissait personne à Marseille et ne comptait y rester que peu de temps. Mais, avant de rentrer en Bourgogne, il voulait jeter un coup d'œil

Fig. 59. — Marseille. Vue de la Cannobière.

sur la Méditerranée, et parcourir cette superbe ville que ses habitants appellent la *Reine du Midi* (fig. 59).

Il n'avait jamais vu de port de mer, de sorte que sa première pensée fut pour les navires. Mais tout d'abord, il se rendit à l'adresse que son grand-père lui avait donnée, et il y trouva un hôtel fort modeste, mais propre et convenable, tenu par de braves gens. Il déjeuna rapidement et, s'étant fait indiquer sa route, il se dirigea vers la Cannebière qui le mena tout droit au port.

Quand il se trouva au milieu de toute cette forêt de mâts et de voiles, devant cet entassement de navires venant de tous les pays du monde, il eut un éblouissement d'orgueil, en pensant que ceci était un port français.

Et il resta là, comme fasciné, devant la manœuvre des bateaux, regardant le va-et-vient des matelots et des portefaix * qui chargeaient ou déchargeaient, écoutant les chansons cadencées des équipes *, les cris de toutes sortes, les mille plaisanteries qui s'échangeaient dans toutes les langues, le bruit continuel des grues, des chaînes et des ballots. Il lui semblait que tout cela lui apportait comme des bouffées de pays lointains. Il lui prenait des envies folles de monter sur un de ces navires qui ouvraient leurs grandes ailes d'oiseau pour s'envoler vers le soleil levant.

Pendant qu'il rêvait de la sorte, instinctivement il sentit que quelqu'un le regardait et, tournant la tête, il aperçut, en effet, deux yeux noirs qui l'examinaient.

Je connais cette figure-là, se dit Pierre; mais où l'ai-je vue? puis, tout d'un coup, la mémoire lui revint, en même temps que la certitude gagnait l'autre; car, au même moment, tous deux laissèrent échapper un cri de surprise et se rapprochèrent vivement, la main tendue.

— Bourgoin!

— Darle!

— En voici une rencontre! fit le jeune homme; je ne m'attendais guère à te trouver ici ce matin.

— Qu'est-ce que tu fais à Marseille?

— Ah! c'est bon tout de même de voir une figure du pays; et, de nouveau, il lui serra vigoureusement la main.

Pierre avait l'air aussi ravi que son camarade, et les langues se mirent à marcher avec un entrain remarquable.

Ce jeune homme, nommé Bourgoin, qui avait plusieurs années de plus que Pierre, était frère d'un de ses camarades de classe, et les familles Bourgoin et Darle, qui vivaient côte à côte, étaient assez liées. C'était donc une véritable joie que de se rencontrer ainsi loin du pays.

— Je t'emmène dîner avec moi, fit Bourgoin, et comme c'est demain dimanche et que je serai libre toute la journée, nous irons nous promener et je te ferai visiter Marseille.

Tu n'avais jamais vu de port de mer, ajouta-t-il, au bout d'un moment. Eh bien, tu ne débutes pas trop mal. Sais-tu que celui de Marseille peut contenir plus de 2400 navires?

— Oui, ce doit être une jolie flotte. Du moins, je me l'imagine, car je ne sais rien des navires, absolument rien.

— Je ne suis pas très ferré là-dessus, non plus, fit Bourgoin; cependant je puis te montrer quelque chose qu'on ne voit pas souvent à Marseille, un bâtiment de guerre, un beau cuirassé, ma foi. Le vois-tu, là-bas, avec son éperon à l'avant? Il paraît que ce sont des armes terribles, ces *éperons*. C'est à Toulon que tu en verrais, de ces bâtiments de guerre.

— Oui, parce que Toulon est un *port militaire*, dit Pierre. Quels sont donc nos autres ports militaires? Notre pauvre cher instituteur serait navré de mon ignorance; mais je ne peux me rappeler que Brest et Toulon.

— Voyons donc, fit Bourgoin, il y a *Brest*, et puis *Cherbourg*, *Lorient*, *Rochefort* et *Toulon*; voilà nos cinq ports militaires, si je ne me trompe.

— Je croyais, fit Pierre tout à coup, que les bateaux à vapeur n'avaient pas besoin de voiles et je vois que presque tous en ont.

Fig. 60. — Un transatlantique sortant du port.

— C'est, répliqua Bourgoin, que quand le vent est bon, on hisse * les voiles, on ralentit les feux, et cela permet des économies de charbon.

C'est dommage, ajouta-t-il, que je sois aussi pressé; je t'aurais fait visiter un bâtiment des *Transatlantiques* (fig. 60) ou des *Messageries*. Mais tiens, voici justement le petit Dagostini, un bonhomme intelligent comme un singe, quoiqu'il n'ait pas treize ans, et qui, moyennant dix sous, te montrera cela aussi bien que n'importe quel vieux loup de mer *.

Pierre accepta, et Bourgoin, après avoir donné son adresse, afin qu'ils pussent se retrouver à dîner, continua ses courses. Quant à Pierre, il se laissa conduire jusqu'au bout des **docks**, afin de visiter le *Rajah*, grand bâtiment de commerce qui venait

---

LEÇON DE CHOSES : **Les docks.** — **Entrepôts.** — **Magasins généraux.** — Le mot **dock** est un mot d'origine anglaise qui veut dire *bassin*, endroit du port où les navires vont se ranger quand ils ont opéré leur déchargement. Par extension, ce mot signifie aujourd'hui de grands bâtiments, construits le long des quais, dans lesquels on entasse les marchandises en attendant qu'elles soient vendues et enlevées. Et, par extension encore, ce mot *dock* signifie tout magasin qui renferme d'importants assortiments de certaines espèces de marchandises : on voit par exemple des magasins qui s'intitulent : *docks de la cordonnerie, docks du vêtement,* etc.

C'est le deuxième sens de ce mot qui nous intéresse ici. Il existe des docks non seulement dans les ports maritimes, mais même dans les ports fluviaux; à Paris, par exemple. Vous allez voir quels services ils peuvent rendre au commerce.

J'achète, pour m'être livrés à Paris, à telle date, 10 000 hectolitres de blé. Au jour fixé, je reçois effectivement avis que ces 10 000 hectolitres sont *à quai*. Mais précisément à ce moment, mes magasins à blé sont encombrés de marchandises; il me serait difficile de loger ce qui m'en arrive encore. Pour éviter l'encombrement, je donne ordre de déposer les 10 000 hectolitres dans les *docks*, d'où je les retirerai plus tard, lorsque mes magasins seront dégarnis. Voilà un premier service que rendent les docks : ils apparaissent ici comme un magasin public, que l'on peut louer à raison de tant par jour et par mètre carré.

Mais ce blé que j'ai acheté venait, je suppose, d'Amérique. A l'entrée en France, le blé étranger doit acquitter un droit de douane de 7 francs par 100 kilogrammes. Les 10 000 hectolitres pèsent environ 7800 quintaux : je devrai donc, pour les faire entrer, verser d'abord 54 600 francs. Cette grosse somme, je ne l'ai pas en ce moment. Je préfère attendre, pour la payer, d'avoir vendu une partie de ce blé. Je le fais alors déposer dans des *docks* qu'on appelle des **entrepôts** : tant qu'il y reste, la douane ne me réclame rien. C'est comme s'il était encore en pleine mer. Ce n'est que le jour où je le ferai sortir de l'entrepôt pour le vendre que je devrai payer le droit. Et voilà un second service des docks : ils me dispensent de débourser trop tôt une grosse somme d'argent.

Enfin, je suppose que ces 10 000 sacs de blé arrivent à un moment où j'ai moi-même besoin d'argent. Ces 10 000 hectolitres, je les ai payés comptant, mettons 140 000 francs. Quand

d'arriver des Indes. Chemin faisant, il ne pouvait résister au désir de s'arrêter pour regarder tous ces navires qui chargeaient ou déchargeaient leurs cargaisons.

Il y avait là des denrées arrivant de tous les points du globe. Des gommes, du caoutchouc, des arachides, jusqu'à de l'ivoire, qui arrivaient du Sénégal; des blés, de l'alfa, pour la fabrication des papiers points, qui venaient des Hauts Plateaux de l'Algérie; des peaux brutes et des balles de laine qu'on envoyait d'Australie; du sucre, de l'île de la Réunion; du blé, de la Russie; des balles de soie et des objets d'art, de la Chine et du Japon. On aurait dit que les produits du monde entier s'étaient donné rendez-vous dans le port de Marseille (fig. 61).

Et tout en regardant autour de lui, Pierre se disait : « C'est une belle chose que le commerce, qui permet à chacun, au paysan et au petit employé, comme au grand seigneur, de jouir des produits de tous les pays et de tous les climats. »

La visite du *Rajah* prit plus de deux heures.

Quand Pierre se retrouva sur le quai, il s'aperçut qu'il n'était que temps d'aller rejoindre son ami, et qu'il fallait mettre toutes voiles dehors, comme disait le jeune Dagostini, pour ne pas arriver trop tard.

---

ils arrivent, je les fais déposer dans des docks appelés **magasins généraux**. Pour constater ce dépôt, on me délivre un reçu appelé *warrant* (ou garantie). Et sur ce warrant qui est *négociable et transmissible par voie d'endos*, je pourrai emprunter une somme qui varie suivant le cours actuel du blé en France. Cette somme je la rendrai le jour où je voudrai me faire livrer le blé; si je ne la rends pas du tout, on vendra mon blé et l'on me donnera la différence entre ce que je dois et ce que la vente du blé aura produit. Et voilà un troisième service que peuvent rendre les docks : ils sont un instrument de crédit.

— Je parie que te voilà déjà marin, fit Bourgoin en

Fig. 61. — Les produits du monde entier s'étaient donné rendez-vous.

l'accueillant, et que tu ne parles plus que de bâbord

et de tribord, de gaillard d'avant et de gaillard d'arrière.

— Non, dit Pierre, je ne suis pas encore marin; mais je suis déjà dans l'admiration de votre port. Quelle puissance et quelle merveille!

— Et tu n'as rien vu! Le port n'est plus ce qu'il était. Depuis que l'on a voté des droits de douane, il n'est guère vivant.

Connais-tu rien de plus stupide? Les hommes vivaient isolés : la mer, la politique, les guerres, tout les séparait. La civilisation calme les haines, la science supprime les distances; on invente les **bateaux à vapeur**, on améliore les ports, si bien qu'aujourd'hui on va à Bombay en 13 jours et à Shanghaï en 35.

Leçon de choses : **La navigation à vapeur.** — Depuis qu'il existe des navires à vapeur, c'est-à-dire depuis environ cinquante ans, la navigation a fait d'immenses progrès.

Autrefois, avec la navigation à voiles, on mettait soixante et quatre-vingts jours pour aller, par exemple, de France en Amérique. On n'était d'ailleurs jamais sûr du délai. Si l'on tombait sur le calme plat *, on restait des jours, des semaines sans bouger; si l'on tombait sur des vents de tempête, on filait avec une rapidité vertigineuse * : tel navire à voiles a fait, sous l'impulsion de l'ouragan, 300 milles * en une nuit. La vitesse moyenne était d'environ six nœuds *.

L'art d'un commandant de navire à voiles consistait notamment à connaître la direction des vents et des courants. Certains vents, à certaines époques, soufflent dans telle direction; si cette direction était celle du navire, il fallait parfois faire un long détour pour aller chercher ce vent favorable, grâce auquel on pouvait alors rattraper le temps perdu. De même, il existe dans la mer des sortes de fleuves maritimes, qu'on appelle des *courants*, qui coulent dans une direction connue et qui aident singulièrement la marche d'un bateau. Tels sont le *Gulf stream*, qui, après bien des détours, traverse l'Atlantique, et le *Kouro-Sivo*, le long des côtes du Japon.

De nos jours assurément, même avec les bateaux à vapeur, un bon marin ne néglige l'aide ni du vent ni des courants. Mais il peut s'en passer. Il a sous la main un moteur *, la

Et quand tous ces progrès sont réalisés, quand le commerce fleurit et que les peuples amis échangent leurs produits, alors on vote des droits de douane, pour que ce qui eût pu être bon marché soit très cher, et que le consommateur, l'employé, l'ouvrier, vivent moins bien. Cela me met en colère.

— Oui, dit Pierre, c'est là la grande querelle du libre-échange et de la protection. On a fait peur à nos producteurs des producteurs étrangers; à vrai dire, on a fait peur à tout le monde. Un Français qui tient son fusil en main, on lui crie qu'il vaut une demi-douzaine d'étrangers; mais quand au lieu d'un fusil, c'est un outil, alors, au dire des mêmes gens, il n'en vaut plus que la moitié d'un.

— C'est ainsi qu'on arrive à faire de nous un peuple de peureux, qui redoute toutes les concur-

---

vapeur, qui remplace tout. La vitesse des bateaux à vapeur dépend de leur forme et de la puissance de leur machine. Les bateaux rapides actuels ont une forme étroite et très allongée. Certains bateaux mesurent 180 et 190 mètres de long; leurs machines consomment jusqu'à 300 tonnes (1000 kilog.) de charbon par jour, leur vitesse atteint 24 milles à l'heure (le mille = 1852 mètres). On a construit des torpilleurs * dont la vitesse dépasse 30 milles. Aujourd'hui la *Compagnie Transatlantique* va du Havre à New-York en sept jours; la compagnie anglaise Cunard va de Queenstown (Irlande) à New-York en cinq jours et quelques heures.

On ira peut-être plus vite encore. Toutefois, on ne peut pas espérer voir indéfiniment s'accroître la vitesse, et cela pour deux raisons. La dépense en charbon augmente avec la vitesse non pas suivant une progression * arithmétique, mais suivant une progression à peu près géométrique. Si l'on veut aller 2 fois plus vite, il faut dépenser 4 fois plus de charbon; 3 fois plus vite, 9 fois plus de charbon. Et alors cela entraîne des dépenses énormes; le prix des places devient trop élevé pour la moyenne des voyageurs.

D'autre part, la vitesse excessive détermine de telles trépidations que le séjour du bateau est intolérable même pour les marins de profession.

rences et ne s'ingénie à aucun progrès. A ce jeu-là, on s'abâtardit *, on s'engourdit, on s'appauvrit.

— Cela ne durera pas.

— Je l'espère bien ; ce serait la ruine matérielle et morale du pays. Il ne se passera pas longtemps avant que je revoie notre port de Marseille plus vivant et plus animé qu'autrefois, avec des quais plus longs, des machines plus puissantes, comme en ont maintenant ceux de Hambourg, de Liverpool, et que nous nous enrichissions, comme s'enrichit Dunkerque depuis qu'on l'a si bien outillé.

CHAPITRE XXXIV

Une société coopérative.

Mais la conversation ne roula pas longtemps sur la marine, les besoins du port et les nécessités du commerce ; elle prit bientôt un tour plus intime. Ces deux jeunes gens qui, au pays, n'étaient que des connaissances, étaient, à 200 lieues de chez eux, plus que des amis ; on aurait dit deux frères, qui se retrouvaient après une longue séparation.

— En somme, tu n'es pas mécontent de ta situation ? fit Pierre, quand son ami l'eut mis un peu au courant de ses affaires.

— Mais non ; la société marche très bien ; elle prend de l'extension, mes appointements ont été augmentés dernièrement et je n'ai pas à me plaindre.

— C'est une **société coopérative**, dis-tu?

— Oui.

— Eh bien, tu vas m'expliquer ce que c'est, parce que je n'ai que des idées très vagues sur ce sujet-là. Je me rappelle qu'au cours, on nous disait que, quand plusieurs ouvriers se mettent ensemble pour travailler et qu'ils vendent eux-mêmes les produits de leur travail, ils forment une « Société coopérative ». Mais vous, vous ne fabriquez rien; ce n'est pas le produit de votre travail que vous vendez et vous vous appelez tout de même « Société coopérative ».

Leçon de choses : **La coopération. — Statistique.** —
1° **Sociétés de consommation.** — Il existait en France, au 1er janvier 1894, 1090 sociétés coopératives de consommation, réparties entre 82 départements. Il y en avait :

117 dans la Charente-Inférieure;
99 dans la Seine;
88 dans le Rhône;
65 dans Saône-et-Loire;
62 dans le Nord;
40 dans les Ardennes;
35 dans la Loire;
29 dans l'Aisne;
26 dans l'Isère, etc., etc.

En 1893, pour 942 d'entre ces sociétés de consommation, on avait évalué :

Le capital à 17 500 000 francs;
Le nombre des membres à 360 000;
Le chiffre d'affaires à 206 millions;
Les bénéfices à 20 millions.

2° **Sociétés de production.** — Au 1er janvier 1894, il existait en France 91 sociétés coopératives de production, dont 53 à Paris et 38 dans les départements. Ces sociétés comprennent :

8 sociétés de menuisiers;
6 sociétés d'imprimeurs;
4 sociétés de peintres;
3 sociétés de charpentiers; etc., etc.

Une des formes les plus intéressantes de société coopérative de production est ce qu'on appelle les *fruitières et laiteries*. (*V. leçon*, p. 208.)

— Mais, mon ami, on peut *coopérer*, c'est-à-dire s'associer, s'entr'aider, pour faire n'importe quoi; aussi il y a bien des espèces de sociétés coopératives (fig. 62). Il y a des sociétés coopératives de *production*, comme celles dont on vous a parlé au cours; mais il y a aussi des sociétés coopératives de *consommation*, de *construction*, de *crédit mutuel*, etc.

La nôtre est une société coopérative de consommation.

— Et comment est-elle organisée, cette société? comment fonctionne-t-elle?

— Oh! c'est très simple. C'est bien moins difficile que la société de production. Une société de production, c'est l'idéal, mais c'est si compliqué. Il faut que des ouvriers, généralement pas riches, réunissent entre eux un petit capital, économisé jour par jour sur leurs salaires. Le capital réuni, ils s'installent; ils se répartissent les rôles de directeur, de contre maîtres, d'ouvriers; ils se subordonnent les uns aux autres; à tour de rôle, je le sais bien, mais c'est encore dur. Enfin, après avoir su économiser, puis produire, il faut encore qu'ils sachent vendre. C'est beaucoup exiger. Et ceux qui ont réussi, je les admire de tout mon cœur.

Nous autres, dans notre *société de consommation*, nous avons fait quelque chose de bien utile aussi, mais de plus modeste.

Figure-toi une centaine d'individus qui s'associent; chacun souscrit pour 40 francs, je suppose, ce qui fait un capital de 4000 francs. Ils se procurent un

Fig. 62. — La première coopérative : l'aveugle et le paralytique.

petit local, un employé, et ils achètent en gros les articles de première nécessité pour commencer : charbon, sucre, savon, etc. Tout cela, de bonne qualité. Puis, ils le revendent en détail aux associés ou à n'importe qui, *aux mêmes prix que les épiciers de l'endroit.*

Maintenant, écoute-moi bien. Nos frais généraux, à nous, société, sont bien moindres que ceux des marchands...

— Vous n'avez pas à faire de réclame d'abord, interrompit Pierre, puisque votre clientèle est déjà toute trouvée et que votre marchandise ne vous restera toujours pas pour compte.

— Oui, c'est déjà une économie, et il y en a bien d'autres. Je disais donc, nos frais généraux sont moindres que ceux des marchands; nous vendons pourtant aux mêmes prix qu'eux, par conséquent nous aurons un bénéfice à la fin de l'année, n'est-ce pas?

— Oui; cela me paraît assez évident, fit Pierre.

— Eh bien, comme les acheteurs sont en même temps des sociétaires, ce bénéfice, ce *boni*, comme nous disons, c'est eux qui se le partagent, tu comprends?

— En somme, avec ce système-là, ils font des économies sur eux-mêmes, dit Pierre.

— Parfaitement, en payant leurs propres achats — car nous ne vendons qu'au comptant — ils gagnent sur eux-mêmes, sans se priver de rien; ils épargnent pendant même qu'ils dépensent.

— C'est là une idée excellente, fit Pierre. Maintenant, au lieu d'avoir un boni à partager, si vous vendiez tout de suite meilleur marché, est-ce que vous ne feriez pas vos affaires tout aussi bien?

— On a essayé de ton système; mais il a des inconvénients. D'abord, les autres commerçants ne nous voient pas d'un très bon œil, quand nous venons leur faire une pareille concurrence, et cela amène des ennuis.

De plus, l'acheteur ne profite vraiment pas de ces bénéfices. Il a bien profité, si tu veux, du bon marché de ses achats; mais, au lieu que, par l'autre système, il trouve, à la fin de l'année ou du semestre, des 20, des 40, des 100 francs de bénéfice, ici, les cinq ou six sous qu'il a économisés par jour, il les a dépensés au fur et à mesure; rien ne lui en est resté; il ne s'en aperçoit seulement pas. Or, 100 francs, 50 francs, c'est une économie. Le difficile, c'est de l'économiser sou par sou. La coopérative vous épargne cette difficulté-là. Elle économise pour vous. Et vous n'avez plus qu'à mettre votre argent à la **caisse d'épargne**.

Leçon de choses : **Caisses d'épargne.** — Nous avons vu ce que c'est que le *capital* (*V. leçon*, p 100) : c'est l'argent que les patrons emploient dans l'industrie et dans le commerce, avec lequel ils bâtissent les usines et les magasins, achètent les machines, paient les ouvriers, etc. Une nation qui n'a pas de capital ne peut pas s'enrichir. Elle doit donc s'efforcer de s'en procurer. Le seul moyen efficace pour cela, c'est l'épargne. C'est pourquoi dans tous les pays civilisés, on a institué des **Caisses d'épargne.**

Pierre gagne 25 francs par semaine. Quand il a payé son loyer, sa nourriture, son vêtement, il lui reste 2 francs. Que va-t-il en faire? les dépenser? non! Il ne va pas au café, il ne fume pas, il n'a pas de besoins : il veut les mettre de côté. Où les mettre? chez lui, dans son tiroir? un voleur peut les lui prendre; pis que cela, lui-même, un jour, peut se repentir d'avoir épargné et, au bout de quelques semaines ou de quelques mois, les dépenser en choses inutiles. Pierre sait tout cela et songe à mettre son argent hors de sa portée à lui.

Chez un banquier? Le banquier accepte volontiers l'argent en dépôt. Mais encore faut-il que les sommes déposées soient de quelque importance : 1000 francs, 500 francs, 100 francs. Au-dessous de ce chiffre, le banquier n'accepte pas de dépôt : car il lui faudrait ouvrir des centaines, des milliers de comptes, et tout son profit serait absorbé par le traitement des employés

— Oui, c'est vrai, votre système me paraît le meilleur des deux, fit Pierre.

— Et elle marche admirablement, notre société,

---

chargés de les tenir. Ce n'est pas tout. Un déposant comme Pierre peut, du jour au lendemain, avoir besoin de son argent. Qu'il tombe malade, qu'il déchire son vêtement : il prend, pour faire face à cette dépense, sur ses économies; il va retirer ce qu'il a déposé. Or le banquier (*V. leçon*, p. 236) n'accepte les dépôts qu'à la condition de les garder longtemps; car ces dépôts, il ne les laisse pas dans sa caisse; il les emploie de diverses manières et tout son bénéfice lui vient de ce qu'il emploie, de ce qu'il prête l'argent plus cher qu'il ne l'a emprunté. Pour toutes ces raisons, il ne veut pas accepter les 2 francs de Pierre. Où Pierre va-t-il donc les placer?

Il s'en va à la caisse d'épargne. Il y dépose ses 2 francs. La caisse d'épargne les accepte volontiers : elle ne tient pas à gagner beaucoup sur lui. Elle lui paie un intérêt aussi élevé qu'elle peut; elle lui rembourse son argent dès qu'il le réclame; enfin, elle lui donne cette garantie d'employer son argent en rentes sur l'État, qui sont ce qu'il y a de plus sûr.

Pierre et tous ceux qui, comme lui, ont un peu d'argent à placer, apprécient de tels avantages. Aussi la caisse d'épargne voit-elle affluer les dépôts.

C'est là un résultat excellent. Les gens prennent l'habitude d'économiser. Cet argent placé leur sert dans les grandes occasions : pour payer le médecin, pour marier leur fille, pour acheter de la terre, pour ouvrir une boutique, etc. Et l'État, qui encourage les caisses d'épargne, y trouve son compte; grâce aux caisses d'épargne notre patrie renferme peu à peu moins de pauvres et plus de gens à leur aise.

Mais les meilleures choses même comportent des abus. Les caisses d'épargne avaient été fondées avec l'intention de faciliter l'épargne aux gens qui vivent de leur travail : aux domestiques, aux ouvriers, etc. C'est pour cela qu'elles accordaient tant d'avantages. Mais ces avantages ont tenté d'autres catégories de personnes, et la clientèle a fini par comprendre autant de petits bourgeois et de petits rentiers que d'ouvriers et de domestiques. Ces bourgeois et ces rentiers savent bien que nulle part ils ne pourront placer leur argent aussi avantageusement qu'à la caisse d'épargne, aussi l'y apportent-ils par sommes importantes. Ce ne sont plus des 2 francs ou des 10 francs; ce sont des 100 francs et des 1000 francs.

Il y a là un abus et un danger.

Un abus, parce que tant de faveurs que l'État a prodiguées aux caisses d'épargne, en vue de leur clientèle probable, pro-

reprit Bourgoin. Elle a commencé petitement ; mais les affaires ont été bien dirigées et aujourd'hui nous sommes très nombreux et presque riches ; nous avons beaucoup étendu notre commerce ;

---

fitent aujourd'hui à une foule de personnes qui n'en ont nul besoin. L'État veut bien, pour encourager l'épargne chez les ouvriers, chez les domestiques, s'imposer des dépenses considérables ; mais si ces dépenses profitent à des bourgeois, à des rentiers, à de gros fonctionnaires, alors l'État manque son but et gaspille son argent en pure perte. Or, quand l'État paie 3 1/2 pour cent à des dépôts *à vue*[1], c'est-à-dire à des dépôts qu'on peut retirer en prévenant seulement quelques jours à l'avance, il paie environ 3 pour cent plus cher que ne paierait aucune banque privée. De ce chef, il s'impose des frais énormes, qui pèsent sur le budget et, par conséquent, sur tous les contribuables

C'est là un abus criant. Mais, outre l'abus, il y a un grave danger.

Autrefois, c'étaient les gens de petites ressources qui déposaient à la caisse d'épargne. Ils déposaient 100 ou 200 francs dans leur année. Quand ils avaient 500 francs, ils demandaient à la caisse de leur acheter des rentes à leur nom : le total des sommes déposées dans les caisses d'épargne n'était jamais très élevé. Mais depuis quelque vingt ans et, de nos jours encore, ce ne sont plus les mêmes catégories de déposants. Aujourd'hui un petit rentier se fait ouvrir un compte à la caisse d'épargne ; il en fait ouvrir un à sa femme, un à son fils, un à sa fille, peut-être même un à son domestique. Il a le droit, à chaque compte, de déposer jusqu'à 2000 francs. Il peut donc, à ses cinq comptes, déposer au total 10 000 francs, qui lui rapportent 3 1/2 pour cent et qui sont à sa disposition presque du jour au lendemain, s'il trouve un placement avantageux.

A cause de cela, au lieu de quelques centaines de millions de dépôt, les caisses d'épargne en ont aujourd'hui des milliards (exactement, en 1893, 3 milliards 800 millions). Ces milliards sont versés par les caisses d'épargne à la Caisse des dépôts et consignations, qui les emploie en rentes sur l'État. L'État en est donc responsable. Supposez que par une de ces paniques[2] dont notre histoire est pleine, les déposants à un certain moment, à la veille d'une guerre, au lendemain d'incidents fâcheux, prennent peur et veuillent, tous en même temps, retirer leur argent. L'État est riche, mais il n'est pas assez riche pour rembourser à première demande des milliards. Il est donc obligé de demander du temps à ses déposants (qui sont des créanciers), et c'est une chose fâcheuse

nous vendons non seulement des denrées alimentaires, mais des vêtements, des chapeaux, des livres, de la musique, de la quincaillerie, des meubles, etc., etc. Notre chiffre d'affaires est considérable et notre clientèle d'associés s'augmente constamment, ce qui prouve que nous restons au niveau de nous-mêmes comme confiance et comme habileté.

Après dîner, l'ami Bourgoin accompagna Pierre jusque chez lui et on se donna rendez-vous pour le lendemain matin.

Par bonheur, ce lendemain était un jour radieux et nos deux amis en jouirent pleinement.

Les jours suivants, Pierre continua à Marseille ce qu'à Lyon il appelait sa tournée industrielle. Il trouva moyen de jeter un coup d'œil sur les principales fabriques d'huile, les savonneries, les fonderies, etc.

Finalement, il fallut boucler sa malle, faire ses adieux à l'ami Bourgoin, et se remettre en route, cette fois-ci, pour la Bourgogne.

CHAPITRE XXXV

Une grande décision.
Pierre entre chez un épicier en gros.

Pierre, encore tout ensorcelé * de son voyage, alla d'abord passer quarante-huit heures chez ses parents,

---

pour le crédit et l'honneur d'un État quand il est réduit à de pareilles extrémités.

Pour ces raisons, il faudrait modifier le régime * des caisses d'épargne et les ramener à leur destination primitive, qui était d'encourager l'épargne parmi ceux qui vivent de leur travail quotidien.

puis courut chez le père Gérard, qui l'accueillit à bras ouverts (fig. 63).

— Eh bien, mon garçon, qu'est-ce que tu as appris par le monde? dit-il.

— Mon cher patron, j'ai appris que jusqu'ici je

Fig. 63. — Le père Gérard l'accueillit à bras ouverts.

ne vous ai pas été assez reconnaissant. Ce voyage, que vous m'avez permis de faire, m'a ouvert les yeux et élargi le cœur, et c'est à deux genoux que je veux vous remercier.

— Bien, mon Pierre, très bien; je n'ai jamais douté de ta gratitude. Mais, voyons, dis-moi, quel profit as-tu retiré de tes pérégrinations * et, comme je te le demandais d'abord, ce que tu as appris?

— J'ai appris d'abord que nous vivions dans un trou où nous ne voyons rien et ne nous doutons seulement pas de ce qui se fait dans le monde.

— Alors, installe-toi sur la montagne, mon garçon; de là, tu verras autour de toi.

— Oui, monsieur Gérard, mais si je m'installe sur une montagne, il faut qu'elle soit à ma taille; je ferais peut-être mieux de me contenter d'une colline.

— Ça va bien, ça va bien, répliqua le vieux, je vois que tu n'as pas par là perdu ton bon sens. Que penses-tu de l'idée que je t'avais donnée : au lieu de t'établir plus tard à ton compte, d'entrer dans un de ces grands magasins?

— Ça ne ferait pas mon affaire, monsieur Gérard. Évidemment ils offrent beaucoup d'avantages et de garanties, même quand on n'y a qu'une situation peu brillante : l'avenir, du moins, est assuré. Avec de la conduite, on sait qu'on n'y manquera jamais de pain. Mais un homme formé à votre école, monsieur Gérard, est peut-être trop indépendant pour entrer dans une pareille armée si disciplinée, et où l'on n'avance qu'à l'ancienneté.

Et ils restèrent à causer longtemps, pesant le pour et le contre de toutes choses. En somme, tous deux arrivèrent à la même conclusion : que si Pierre pouvait entrer dans une honnête, moyenne et solide maison de province, ce serait pour lui ce qu'il y aurait de mieux.

— Mon cher Pierre, je suis bien heureux de te voir arriver de toi-même à une décision qui depuis longtemps est la mienne, dit le père Gérard; mais je me serais bien gardé de t'influencer. Il fallait d'abord s'arranger de façon que tu n'eusses jamais de regret. Maintenant que je connais le fond de ta pensée, je peux te dire que j'avais songé à un épicier d'Auxerre qui a une importante maison de gros. C'est un fort honnête homme, assez épris de progrès, et qui te plaira, je le crois. Lui conviendras-tu? je l'espère. Je m'en assurerai en allant le voir. Je ne demande pas mieux que de faire ce petit voyage; nous irons ensemble voir ce monsieur. Je sais qu'il fera ce qu'il pourra pour m'être agréable, car mon père a, dans le temps, rendu à sa famille des services qui ne s'oublient pas, et lui, qui est un brave garçon, se souviendra volontiers.

En conséquence, le père Gérard se rendit, le lundi suivant, jour de marché, à Auxerre. Il alla visiter cet épicier, qui s'appelait M. Denis. Malheureusement M. Denis n'avait besoin de personne.

— Mon cher monsieur Gérard, vous me voyez désolé, mon personnel est au complet, disait-il; je suis très satisfait de tout le monde et je ne vois pas à quoi votre protégé pourrait m'être utile.

— Monsieur Denis, écoutez-moi; si c'était n'importe qui, je n'insisterais pas, répliqua le père Gérard; mais je vous dis qu'il s'agit d'un sujet exceptionnel. Essayez-le; non seulement, vous le garderez, mais un jour vous viendrez me remercier de vous l'avoir donné.

— Soit! je ne vois pas ce que j'en ferai; mais vous êtes un vieil ami à qui je n'ai rien à refuser. Je veux bien en essayer pour vous faire plaisir, et nous verrons.

Un mois plus tard, Pierre entrait chez M. Denis.

QUATRIÈME PARTIE

L'ÉDUCATION D'UN COMMERÇANT

CHAPITRE XXXVI

Pierre gagne ses éperons sur le champ de bataille.

La maison Denis était un établissement assez considérable, avec une forte clientèle de gros et de demi-gros. Il y avait un commis, chef d'expédition et de réception, quatre hommes de peine, deux comptables, un charretier, plus deux voyageurs de commerce, au total, sept ou huit employés, sans parler du patron, qui s'occupait sérieusement de ses affaires. Il était toujours là à diriger et à encourager son monde ; rien ne se passait chez lui qu'il n'en fût informé.

Quand Pierre arriva, son premier soin fut d'aller se présenter à son nouveau patron et de lui demander ce qu'il avait à faire.

— Mais je ne sais pas du tout ce que vous avez à faire, répliqua avec humeur M. Denis, qui était entouré de clients et ne savait auquel entendre. C'est bien ce que j'avais dit au père Gérard : je n'ai besoin de personne. Mais ce vieil entêté-là a voulu quand même que je vous prisse chez moi; je vous ai pris. Et maintenant qu'est-ce que je vais faire de vous? Par surcroît, vous tombez chez moi un jour de foire, où je ne sais où donner de la tête, et vous voulez que je m'occupe de vous occuper? Je n'en ai pas le temps aujourd'hui. Demain, nous verrons. En attendant, puisque vous êtes, à ce que prétend le père Gérard, un garçon si habile, regardez autour de vous et tâchez de vous rendre utile. Voilà; je ne peux pas vous dire autre chose pour le moment.

Pierre s'en alla, un peu vexé, un peu penaud, mais résolu à se rendre utile, en effet, s'il y avait moyen; et l'occasion ne tarda pas à se présenter.

En quittant M. Denis, il commença par faire l'inspection de la maison, afin de voir un peu comment tout était aménagé et organisé. Pendant qu'il procédait à cette visite, il entendit non loin de lui une discussion entre un commis et un client. Le client se plaignait qu'on lui avait fait payer du fromage plus cher que de coutume.

— Depuis six mois, vous me vendez le **gruyère** 0 fr. 70 le demi-kilogramme, et aujourd'hui, sans crier gare, vous me le faites payer 0 fr. 85. Savez-vous que sur 50 kilos cela me fait une différence de 15 francs?

— Monsieur, disait le garçon, si on vous a livré du fromage à 17 sous, c'est que vous avez commandé du fromage à 17 sous. Nous ne l'avons pas pris sous notre bonnet.

— Moi, criait l'autre, moi, j'ai commandé du fromage à 17 sous! Alors j'ai perdu la tête, n'est-ce pas?

La discussion s'aigrissait de plus en plus, et Pierre comprit, en les écoutant, que les choses allaient se gâter tout à fait; car le commis n'était pas patient et le bonhomme disait déjà qu'il renverrait la marchandise et qu'il irait se fournir ailleurs.

— Est-ce cette qualité-ci qu'on a donnée à monsieur? demanda Pierre en désignant un gros fromage.

— Oui, monsieur, c'est ce fromage-là qu'on m'a fait payer 0 fr. 85, répondit le vieux, alors que jusqu'ici on ne me le vendait que 0 fr. 70.

— Vous n'avez donc pas remarqué, fit Pierre doucement, que ce ne sont pas les mêmes qualités; celui-ci, de 0 fr. 85, c'est du gruyère de choix, c'est ce qui se fait de meilleur. La pâte en est grasse et fine, voyez un peu — et il enleva un morceau qu'il lui tendit; celui de 0 fr. 70 est très bon, certainement, mais il n'est pas riche et fin comme le premier. C'est une qualité au-dessous, qui se vend moins cher.

Le client ne répondit pas.

— D'ailleurs, continua Pierre, je pense que M. Denis ne demandera pas mieux que de reprendre ce qu'on vous a livré par erreur. On vous donnera la qualité que vous preniez auparavant. Et peut-être cela vaudra-t-il mieux : cela dépend, bien entendu, de votre clientèle.

— Comment, de ma clientèle? fit le bonhomme.

— Oui, de votre clientèle; si vous fournissez des ouvriers, par exemple, des gens qui sont obligés de compter, mieux vaut prendre du fromage à bon marché. Mais si, au contraire, votre clientèle se compose de gens aisés, je vous dirai : essayez, pour une fois, du gruyère qu'on vous a livré; vos clients n'en voudront plus d'autre.

— Mais c'est que précisément ma clientèle se compose de gens aisés et bien établis. C'est moi qui fournis le château, le notaire, le juge de paix...

— Oh! alors, interrompit Pierre, à votre place, je n'hésiterais pas. Ces gens-là aiment ce qui est bon et donneront volontiers 3 sous de plus par livre pour manger quelque chose à leur goût.

Leçon de choses : **Fruitières**. — Les **fruitières** sont des sociétés coopératives (*V. leçon*, p. 105) d'un certain genre; mais tandis que les sociétés coopératives ordinaires sont relativement récentes, les fruitières datent de plus de deux siècles.

Ce mot fruitières pourrait être une cause d'erreur : les fruitières ne s'occupent nullement des fruits, mais du lait. Dans certaines régions des Alpes, dans le Jura, le Doubs, les Pyrénées, en Auvergne, les paysans s'associent pour mettre en commun leur lait et fabriquer du fromage (fig. 64).

Fig. 64. — Une fromagerie modèle à Gruyère.

Dans les montagnes, où il y a à peine de routes, on ne peut pas aller, comme dans les pays de plaines, vendre à la ville le lait chaque jour, ni même le beurre chaque semaine: On reste presque des mois sans descendre. Cependant le lait ne peut attendre. Alors on en fait du fromage. Ce fromage est le fromage dit : fromage de Gruyère.

Mais un de ces fromages emploie environ de 4 à 600 litres de lait. On calcule qu'il faut de 10 à 12 litres de lait pour faire un kilogramme de fromage. Les paysans de ces montagnes ne sont pas riches : ils ont deux ou trois vaches. Aucun ne peut songer à faire un fromage à lui seul : ils s'associent ensemble.

Dans la maison de l'un d'eux, ou dans une maison commune

Fig. 63. — Rue des Caves à Roquefort.

— Vous avez peut-être bien raison, fit le client, tout à fait rassuré par les manières engageantes de Pierre; oui, vous avez peut-être raison : pour cette fois-ci je vais garder votre fromage et nous aviserons plus tard.

— Vous ne vous en repentirez pas, croyez-moi, dit Pierre. Mais est-ce que vous ne feriez pas bien de prendre en même temps un peu de l'autre? ajouta-t-il. On se sert souvent de fromage pour faire la cuisine, et ce serait dommage d'employer cette qualité-là pour un pareil usage : les cuisinières pourraient bien le trouver trop cher. A votre place, je voudrais avoir des deux.

— Ah! vous êtes un fameux entortilleur de monde, fit le bonhomme en riant (fig. 66); mais c'est égal, je crois bien que, cette fois-ci encore, vous n'avez pas tort, et je vais vous demander de me faire envoyer 20 ou 30, oui, 30 kilogrammes de votre n° 2.

Pierre prit son adresse et alla transmettre sa commande à qui de droit.

Le commis qui avait assisté muet à cette scène et s'était, sans savoir pourquoi, effacé devant le nou-

---

qui s'appelle *la fruitière*, tous les jours chaque associé apporte son lait. On inscrit la quantité qu'il en fournit. Avec le lait de tous, on fait les fromages; le moment venu, on va vendre ces fromages, et le produit, c'est-à-dire le prix, est ensuite partagé entre tous les associés dans la proportion du lait que chacun a fourni.

C'est là une organisation excellente. Les Danois l'ont imitée pour la fabrication du beurre. Ils mettent leur lait en commun et fabriquent ainsi du beurre avec les machines les plus perfectionnées. Leur beurre est d'une excellente qualité, d'un prix modéré; il s'en vend des quantités énormes, notamment en Angleterre, où il a fait un tort considérable au beurre de France.

Nos paysans devraient s'inspirer de ces procédés et fonder aussi des associations coopératives pour la fabrication du beurre.

veau venu, le regardait d'un œil curieux et pas précisément bienveillant.

— Est-ce que vous êtes de la maison? lui fit-il.

— Oui, dit-il, ou du moins j'en vais être.

Fig. 66. — Ah! vous êtes un fameux entortilleur de monde.

— Et qu'est-ce que vous allez faire? continua
l'autre.

— C'est, répondit Pierre, à quoi M. Denis seul
pourrait répondre.

Précisément M. Denis arriva sur ces entrefaites.

— Ah! monsieur Denis, fit le client, vous avez là
un petit jeune homme qui s'entend au métier. Je
vous assure que je n'étais pas arrivé ici très content,
et il m'a si joliment embobeliné *, que je m'en vais
vous laissant une petite commande.

Et il raconta les griefs qui l'avaient amené, puis les
raisonnements très justes de Pierre.

Après ce premier succès, le « petit jeune homme »

ne resta pas longtemps inoccupé. Une demi-heure plus tard, M. Denis le trouva en train de diriger des emballages assez délicats qu'on avait confiés à des mains inexpérimentées. Il vit du premier coup d'œil que Pierre était pratique et prudent, et il remarqua aussi qu'il savait commander.

— Il débute bien, se dit-il en le regardant faire, il sait où il faut mettre la main.

Aux environs de midi, ce jour-là, on fut surpris par un orage suivi d'une averse épouvantable: cela avait balayé les rues et tellement gonflé les ruisseaux, qu'ils débordaient partout sur les trottoirs. La pluie tombait encore, quand M. Denis entra au magasin, l'air soucieux.

— Et les marchandises qui étaient à découvert dans la cour? demanda-t-il.

— Ah! je ne sais pas, répondit un employé, personne ne m'a dit de m'en occuper; l'averse est arrivée si vite...

M. Denis traversa le magasin rapidement, se dirigeant vers la cour aux marchandises. Il y trouva Pierre.

— Rien n'a souffert, monsieur, lui dit celui-ci, devinant tout de suite la pensée de son patron. Tout était mis à l'abri avant l'orage. Il y avait un moment que je le sentais venir et j'ai immédiatement fait rentrer les caisses.

M. Denis eut un mouvement de soulagement. — Allons, dit-il, vous n'avez pas perdu votre matinée.

Il le prit alors par le bras et l'emmenant dans son bureau :

— Je vous ai mal reçu ce matin, lui dit-il; n'y pensez plus. Je ne vous connais pas encore, mais je crois que nous pourrons nous entendre. Il est possible que mon chef d'expéditions me quitte d'ici deux mois; il me semble que vous sauriez le remplacer. En attendant, mettez-vous à ses ordres, apprenez sa besogne et comptez sur moi; moi je compte déjà sur vous, vous le voyez (fig. 67).

Fig. 67. — Pierre et son nouveau patron.

Mais, vous alliez parler, que vouliez-vous dire?

— Je voulais vous suggérer une idée, monsieur. Pour me mettre rapidement au courant de la maison, je crois que rien ne serait plus pratique que de me charger de toute votre correspondance. Au lieu d'écrire, dictez-moi. Je sais la sténographie, j'écrirai aussi vite que vous parlerez, et, quand je serai seul, je mettrai au net ce que vous aurez dicté.

— Mais, mon ami, vous commettrez des erreurs; vous ne connaissez jusqu'ici rien ni personne.

— Je me tromperai les premiers jours; mais plus tard, je ne me tromperai pas. Et, en deux mois, j'aurai vu passer les noms de tous les clients, de tous les fournisseurs, de tous les lieux de provenance. Ce sera une fameuse école.

— Oui, cela me semble bien conçu. Essayons. Nous commencerons demain.

Pierre se retira au comble de la joie.

CHAPITRE XXXVII

Une bonne précaution : la surveillance des débiteurs et du contentieux*.

L'après-midi se trouva convenablement remplie et cette première journée tirait déjà à sa fin. On ne voyait plus assez pour écrire et, en attendant la lumière, le caissier accoudé, à la porte, causait avec un des employés.

Un vieux passait à ce moment.

— Bonjour, monsieur Fournier, lui dit le caissier (fig. 68); et, se tournant vers l'employé : En voilà un qui doit au patron pas mal de billets de mille.

— Eh bien, fit le commis, le patron aura de la chance, s'il voit la couleur de son argent. On me disait hier qu'il est dans de mauvaises affaires. Il joue à la **Bourse** et partie de sa fortune a dû y passer. Maintenant, on dit bien des choses qui ne sont pas toujours vraies.

LEÇON DE CHOSES : **La Bourse du commerce.** — La Bourse est un endroit où, dans les villes commerçantes, se réunissent les principaux commerçants, chaque jour, à la même heure. Là ils s'entretiennent des choses de leur métier et

— Je n'en ai rien entendu dire, répliqua le caissier, et en tous cas, le patron ne savait pas cela, il y

Fig. 68. — Bonjour, monsieur Fournier.

a huit jours; car, il y a huit jours précisément, on lui a livré une forte commande.

du prix des marchandises; ils font des affaires ensemble, l'un proposant de vendre certains produits, l'autre offrant de les acheter. Un bâtiment spécial est affecté à cette réunion. Ce bâtiment s'appelle la Bourse. Dans les grandes villes comme Paris, Lyon, Marseille, Bordeaux, le nombre des commerçants est si considérable que la Bourse ne pourrait les contenir tous au même moment et que, même s'ils étaient tous présents, il leur serait difficile de se joindre et de s'entendre. Alors voici comment on procède pour permettre à ceux qui le désirent de se rencontrer et de traiter à l'aise de leurs affaires.

Chaque genre de commerce choisit une heure particulière pour ses réunions; le commerce des grains se réunit par exemple à midi, le commerce des cuirs, à deux heures, le commerce des alcools à trois heures, etc. A l'heure dite, tout le monde se rassemble.

Ce bout de conversation que Pierre entendit parfaitement, vu qu'il se trouvait à deux pas de la porte, le fit réfléchir. Ici, ce n'était plus comme chez le père

---

Il n'y a là que les représentants d'une seule partie et cependant ils sont encore si nombreux qu'ils n'arrivent pas à pouvoir tous s'aborder pour se communiquer leurs offres de vente ou d'achat. Alors ils ont imaginé de choisir quelques-uns d'entre eux, qui serviront d'intermédiaires communs, à qui ils viennent tous remettre leurs offres pour qu'ils les crient à haute voix, de façon que tout le monde entende.

M. Durand veut vendre 1000 sacs de farine. Il va trouver l'un des intermédiaires, qu'on appelle un *courtier d'échanges*, ou encore un *agent de change*, et il lui dit : « Annoncez que je suis vendeur de 1000 sacs de telle marque * à tel prix. » Aussitôt le courtier crie à haute voix : « Je vends 1000 sacs de telle marque à tel prix. » Il attend une réponse ou, comme on dit, une offre; dès qu'il l'a, il prévient M. Durand. Et le marché est conclu.

Il n'est pas nécessaire que M. Durand soit présent à la Bourse. Il peut écrire ou télégraphier au courtier. Il peut même se dispenser de lui fixer un prix; il peut se contenter de lui donner l'ordre de vendre dans les meilleures conditions, ou, comme on dit, *au mieux*, ou encore de vendre au *cours moyen* de la journée. Voici comment s'établit le cours moyen. Il s'est vendu, je suppose, 100 hectolitres de blé à 16 francs, 250 à 16 fr. 75, 300 à 15 fr. 80. Ces prix sont recueillis par les secrétaires des courtiers. On les divise en trois séries : prix le plus élevé, 16 fr. 75; prix le plus bas, 15 fr. 80, et prix moyen, qui est le résultat d'un calcul où l'on tient compte des quantités et des prix et qui, dans l'hypothèse * présente, ressort à 16.19 l'hectolitre.

Ces prix sont ensuite imprimés et publiés dans un journal spécial, qui s'appelle *La Cote * officielle de la Bourse*. A ce journal, tous les grands commerçants sont abonnés, en sorte que même s'ils n'ont pu assister à la réunion, ils savent que les blés se sont vendus tels et tels prix. Et ils peuvent, pour le lendemain, donner des ordres à leur agent de change en connaissance de cause.

Ainsi, grâce à l'institution des *courtiers* ou *agents de change*, et grâce à la publication de la *Cote officielle de la Bourse*, un commerçant peut de loin suivre les fluctuations * du marché et soit acheter, soit vendre *même sans être présent*.

Cela est singulièrement commode pour les commerçants, et pour les propriétaires qui habitent loin des villes où se font les grosses affaires.

Gérard; on vendait moins au comptant qu'à crédit; les clients avaient des comptes ouverts; de temps à autre, ils remettaient un acompte ou bien l'on faisait

---

Mais il y a mieux. On peut vendre et acheter non seulement sans avoir besoin d'être présent, mais sans avoir actuellement les produits qu'on offre de vendre, sans avoir actuellement l'argent avec lequel on paiera les produits achetés.

Je suis marchand de grains. Au mois de juillet, à la veille de la moisson, je n'ai plus de blé en magasin que pour trois mois. Je dois m'assurer de nouveaux approvisionnements. Je vais trouver un grand propriétaire et je lui dis : « Vendez-moi votre récolte de cette année à tel prix. — Mais la moisson n'est pas faite? — Fixons toujours le prix, vous ne me livrerez la marchandise que quand le blé sera moissonné et battu. » Et ainsi, deux mois d'avance, il me vend son blé.

Maintenant, puisqu'il y a une Bourse des grains, au lieu d'aller trouver le propriétaire, je vais trouver le courtier et je lui dis : « Achetez-moi, à tel prix, 10 000 sacs de blé livrables dans deux mois. » Et le marché se conclut par l'intermédiaire du courtier, sans que j'aie vu le vendeur, sans que ce vendeur ait en main le blé qu'il vend, sans que moi, acheteur, j'aie en main l'argent qu'il faut pour le payer. C'est ce qu'on appelle un *marché à terme* : dans deux mois le vendeur aura fait la moisson, dans deux mois il me livrera ce blé; d'ici à deux mois, je me serai procuré l'argent et, au bout des deux mois, je paierai contre livraison.

Tout cela est extrêmement commode. Avec une pareille organisation du commerce, on est sûr de ne jamais plus manquer de blé, de n'être jamais plus exposé à la famine.

Maintenant, il y a des gens qui poussent les choses trop loin et qui *spéculent*[1]. Ils ne sont ni propriétaires ni marchands; ils n'ont pas de blé à récolter et ils n'ont pas de clients à qui le revendre. Et cependant ils en achètent et ils en vendent. Voici pourquoi.

A la veille de la moisson, le blé vaut 16 francs l'hectolitre. Si la moisson est très abondante, le blé vaudra moins cher, il peut tomber, par exemple, à 15 francs. Si, au contraire, la moisson est médiocre, le blé sera rare et pourra valoir 17 francs. Prévoyant cela, M. Masson, dès le mois de juin, achète 80 000 hectolitres de blé : 80 000 hectolitres de blé à 16 francs valent 1 280 000 francs. M. Masson n'est pas marchand; il n'a pas de clientèle à qui il puisse revendre ces 80 000 hectolitres. D'autre part, il n'a pas à lui 1 280 000 francs. S'il lui fallait payer seulement 80 000 francs, il ne le pourrait pas; aussi n'a-t-il l'intention ni de prendre livraison des 80 000 hectolitres, de les lever[2], comme on dit, ni encore moins de les payer. Il a, depuis quelques

traite sur eux. Et quelquefois les traites revenaient impayées, et c'était souvent autant de perdu. D'où cela venait-il ?

De ce qu'ordinairement on ne surveillait pas les comptes d'assez près. Sans doute, il y avait dans la maison une comptabilité très bien tenue. Et Pierre se souvenait du père Gérard, qui répétait si souvent : *La première règle d'économie est une bonne tenue de livres.* Mais ces livres, on avait beau les tenir avec soin, on ne pouvait être là tous les jours à les feuilleter. Et il arrivait parfois qu'on laissait trop grossir le découvert * de certains clients.

Et, se disait Pierre, si l'on pouvait dresser, sur une seule feuille, une sorte de tableau, où l'on inscrirait le sommaire de chaque compte, ce tableau, qu'on aurait toujours devant les yeux, serait comme un résumé de la comptabilité, et permettrait de voir d'un seul coup d'œil où l'on en est avec ses différents

---

semaines, pris des renseignements à la campagne, et il a appris que la récolte serait probablement une récolte médiocre, que le blé serait rare, et qu'il vaudrait 17 ou 17 fr. 50 l'hectolitre. Il espère donc, d'ici à trois mois, de juin à août, revendre ces mêmes 80 000 hectolitres au moins 17 francs l'hectolitre, et gagner ainsi, sans bourse délier, 80 000 francs.

Si ses prévisions sont justes, si la récolte est médiocre, M. Masson gagnera effectivement 80 000 francs. Mais s'il s'est trompé, si la température a amélioré l'état de la récolte, si cette récolte est plus abondante qu'on n'aurait cru, alors le blé, au lieu de monter, baisse ; de 16 francs, il tombe à 15 francs, et M. Masson perd 80 000 francs. Ces 80 000 il ne les a pas ; il ne peut donc payer ce qu'il doit. On l'exécute * : il est à la fois ruiné et déshonoré. Nous ne le plaindrons pas.

Il existe non seulement des *Bourses du commerce*, mais des bourses de valeurs (*V. leçon*, p. 240), où l'on spécule comme dans les autres bourses, avec plus de danger encore.

Enfin, il existe aussi des *Bourses du travail*, où se rencontrent les patrons qui ont besoin de travailleurs (ouvriers, employés, etc.) et les travailleurs qu cherchent des places,

clients. On saurait, sans avoir à le rechercher, ceux en qui on peut avoir confiance et ceux dont il faut se méfier.

Et plus il y pensait, plus il trouvait son idée pratique. Il faudra que j'en parle à M. Denis ce soir même, se dit-il. Justement, je ne suis pas très occupé en ce moment : ce serait tout à fait mon affaire.

Il attendit donc qu'il vit son patron libre pour aller le trouver.

— Eh bien, Pierre, vous avez quelque chose à me demander? lui dit M. Denis.

— Oui, monsieur; je voudrais vous parler d'une idée qui m'est venue tout à l'heure.

— Voyons!

— Puisque la besogne ne presse pas en ce moment, dit Pierre, et que le service de la correspondance ne m'occupera guère plus de deux heures par jour, je me suis demandé si je ne vous serais pas utile, en surveillant vos comptes débiteurs et votre contentieux.

Je ne me serais certes pas permis de regarder vos livres, mais j'entends ce qui se dit; ne faites-vous pas de gros crédits? et vos débiteurs sont-ils tous très solvables *?

— Nous vendons beaucoup à découvert *, dit M. Denis; c'est une habitude de la maison.

— Comment donc se justifie-t-elle?

— Elle a son bon côté. Un client qui ne doit rien est maître de sa clientèle. Il peut la porter où bon lui semble. Mais s'il me doit 2000, 3000, 5000 francs, alors c'est moi qui suis son maître : je lui interdis d'aller ailleurs que chez moi; je suis son fournisseur obligé; il faut qu'il m'achète à moi et qu'il m'achète tout : les articles qui donnent de gros bénéfices comme les épices, les conserves, et ceux qui n'en donnent que peu, comme le sucre et le chocolat. De cette façon, je suis sûr de lui et mon chiffre d'affaires se maintient.

— J'entends bien, monsieur; mais, si ce qu'il vous achète, il ne vous le paie pas, alors c'est autant de perdu. Et je ne dis pas que vous ayez beaucoup de clients peu solvables, mais enfin vous en avez; vous leur faites de gros crédits; il serait peut-être bon de les surveiller.

— S'il faut passer tout son temps à surveiller, on n'en a plus pour faire autre chose.

— Eh bien, monsieur, si tous les mois, tous les quinze jours par exemple, ou même toutes les semaines, je vous présentais un tableau des opérations que vous avez faites avec chacun de vos clients, d'un simple coup d'œil vous seriez constamment au courant de leur position.

Et il lui expliqua les avantages qu'il voyait à ce système.

— Oui, c'est une idée que vous avez là, mon ami, s'écria M. Denis, une idée très pratique et qui me convient beaucoup.

— Alors, monsieur, puisque vous m'y autorisez, je me mettrai à la besogne dès demain.

Le lendemain, en effet, Pierre entreprit son nouveau travail, et, au bout de peu de temps, il put apporter à M. Denis le tableau en question, exact et complet.

— Oui, c'est bien présenté; c'est très clair, fit M. Denis, en examinant les feuilles que Pierre posa devant lui et où il avait aligné de la façon suivante les opérations de toute une année :

Clients.

Opérations depuis le 15 octobre 1894 jusqu'au 15 octobre 1895.

	Chiffre d'affaires.	Sommes payées.	Sommes restant dues.
Barreau......	1000 fr.	250 fr.	750 fr.
Durand......	450	400	50
Fournier.....	10 000	4100	5900
Picot.........	800	800	»

Et ainsi de suite, pour les autres personnes avec qui la maison Denis était en affaires.

Il y avait de bons clients, comme il y en avait de médiocres.

— Oui, c'est un travail qui me rendra service, dit M. Denis, et je suis étonné de n'avoir pas encore pensé à le faire faire. Nous allons étudier tout cela avec soin. Il y a là certains clients qu'il ne faudra plus perdre de vue. Et il se mit à les « peser » les uns après les autres. *Barreau* : sur 1000 en a payé 250 ; ce n'est pas absolument satisfaisant, mais il suffit de lui rafraîchir la mémoire. *Durand* : sur 450 francs, a payé 400, bon ! celui-là paie régulièrement. *Fournier* : sur 10 000 francs, en a payé 4100. Ah ! celui-ci m'inquiète.

Et, se renversant sur son fauteuil, il resta un moment sans rien dire, l'air préoccupé (fig. 69).

— Êtes-vous bien sûr qu'il soit solvable, ce Fournier ? demanda Pierre, qui se rappelait très bien le nom prononcé la veille par les deux employés.

— Il y a huit jours, je vous aurais répondu oui, sans hésitation ; mais, depuis quarante-huit heures, j'ai entendu dire par plusieurs personnes qu'il vient de perdre beaucoup d'argent.

Pierre ne répondit plus rien et M. Denis continua son examen. Quand il l'eut terminé, Pierre lui dit :

— Trouvez-vous utile, monsieur, que je complète ce travail en allant voir les clients douteux.

— Je considère cela non seulement comme utile, mais pour quelques-uns comme indispensable, répondit M. Denis. Quant à ce Fournier, il va falloir

Fig. 60. — Se renversant dans son fauteuil, il resta un moment sans rien dire.

prendre sur son compte des renseignements minutieux et sans tarder. Aujourd'hui même, je m'en occuperai.

Et maintenant je vais vous donner les indications nécessaires pour que vous alliez voir les autres.

CHAPITRE XXXVIII

Une idylle * au magasin.

Le résultat de cette mission ne fut pas défavorable à Pierre; car il permit à M. Denis de constater que son jeune diplomate, comme il l'appelait, joignait beaucoup de tact à un jugement très sûr.

Et plus il le connaissait, plus il l'appréciait.

Les mois et les années se passèrent. Pierre travaillait toujours avec la même ardeur et la même intelligence. Il était depuis longtemps chef des réceptions et des expéditions, directeur du **contentieux**, parfois caissier; sans compter que M. Denis le consultait sou-

---

LEÇON DE CHOSES : **Le contentieux.** — Contentieux vient du mot latin *contendere, contentio*, prétention, dispute : ce qui fait l'objet d'une difficulté. Dans les affaires, on appelle *contentieux* les affaires sur lesquelles les deux parties sont en désaccord et qui menacent d'aboutir ou qui déjà ont abouti à un procès.

Je vous ai prêté 1000 francs; vous devez me les rendre le 1er juin. Le 1er juin, je ne reçois rien; je vous écris, je vous presse, je vous menace d'une assignation (*V. leçon*, p. 15); finalement, je vous assigne : voilà une affaire contentieuse.

Je vous ai commandé 100 pièces de soie pareille à un échantillon que je vous ai fourni. Quand vous me les livrez, je m'aperçois qu'il y a une différence. Je vous avertis que je ne les accepte pas. Si vous êtes de bonne foi, vous me répondrez : Retournez-les-moi; l'affaire est alors réglée. Si vous êtes chicanier, vous pourrez me dire : La différence est insignifiante; alors un différend * surgit entre nous et voilà encore une affaire contentieuse.

Dans toutes les maisons importantes, il existe, si elles sont bien tenues, un employé spécialement chargé du contentieux. Il renseigne le patron sur la marche à suivre. Il surveille, il suit les affaires contentieuses, il en hâte les solutions. Généralement, le chef du contentieux, dans les grandes maisons, est un avocat; dans les maisons moins considérables, c'est un simple employé, plus intelligent que les autres pour ces sortes d'affaires; le plus souvent, c'est le patron.

D'une façon générale, il faut dire qu'il est préférable que le patron ne surveille pas lui-même son contentieux. Le patron doit surveiller l'ensemble des affaires et non une seule branche de ces affaires. Le contentieux est très absorbant : il prend beaucoup de temps au patron. De plus, le patron peut céder aux sollicitations de ses débiteurs et, pour ne pas perdre ce qu'il a engagé dans une affaire contentieuse, se laisser entraîner à y mettre encore plus d'argent. Or, c'est là une mauvaise méthode. Les hommes sages disent qu'il « ne

vent. Sa situation était devenue considérable et il finit par avoir toute autorité sur les employés.

— Voilà trois ans qu'il est chez moi, disait un jour M. Denis, et, de plus en plus, je constate que le père Gérard avait raison. C'est un sujet exceptionnel. Mes employés l'adorent, pourtant il ne plaisante pas avec la besogne, il est même assez raide.

— Mais non, mon père, il n'est pas raide, disait Mⁿᵉ Denis, il est, au contraire, très bon pour les employés.

— Oh! je ne dis pas qu'il ne soit pas bon, ma fille, loin de là. Ce qu'il y a de sûr, c'est qu'il m'est précieux. Je me rappelle encore que, quand il est entré, je l'ai reçu comme un chien dans un jeu de quilles; aujourd'hui, s'il fallait m'en séparer, je serais bien embarrassé et bien désolé.

Peut-être Mⁿᵉ Louise pensa-t-elle comme son père; elle ne le dit pas. Elle se contenta de sourire et elle entra dans le sombre magasin, comme un rayon de soleil (fig. 70).

Depuis six mois environ, Mⁿᵉ Louise remplissait près de son père les fonctions de caissière adjointe, de sorte qu'elle était très bien placée pour pouvoir apprécier le personnel en général.

C'était une belle jeune fille de dix-neuf ans, un front bien développé, une bouche souriante, des yeux limpides et pleins de franchise, l'air intelligent et animé. Son père prétendait plus tard, si cela lui plaisait, la marier à un commerçant. Avec un commerçant de son choix, bien entendu. Mais, disait-il, ce

---

faut jamais courir après son argent ». Ils veulent dire par là que, quand une affaire est mal engagée, il faut la liquider au mieux et chercher dans de nouvelles affaires meilleures une compensation aux pertes subies.

ne sera pas tout que d'aimer le commerçant, il faut aussi aimer le commerce. Et, pour cela, il faut de bonne heure en prendre l'habitude. Et voilà pourquoi depuis quelques mois, Mlle Louise descendait et res-

Fig. 70. — Mlle Denis entra dans le sombre magasin, comme un rayon de soleil.

tait chaque jour au magasin. Elle ne s'y déplaisait pas, au surplus.

— Vraiment, disait son père, cette fille-là est taillée pour le commerce ; elle a de l'ordre, elle aime le travail et elle s'intéresse aux affaires.

Il aurait pu ajouter qu'elle s'intéressait aussi au principal employé.

Ce garçon aimable et sérieux, toujours actif et toujours enjoué, et d'ailleurs bien tourné, ne pouvait pas déplaire à une jeune fille. Et il faisait plutôt en sorte de lui plaire. Les mille incidents de la vie commerciale les mettaient constamment l'un près de l'autre.

— Mademoiselle Louise, l'effet Breton a-t-il été payé?

— L'effet Breton? oui; payé le 15 courant, monsieur Pierre.

— Merci, mademoiselle.

— Monsieur Pierre, c'est bien 50 000 kilogrammes de sucre que l'on a commandés!

— 50 000, oui, mademoiselle.

— C'est qu'ils arrivent ce soir; il faudrait aller les chercher au chemin de fer.

— Je le sais, mademoiselle, monsieur votre père déjà m'en avait donné l'ordre. Et, j'y pense, il m'a dit aussi de vous avertir que je dînerais ce soir avec vous, à moins que cela ne gêne madame votre mère ou vous, mademoiselle Louise.

— Cela ne nous gêne jamais, monsieur Pierre.

Je vous assure que M. Pierre, après cela, ne boudait pas à la besogne.

CHAPITRE XXXIX

La main-d'œuvre et les machines.

Était-ce dû à Pierre ou seulement au hasard, je n'oserais le décider, mais les affaires de M. Denis prospéraient; ses magasins étaient devenus trop étroits et ses commis trop peu nombreux. Il lui avait fallu prendre un nouvel homme de peine et louer dans les environs des magasins nouveaux, un magasin à sel, rue du Nord, et un magasin à sucre et à café, rue Neuve.

Cela faisait assez l'affaire des commis. A tour de rôle, ils prenaient la brouette ou la voiture à bras et s'en allaient doucement et, bien doucement, s'en revenaient, flânant par les rues, faisant ici et là un bout de causette et, en somme, gaspillant, comme disait Pierre, qui se souvenait de la leçon du vieil Auguste le tonnelier, gaspillant le temps du patron.

M. Denis n'était pas sot. Il l'avait bien montré en prenant Pierre chez lui et en adoptant si souvent, sans vanité, les idées d'un si jeune garçon. Quand il eut loué ces magasins rue du Nord et rue Neuve, il ne fut pas long à s'apercevoir que cela nuisait à l'exacte discipline du personnel.

— Ce qu'il me faudrait, disait-il à Pierre, c'est un nouveau magasin attenant à celui-ci. Ou plutôt, c'est une maison tout entière, que je relierais à la maison actuelle. Dans notre commerce, il y a des denrées qui veulent être au frais, d'autres au sec, d'autres à une température moyenne; en sorte qu'on peut les loger suivant les cas, à la cave, au rez-de-chaussée ou au grenier.

— Il y a bien, fit Pierre, cette auberge du *Cygne-Blanc* qui est à vendre, et qui ferait votre affaire.

— Oui, monsieur le millionnaire, mais ils en veulent un prix fou.

Je sais bien que ce serait commode. Je mettrais mon sucre au premier étage : avec un monte-charge bien établi (fig. 74), cela ne donnerait pas plus de besogne qu'au rez-de-chaussée; dans les chambres de voyageurs, j'établirais comme autant de rayons de confiserie, de mercerie, de brosserie, etc.; cela nous éviterait la confusion actuelle.

— Et dans la cave de l'auberge, monsieur, savez-vous ce que vous pourriez faire ? Eh bien, vous pourriez y mettre votre dépôt d'huile ; vous y descendriez en fûts les hectolitres et les demi-hectolitres que vous vendez entiers à vos gros clients, et pour les autres,

Fig. 71. — Je mettrais mon sucre au premier étage, avec un monte-charge bien établi.

pour ceux qui vous achètent par 10 litres, par 20 litres, vous feriez établir de vastes récipients *, contenant 800, 1000 litres, 1200 litres, des récipients en fer-blanc, ou en tôle bien étamée ; vous les placeriez près du soupirail et, quand votre huile arriverait du chemin de fer, vous n'auriez qu'à approcher les camions du soupirail ; à l'aide d'un tuyau-siphon *, vous pourriez transvaser l'huile directement des tonneaux dans les récipients, et ce serait une fameuse économie de temps et de peine.

— Sans compter, dit M. Denis, que le magasin serait plus facile à tenir propre.

— Et puis, continua Pierre, tout à son idée, il nous resterait encore la cour de l'auberge. Cette cour, voyez-vous, mademoiselle, fit-il à Louise, qui venait d'entrer, cette cour sur laquelle ouvriraient tous vos magasins, le magasin actuel et vos magasins nouveaux à sucre, à café, etc., on la ferait couvrir. Et alors on y installerait une de ces machines si commodes qu'on a maintenant, qui tiennent si peu de place et économisent tant de monde, un moteur à gaz qui mettrait en mouvement un brûloir à café, un moulin à farine de lin, que sais-je, moi. Ah! on aurait vite rattrapé son argent. Et quant à moi...

— Et patati et patata. Voilà M. Pierre parti comme un jeune cheval et qui se croit déjà arrivé au but. A ces beaux projets d'installation, il ne manque qu'une chose : que la maison soit à nous. Et alors, adieu, veau, vache, cochon, etc.

— Possible, monsieur; reste à savoir si cette maison, vous ne feriez pas bien de l'avoir à vous. Ce n'est pas moi qui en ai eu l'idée, c'est vous, Mlle Louise en est témoin. Mais cette idée, je la trouve si bonne que je la défends maintenant contre vous-même. Ce n'est pas seulement avec de la prudence, c'est aussi avec de la hardiesse qu'on fait du commerce.

— Oui, c'était bien l'avis de mon ancien patron, M. Guerrier, du Havre, qui ne s'entendait pas trop mal aux affaires, celui-là.

— Quel commerce faisait-il?

— Il faisait le commerce de coton. Mais je vous ai peut-être déjà raconté son histoire.

— Non, monsieur, fit Pierre, qui l'avait déjà entendue deux ou trois fois, et échangea à cette occasion un sourire avec Mlle Louise.

— Eh bien, je vais vous la dire. M. Guerrier achetait du coton aux États-Unis. Quand la guerre de

Sécession * éclata, tout le monde crut que ce serait l'affaire de quelques mois au plus. Mais lui sentit que cette lutte pour l'abolition de l'esclavage serait longue. Il s'en alla aux Indes et acheta tout le coton qu'il put trouver. Qu'arriva-t-il? C'est que quand personne n'avait plus rien sur nos marchés, lui, détenait un stock considérable et fit des affaires d'or.

LEÇON DE CHOSES : **Le stock.** — Le mot **stock** est un mot anglais qui a plusieurs significations : il veut dire capital d'abord, ensuite fonds d'État; il veut dire encore : marchandises en magasin. Quand on dit : travailler pour le stock, cela veut dire fabriquer des marchandises qui ne sont pas vendues d'avance et qui, par conséquent, vont d'abord de l'usine au magasin, où les acheteurs viendront plus tard les examiner et les choisir.

Depuis une vingtaine d'années, l'industrie, dans tous les pays, a pris l'habitude de travailler pour le stock. Vous comprendrez pourquoi, quand vous aurez lu l'histoire très abrégée d'une industrie. Prenons l'industrie du tissage.

Autrefois, le tissage de la toile, par exemple, était confié à un artisan, qu'on appelait un tisserand. Dans les départements où viennent les plantes textiles, chaque famille récoltait un peu de chanvre ou de lin. Durant les soirées d'hiver, les femmes de la maison filaient; puis le fil était confié au tisserand du village, qui en faisait de la toile. Le tisserand travaillait toujours *sur commande* : on lui donnait les matières premières, il rendait le tissu; il n'avait jamais de marchandises en magasin.

Peu à peu, il arriva que certains tisserands, plus riches que les autres, achetèrent eux-mêmes des fils de lin ou de chanvre. Ils les gardaient en magasin, attendant que des clients vinssent leur commander de la toile; ils se mettaient alors à fabriquer cette toile, de la qualité et de la longueur demandées, puis, dès qu'elle était achevée, la livraient au client.

Un peu plus tard encore, on fit un nouveau pas en avant. Il y avait des clients pressés, qui voulaient de la toile tout de suite et n'avaient pas le temps d'attendre qu'on leur en fabriquât exprès pour eux. Pour satisfaire ces clients, les tisserands prirent l'habitude de fabriquer d'avance un peu de toile. Naturellement, ils fabriquaient de la toile de la qualité qui était la plus fréquemment demandée. Ceux qui voulaient certaines qualités exceptionnelles étaient toujours forcés de les commander exprès.

A cette époque — cela remonte à environ cinquante ans —

Ce n'est déjà pas trop bête, cela, n'est-ce pas? Mais il fit mieux. Les cotonniers qu'il avait achetés aux Indes, se trouvaient dans le centre du pays, loin de la côte, par conséquent; et comme le coton est une

Fig. 72. — Un esclave du temps des planteurs.

marchandise encombrante, comme les fardeaux en ce pays-là se transportent à dos d'homme ou d'animaux, le transport jusqu'au navire lui revenait fort cher. Il

il y avait un très grand nombre de petits ateliers de tissage. Partout où l'on récoltait le lin et le chanvre, il s'installait des tissages, qui approvisionnaient la clientèle des environs. Déjà, vous venez de le voir, ils travaillaient autrement que sur commande; ils fabriquaient à l'avance; ils avaient des marchandises en magasin pour les acheteurs qui voulaient avoir de la toile tout de suite. Mais ce n'est pas encore là ce qu'on appelle fabriquer pour le stock.

On ne commença à fabriquer pour le stock que le jour où l'on introduisit en France la toile de *coton*.

Le *coton* est une plante originaire des pays chauds : Inde, Égypte et surtout Amérique. Elle donne un fil extrêmement fin, qui se tisse facilement. Elle est très bon marché, trois ou quatre fois moins chère que le chanvre et surtout que le lin. A cause de son bas prix, la toile de coton fut recherchée

eut alors l'idée de faire comprimer son coton à la presse hydraulique *, ce qui lui permit naturellement de charger de grandes quantités sous un petit volume.

---

des gens qui ne sont pas riches. Il se créa bientôt en Angleterre et en France des industries pour la filature et le tissage du coton.

Mais le coton ne se trouve pas, comme le lin et le chanvre, dans notre pays; on le fait venir de loin. De plus, la toile qu'on en tire se vend si peu cher qu'il en faut fabriquer beaucoup dans un seul jour pour gagner un peu. Pour ces raisons, on ne put songer à faire tisser le coton par le tisserand du village. D'abord on inventa des machines, des métiers * mus *mécaniquement*, qui travaillent extrêmement vite et produisent en un seul jour plus qu'un homme n'aurait *à la main* produit dans une semaine; et ces métiers, on les rassemble par centaines dans de grands bâtiments, qu'on appelle des *usines*. Ces usines furent bâties, non pas au hasard, sur n'importe quel point de la France, mais dans des régions qui présentaient l'une de ces deux conditions : ou bien d'être tout proche d'un port de mer, dans lequel arriverait facilement le coton, ou bien d'avoir à proximité une force motrice à bon marché. Or, la force motrice, c'est tantôt une chute d'eau (comme on en voit près des moulins) et tantôt la vapeur, produite par la combustion de la houille, et activant des machines! En conséquence, les usines à tisser le coton s'établirent, en France, principalement : dans les Vosges, où il y a de nombreuses chutes d'eau, dans le Nord, où il existe des mines de houille considérables, enfin en Normandie, à proximité du Havre, le port de mer français le plus voisin de l'Amérique.

Étant ainsi placées seulement sur quelques points déterminés, ces usines devaient néanmoins alimenter de toile de coton tout notre pays. En conséquence, elles ne pouvaient plus attendre que les acheteurs vinssent choisir les qualités qu'ils souhaitaient. Elles travaillèrent d'avance, fabriquant des toiles de tous genres, et ainsi les industriels en eurent toujours d'avance en magasin. Une grande usine ne peut pas s'arrêter. Elle travaille tous les jours. Un patron qui emploie 1000 ouvriers a, par jour, 8 ou 9000 francs de frais généraux (*V. leçon*, p. 103); s'il laissait arrêter l'usine, il perdrait chaque jour ces 8 ou 9000 francs. Il travaille donc sans aucune interruption, sauf les dimanches et jours de fêtes. Si les marchands de toile de coton lui font d'avance des commandes de certaines qualités, de certains types, il travaille sur commande; sinon, il travaille *pour le stock*.

Il est assez périlleux de travailler pour le stock : car on

et d'effectuer ses transports à beaucoup moins de frais.

— Ah ! ça, dit Pierre, c'est du vrai commerce, bien compris. Mais outre la hardiesse et la prévoyance, il a fallu à ce monsieur autre chose : l'instruction et le sens des affaires publiques. S'il a prévu la durée de la guerre, c'est qu'il avait étudié les causes premières de cette guerre, et qu'il avait suivi attentivement les événements.

— Ah ! voilà bien où nous sommes d'accord, mon ami, s'écria M. Denis enchanté.

Et tandis que Pierre s'éloignait : « Charmant garçon, fit-il, raisonnable, travailleur et intelligent. Il ira loin, s'il ne tient qu'à moi. »

Mlle Louise ne crut pas devoir contredire son père.

CHAPITRE XL

Les achats directs et les achats par intermédiaires.

M. Denis prenait plaisir à causer avec Pierre parce qu'il lui reconnaissait l'esprit vif et ouvert.

Un jour, il le trouva tellement absorbé, qu'il fut

---

ne sait jamais si on vendra ce qu'on a fabriqué. Mais on a remarqué que les industriels qui travaillent pour le stock sont meilleurs commerçants que les autres : ils font plus d'efforts pour vendre ce qu'ils ont fabriqué ! Ils n'attendent pas que l'acheteur vienne les voir, ils vont eux-mêmes faire des offres à l'acheteur. Beaucoup de gens pensent que si l'Angleterre fait plus d'affaires que nous, c'est parce que ses industriels fabriquent plus que nous pour le stock, et qu'ils s'ingénient davantage à vendre ce qu'ils ont fabriqué.

obligé de lui parler plusieurs fois avant de se faire entendre.

— Mais, à quoi pensez-vous donc? dit-il, en lui frappant sur l'épaule. Vous êtes donc dans les nuages aujourd'hui?

— Non, monsieur, je suis parfaitement sur terre; mais je réfléchissais à une chose dont je voulais justement vous parler. Ce matin, M. Poirier est venu; vous vous souvenez que, ce printemps, vous lui avez fait une très grosse commande de bougies.

— Parfaitement; nous lui en avons pris 50 000 kilogrammes.

— Et il nous l'a comptée 1 fr. 43 le kilogramme, alors que sur nos grands marchés le cours n'était que de 1 fr. 41 le kilogramme. Or, 50 000 fois deux centimes, ça fait mille francs.

— Oui, mon ami, fit M. Denis, ne comprenant pas encore où il voulait en venir.

— Eh bien, je me demande si vous, qui faites, on peut le dire, de grosses affaires, vous ne devriez pas chercher à garder pour vous cette différence que le courtier met dans sa poche.

— Comment faire?

— Monsieur, je suis un peu embarrassé pour vous dire cela; mais il me semble que cette partie de votre maison n'est pas menée comme le reste. Cela tient à une pratique vicieuse que vous avez héritée de votre prédécesseur. Vous vous adressez pour tout à un courtier * d'ici; chaque mois, vous lui donnez des commissions de café, de sucre, de chocolat, d'épices, etc. Aussi, connaissant votre manière de procéder, les grandes maisons, qui pourtant ne seraient pas fâchées de faire des affaires avec vous directement, ne vous envoient plus ni leurs circulaires ni leurs voyageurs.

Moi, à votre place, je voudrais reprendre les achats en gros et directs. Il y a deux moyens pour cela. Aller chaque saison vous-même aux achats dans les grands marchés comme Paris, le Havre, etc., ou, au contraire, avertir les principales maisons que vous êtes désormais disposé à faire affaires avec elles. Chaque procédé a ses avantages. Si vous attendez ici les représentants, vous êtes maître de la situation : quand deux marchands courent après un client, c'est le client qui a le beau rôle et fixe le prix. En revanche, si vous allez aux achats, il peut se présenter telle bonne occasion, dont on ne peut profiter que quand on est sur les lieux et dont vous profiterez comme les autres.

Moi, je ne sais pas ce qui vaut le mieux. Vous le savez mieux que moi. Peut-être pourriez-vous débuter par une sorte de voyage de reconnaissance, aller choisir, pour chaque article, sur chaque marché, un fournisseur plus particulièrement honnête et recommandable et, une fois vos choix faits, attendre, les années suivantes, la visite de leurs représentants.

Quoi que vous fassiez, vous y gagnerez toujours.

Voilà, monsieur, à quoi je réfléchissais. Ne m'en veuillez pas de mon indiscrétion.

— Je ne vous en veux pas, mon ami, dit M. Denis, je vous en suis, au contraire, reconnaissant. J'ai souvent pensé à cela moi-même, mais ce n'est pas commode pour moi de m'absenter.

— Cela ne vous prendrait pas grand temps. Pour aller à Paris et au Havre, par exemple, qui sont les grands marchés du café et du sucre, ce serait au plus 7 à 8 jours. Et pendant ces 8 jours-là, vous savez que votre maison serait bien gardée.

— Oh! je le sais, mon garçon, et j'y réfléchirai; nous en recauserons.

CHAPITRE XLI

Pierre supplée son patron : une grosse affaire, une décision opportune.

Il y réfléchit si bien que, trois semaines plus tard, il était en route pour le Havre. En partant, il avait recommandé à Pierre de lui écrire exactement chaque jour, afin de le tenir au courant de tout.

Et Pierre y manqua d'autant moins, que, deux jours après le départ de M. Denis, se présenta un embarras sérieux.

Mais laissons Pierre expliquer cela lui-même. « A côté de tout ceci, qui marche aussi bien que possible, il est arrivé une complication qui nous a beaucoup embarrassés. On m'a affirmé, mais d'une façon tout à fait confidentielle, que M. Largeot, le **banquier**,

---

Leçon de choses : **La banque.** — Un *banquier* est une personne qui vend du crédit, comme d'autres vendent de la toile ou du charbon.

Vous êtes commerçant. Vous avez une clientèle restreinte *, qui ne fait avec vous que peu d'affaires et ne vous laisse, par conséquent, que peu de bénéfices. Vous voudriez étendre vos affaires. Pour cela, il vous faut : louer de plus vastes locaux, acheter plus de marchandises, engager des voyageurs, des *placiers*, qui tâcheront de vendre à de nouveaux clients. Tout cela peut réussir; mais pour tout cela, il faut de l'argent et vous n'en avez pas. Où en trouverez-vous? chez le banquier.

Vous allez lui exposer vos vues; s'il les adopte, il va vous prêter la somme qui vous est nécessaire. Il vous prête, je suppose, 20 000 francs, remboursables dans cinq ans, à raison de 6 pour cent par an.

avait subi de telles pertes qu'il ne pouvait plus faire face à ses affaires. Je savais que vous aviez 18 000 francs chez lui et j'ai cru devoir avertir ces dames immédiatement.

Mais cet argent qu'il vous prête, où le prend-il? Il a bien sa fortune personnelle. Mais elle ne lui permettrait pas de faire beaucoup de prêts. Supposons qu'il ait 200 000 francs à lui : savez-vous qu'un banquier prête à des centaines de personnes comme vous, et sort ainsi de sa caisse, pendant des années, des centaines de mille, des millions de francs. Où les prend-il? Il les prend dans ses *dépôts*.

Vous avez, vous, besoin d'argent; mais il y a des personnes qui en ont trop et qui cherchent à l'employer. Les uns achètent des maisons, et d'autres des valeurs de bourse (*V. leçon*, p. 240); d'autres le déposent chez le banquier. Ils lui confient leur argent pendant plusieurs années; moyennant quoi le banquier leur paie un intérêt, je suppose, de 4 0/0 par an. Cet argent, qu'on lui confie, qu'on *dépose* chez lui, le banquier peut vous le prêter aussi pendant plusieurs années, et le bénéfice qu'il réalise provient de ce qu'ayant emprunté à 4 0/0, il vous prête à 6 0/0. Sur les 20 000 francs qu'il vous a prêtés, il réalise une différence de 2 0/0 par an, soit 400 francs, soit pendant cinq ans : 2000 francs au total.

Vous trouvez peut-être que c'est beaucoup. Il vous semble que le banquier n'a pas à prendre beaucoup de peine pour gagner ces 2000 francs. Mais songez à ce qu'il risque. Si vous faites de mauvaises affaires, vous ne pourrez pas lui rendre les 20 000 francs qu'il vous a prêtés; lui, néanmoins, devra les rendre à son prêteur : il perd ainsi une somme énorme, et les 2000 francs qu'il exige de vous ne sont qu'une prime d'assurance *, une indemnité du risque qu'il court en vous faisant crédit, en vous confiant (crédit vient du latin *credere, creditum*, croire, confier) cette grosse somme pendant cinq ans.

Ce risque est si considérable que beaucoup de banquiers ne veulent pas le courir. Celui-ci vous a prêté 20 000 francs; mais avant de vous les prêter, il a fait une enquête * sur vous, sur votre habileté, votre honorabilité, etc., et c'est parce qu'il a obtenu des renseignements très satisfaisants, que, tout en sachant qu'il risquait gros, il s'est décidé à vous prêter cette somme.

Cette opération est ce qu'on appelle une *ouverture de crédit*.

Le plus souvent, le banquier refuse de faire une pareille opération. Il préfère lui donner une autre forme.

Au lieu de vous prêter 20 000 francs en une fois, voici ce qu'on aurait pu vous proposer. Au lieu de payer d'un seul coup les

« Mon avis était qu'il fallait sans délai retirer cet argent. Malheureusement, la personne de qui je tenais cet avis m'avait demandé l'engagement de ne pas faire de poursuites contre Largeot. Et Mme Denis,

---

marchandises achetées, vous les auriez payées par acomptes, au moyen de billets à échéances * plus ou moins éloignées. Ces billets, faits à l'ordre de ceux qui vous ont vendu les marchandises, leur banquier à eux les aurait escomptés *; puis, à l'échéance si vous n'aviez pas été en mesure de les payer, il les aurait renouvelés une ou deux fois et peu à peu vous auriez diminué votre dette. Pendant ce temps-là, vous auriez vendu de ces marchandises à vos clients, anciens et nouveaux, qui, à leur tour, vous auraient ou donné de l'argent comptant, ou fait des billets à votre ordre, et ces billets-là, votre banquier à vous, vous les aurait également escomptés et renouvelés. Peu à peu, vos projets d'agrandissement se seraient ainsi réalisés avec un peu plus de frais pour vous, mais avec beaucoup plus de sécurité pour le banquier.

Cette opération s'appelle *l'escompte.*

Le crédit proprement dit et l'escompte, telles sont les deux opérations habituelles des banquiers.

Mais ils en font beaucoup d'autres accessoires, qui consistent à encaisser ou à payer pour vous.

M. Masson, qui habite Marseille, vous doit 2000 francs, à vous qui habitez Paris. Vous priez votre banquier de les toucher pour vous. Il le fait en recourant à des moyens qu'on vous a enseignés ailleurs et qui s'appellent : la lettre de change *, le virement *, etc.

Vous avez, au contraire, à payer 2000 francs à Lyon. Vous priez le banquier de les payer pour vous. Il les paie par les mêmes procédés.

A chaque opération, il prélève un petit bénéfice : s'il a touché 2000 francs, il vous en remettra, par exemple, 1995; s'il les a payés pour vous, il vous en demandera 2005.

Dans certains pays, comme l'Angleterre, un particulier ne paie ou ne touche jamais d'argent directement : c'est son banquier qui touche ou paie pour lui. Le banquier touche les loyers, les coupons * des valeurs et des rentes (*V. leçon*, p. 240), etc., il paie les dépenses courantes. Quand l'Anglais va dans un magasin, au lieu de payer ses achats en monnaie, il les paie au moyen d'un bon, d'un chèque * sur son banquier. Le marchand fait présenter ce chèque à la caisse du banquier et celui-ci remet l'argent. Si le marchand devait se déranger pour un seul chèque, ce serait pour lui une grosse perte de temps. Mais il ne se dérange qu'une seule fois, chaque semaine,

quand je l'eus consultée, ajouta de son côté que vous aviez toujours eu avec M. Largeot d'excellents rapports et qu'il vous serait difficile de le presser vivement à un pareil moment.

« Bien certainement, monsieur, si M. Largeot avait été un ami intime à vous, au lieu d'être une simple connaissance, je n'aurais même pas songé à user de rigueur contre lui, persuadé que vous m'auriez désapprouvé; mais, dans le cas actuel, il me semblait tout indiqué de ne consulter que vos intérêts.

« Enfin ces dames m'ont laissé libre d'agir pour le mieux.

« Je suis donc allé chez M. Largeot à qui j'ai expliqué que je venais de recevoir une dépêche de vous, réclamant de l'argent pour un achat de café que vous désiriez payer comptant, afin de bénéficier d'un escompte de 3 0/0, qu'il me fallait 17 200 francs et qu'il me les fallait de suite.

« Il a' trouvé mille raisons pour me renvoyer les mains vides; alors je lui ai dit que s'il ne pouvait pas me remettre cette somme, qu'au moins, il me donnât des **obligations** * de **chemin de fer**, par exemple, de la compagnie P.-L.-M. (Paris-Lyon-Méditer-

---

le samedi, et son dérangement consiste en ceci : il envoie tous les chèques qu'il a reçus à son propre banquier, qui, lui, se charge de régler les comptes avec ses confrères. Il y a à Londres, à New-York, une grande banque centrale, qu'on appelle *Clearing House* ou *Chambre de compensations*, où les comptes de tous les banquiers se compensent, se règlent ainsi chaque semaine, sans perte de temps pour personne.

Or, sur chaque paiement ou chaque encaissement, le banquier prélèvera un tout petit bénéfice, qu'on appelle une *commission*. Cela constitue une troisième forme d'opération de banque, qu'on appelle *mouvement de fonds*.

Leçon de choses : **Les sociétés de commerce.** — Le siècle actuel est le siècle de la grosse industrie (*V. Chemins de fer*, p. 180, et *Stock*, p. 230). Tout se fait en grand. Au lieu

ranée) où des valeurs* sur lesquelles je pourrais emprunter à la Banque de France. Voyant, je suppose, qu'il aurait de la peine à se débarrasser de moi,

---

d'une voiture à un cheval ou de diligence à trois chevaux, on a des trains entiers qui peuvent transporter 400 voyageurs ou 200 000 kilogrammes de marchandises. Au lieu de petits ateliers de tisserands qui occupaient deux ou trois personnes, on a des usines qui en occupent deux ou trois mille.

Ces entreprises colossales exigent d'immenses capitaux. Rarement un particulier est assez riche pour avoir à lui seul tout l'argent nécessaire. Pour se le procurer, il s'adresse à d'autres personnes, et leur demande leur assistance.

Ces personnes consentent à se joindre à lui. Elles peuvent le faire de diverses manières :

Ou bien, elles s'associent avec lui, apportant non seulement tout leur argent mais encore leur nom commercial et leur travail propre : c'est ce qu'on appelle une *Société en nom collectif*.

Ou bien, elles lui apportent seulement leurs capitaux, une somme déterminée, par exemple 100 000, 200 000 francs et rien de ce qu'elles possèdent au delà : c'est ce qu'on appelle une *Société en commandite*.

Ou enfin elles se contentent de souscrire un certain nombre d'*actions* (*V. leçon* ci-après) pour aider à la constitution du capital social : c'est ce qu'on appelle *société anonyme*.

Cette dernière forme est aujourd'hui la plus usitée. Elle permet de s'adresser même à ceux qu'on ne connaît pas, et de réunir des capitaux énormes. Elle permet, en sens inverse, à des personnes qui n'ont aucune relation dans le commerce ou dans l'industrie, de s'intéresser à ce genre d'entreprises et d'y trouver un placement avantageux pour leurs capitaux.

LEÇON DE CHOSES : **Actions et obligations. — Les valeurs de Bourse.** — Une personne veut fonder une entreprise, sous forme de société anonyme (*V. leçon* précédente, p. 230). Elle veut, par exemple, construire un chemin de fer. Elle n'a pas à elle l'argent qu'il faudrait; elle fait appel au grand public en vue de former une société anonyme au capital de 100 000 000 de francs, divisés en 200 000 **actions** de 500 francs.

Aussitôt, ceux qui ont de l'argent à placer, prévenus par des affiches et par des insertions* dans les journaux, s'enquièrent de ce que doit être ce chemin de fer, des pays par lesquels il doit passer, du trafic* possible, des chances probables de bénéfices, et, si l'enquête est satisfaisante, souscrivent, chacun suivant sa confiance et ses ressources, l'un 10 actions, l'autre 50, l'autre 200. Cela forme ainsi un capital (*V. leçon*, p. 100), qu'on appelle le *capital-actions*.

il se décida à me remettre les 17 200 francs, ce qui va probablement avancer l'époque où il déposera son bilan.

A quoi les engage cette souscription et quel droit leur confère-t-elle? Elle les engage à ceci : à verser pour chaque *action* souscrite, en une ou plusieurs fois, aux échéances * indiquées par les statuts *, la somme de 500 francs par action. Le souscripteur de 10 actions aura à verser au total 5000 francs, le souscripteur de 50 actions, 25 000 francs, le souscripteur de 200 actions, 100 000 francs.

En vertu de ces actions, ils sont propriétaires, c'est-à-dire qu'ils ont une part de la propriété du chemin de fer : de la voie, du matériel, etc., et cette part est proportionnelle au nombre même de leurs actions. Quand le chemin de fer sera fini et sera mis en exploitation, ils se partageront les bénéfices proportionnellement au nombre, ou, comme on dit, au prorata de leurs actions.

Mais il est bien rare qu'un chemin de fer puisse être achevé avec le seul capital-actions. Souvent on rencontre des difficultés imprévues dans la construction ou bien on modifie les plans, ou bien on étend le parcours de la ligne. Il faut plus d'argent qu'on n'avait pensé au début : où le trouver?

On n'ose plus s'adresser au public pour le prier de souscrire de nouvelles actions. Car il faudrait lui faire cet aveu : ce chemin de fer, nous croyions pouvoir l'exécuter avec 100 millions, mais nous nous sommes trompés, c'est à 150 millions qu'il eût fallu estimer la dépense. Devant cet aveu, le public répondrait : « Vous vous êtes trompés une première fois, qui me dit que vous ne vous trompez pas une deuxième? Je n'ai pas confiance en vous. Je ne tiens pas à acheter de nouvelles parts de propriété dans cette ligne. »

Voilà ce que répondrait le public. On le sait d'avance et, au lieu de lui demander de souscrire des actions, on lui demande de souscrire des **obligations**. La différence est grande. Un *actionnaire* est propriétaire; un *obligataire* est créancier; et sa créance est garantie précisément par la propriété des actionnaires, c'est-à-dire par la ligne de chemin de fer, son matériel, etc. On avait d'abord émis * pour 100 millions d'actions, on émet pour 50 millions d'obligations : ces 50 millions d'obligations sont garantis par les objets auxquels on a consacré les 100 millions d'actions. Ces obligations forment le *capital-obligations*. Et dès lors, voici ce qui arrive.

Supposons que décidément l'affaire soit mauvaise. Les obligataires, les créanciers s'adressent à la justice, qui les autorise à saisir * l'*actif*, voie, matériel, etc., et à se le distribuer. Naturellement ils ne peuvent pas se distribuer les rails, les

« Je souhaite bien vivement, monsieur, d'avoir votre approbation. Je serais désolé de vous avoir déplu dans cette affaire.

---

wagons, le sable du ballast, etc. (*V. leçon*, p. 189). Non! ils cherchent à vendre le chemin de fer à d'autres compagnies prospères, et le prix de la vente, ils se le partagent.

Quant aux actionnaires, il perdent tout.

Si, au contraire, l'affaire prospère, sur les bénéfices les obligataires sont payés les premiers. Ils reçoivent l'intérêt de leur argent, c'est-à-dire, suivant ce qui a été convenu, 4 ou 5 pour cent. Le reste des bénéfices est partagé entre les actionnaires. Les actionnaires ont beaucoup risqué, il est donc juste qu'ils gagnent davantage. Ce qu'ils reçoivent s'appelle un *dividende* (de *dividere*, diviser, partager); le dividende varie avec les résultats de chaque année. En conséquence de ce dividende, le prix auquel on peut revendre les actions varie aussi. A l'heure actuelle, dans plusieurs de nos grandes compagnies de chemins de fer, les actions émises à 500 francs valent, c'est-à-dire peuvent se revendre de 1000 à 1500 francs.

Il existe en France 6 grandes compagnies de chemin de fer, le chemin de fer du Nord, de l'Est, de l'Ouest, de Paris à Orléans, de Paris à Lyon et à la Méditerranée, le chemin de fer du Midi. L'État est, en outre, propriétaire d'un septième réseau *.

Le total du capital-actions et du capital-obligations pour les 6 grandes compagnies s'élève à environ 15 milliards.

Ces 15 milliards sont la propriété d'un très grand nombre de personnes, qui, au lieu d'acheter des maisons ou des terres, ont acheté des actions et des obligations. C'est une propriété en général assez sûre et dont la gestion * est bien facile : on n'a rien à faire qu'à toucher l'*intérêt* de ses obligations ou le *dividende* de ses actions.

Obligations et actions sont ce qu'on appelle des **valeurs de Bourse**, c'est-à-dire des valeurs qui peuvent se vendre ou s'acheter à la Bourse (*V. leçon*, p. 214). Le prix auquel elles peuvent se vendre ou s'acheter, ou, comme on dit, leur *cours* *, est constaté chaque jour par une publication spéciale appelée : *Cote officielle de la Bourse*. Du jour au lendemain, je puis en vendre ou en acheter, d'un point quelconque de la France, en donnant un ordre soit aux compagnies de chemins de fer, soit à un agent de change.

Il existe beaucoup d'autres valeurs de bourse : rentes sur l'État, titres du Crédit Foncier, de la Ville de Paris et une foule d'autres. La valeur totale de tous ces titres dépasse actuellement 80 milliards.

« Quoi qu'il en soit, veuillez croire, monsieur, à mon entier dévouement. »

Et il faut dire que M. Denis y croyait absolument. Il savait maintenant quel concours actif et utile il pouvait attendre de Pierre et quand il répondit, ce fut pour lui dire qu'il avait, dans la circonstance, agi sagement.

L'année qui suivit ce premier voyage au Havre, M. Denis se trouva fatigué, assez souffrant même.

— Il vous faudrait du repos, lui dit le médecin, et une bonne saison de Luchon * (fig. 73).

— Vous êtes bien bon, docteur, répliqua M. Denis brusquement; vous me prescrivez du repos et une saison * de Luchon, à moi qui n'ai pas un jour à perdre, comme vous prescrivez des viandes saignantes et du bordeaux à de pauvres diables qui n'ont pas de pain tous les jours. Comment voulez-vous qu'un commerçant fasse une saison de Luchon? vous croyez donc qu'on dirige une maison de commerce à coups de télégraphe. Non, non, une saison de Luchon est impossible.

— Tu n'es pas raisonnable, Denis, lui dit sa femme. Et M. Pierre? Il n'est donc pas capable de diriger la maison pendant trois semaines?

— Il l'a bien dirigée l'an dernier quand tu étais au Havre, fit Mlle Louise, qu'il n'était pas question d'emmener à Luchon; pourquoi ne le ferait-il pas cette année?

C'est une immense richesse. Elle a son bon et son mauvais côté. Le mauvais consiste en ceci : c'est que, dans un pays où il existe trop de valeurs de Bourse, trop de citoyens placent leur fortune de cette manière, et, par suite, se dispensent d'une existence active dans le commerce, l'industrie ou l'agriculture, avec les responsabilités qu'elle entraîne.

Une femme et une fille, renforcées d'un médecin,
devaient venir à bout d'un mari et d'un père, surtout malade et hésitant. M. Denis se laissa donc
convaincre et le voyage fut décidé.

Fig. 73. — Vue des environs de Luchon.

Pendant son absence, tout marcha à souhait; il
recevait des lettres d'affaires très rassurantes et des
lettres de famille très gaies et très heureuses.

Cela lui inspira un projet qui germa dans son esprit,
grandit, se développa et était déjà mûr à l'époque de
son retour.

Quand il revint, gai et bien portant, il déclara qu'à l'avenir il ne se priverait plus de voyages ni de repos, puisqu'il avait un si parfait remplaçant.

— Et puis, fit-il, l'âge vient; il serait temps de faire place aux jeunes. N'est-ce pas, Pierre? fit M. Denis en frappant sur l'épaule de son premier employé interloqué.

CHAPITRE XLII

Pierre associé; Pierre marié; un dernier conseil du père Gérard.

Six mois environ après ce retour, par une belle matinée de printemps, la voiture de M. Denis roulait sur la route d'Auxerre à Saint-Florentin.

Les vignes et les prairies étaient humides de rosée; le soleil n'avait pas encore séché les gouttes pendantes à l'extrémité des branches, et les collines tout au loin étaient noyées de brumes. Mais déjà l'air était plein de chansons; on entendait l'alouette qui gazouillait là-haut dans les nuages, et, dans les bois verdissants, les merles deux à deux se répondaient.

Était-ce la fraîcheur et le charme de cette matinée d'avril, ou bien quelque joie intérieure qui rendait le voyageur de si belle humeur? Ce matin-là, M. Denis était rayonnant.

Ce n'est qu'à Saint-Florentin, devant la boutique du père Gérard, qu'il arrêta sa voiture. « Ah! m'y voici donc! » s'écria-t-il, en se frottant les mains. Il descendit lestement, poussa la petite porte et appela.

L'instant d'après, le père Gérard, rasé de frais, sa sempiternelle calotte noire sur l'oreille (fig. 74), arriva derrière son comptoir.

— Comment, monsieur Denis, c'est vous! fit-il en levant les bras au ciel; quelle bonne surprise! Ah! je suis content de vous voir. Vous allez déjeuner avec nous, j'espère; on ne vous voit pas si souvent.

Fig. 74. — Le père Gérard.

— Oui, père Gérard, je déjeunerai avec vous, si cela ne vous dérange pas trop; car justement j'ai à causer avec vous.

Le temps de mener mon cheval à l'auberge et je reviens ici.

Le père Gérard, pressentant quelque joyeux secret, courut en haut avertir sa femme. Cinq minutes plus tard, on entendait la vieille ménagère dans la cuisine activer son feu et remuer ses casseroles.

M. Denis était un ami ancien; puis c'était une fête de voir quelqu'un qui leur donnerait des nouvelles de Pierre : les braves vieux l'accueillirent avec une joie si sincère qu'il en fut touché.

— Une fois n'est pas coutume, dit le père Gérard, en fermant à clef la porte de la boutique, comme ils se mettaient à table. Puisque vous êtes venu pour causer avec nous, il faut que nous causions tranquilles.

Quand on fut assis :

— Mon bon père Gérard, dit M. Denis, je ne veux pas vous faire languir; il s'agit de Pierre, de votre Pierre, car je n'oublie pas de qui je le tiens, à qui je veux céder ma maison et donner ma fille.

— Ah! monsieur Denis. Et le sait-il déjà, le cher garçon?

— Non, père Gérard, je ne lui en ai point parlé encore. C'est un projet de ma femme et de moi. Ce Pierre, nous nous sommes pris peu à peu à l'aimer, et maintenant, nous en séparer serait un vrai chagrin.

— Pour Mlle Louise aussi?

— Ah! ma pauvre madame Gérard, toute la maison y a passé. En sorte que nous n'avons plus qu'une ressource, c'est d'en faire le mari de ma fille et notre fils à nous.

— Ce cher enfant! ce cher enfant! répétait le père Gérard. Ah! monsieur Denis, c'est une idée, une riche idée, que vous avez là.

— Maintenant, mon père Gérard, voici ce que j'attends de vous. Nous allons ensemble, si vous le voulez bien, filer sur Germigny, nous ferons part de nos projets à la famille de Pierre et, si cela leur plaît, dimanche prochain, d'aujourd'hui en huit, vous viendrez avec eux tous à Auxerre et nous célébrerons les fiançailles * de nos enfants.

— Merci bien, monsieur Denis, nous n'y manquerons pas, dit le père Gérard tout ému.

Et maintenant, ma femme, ajouta-t-il, prépare des verres; moi, je vais à la cave, il faut boire à la santé de ces enfants-là; j'ai en bas quelque chose de vieux et de choisi, qui leur portera bonheur.

Était-ce en effet ce « quelque chose » du brave père Gérard qui leur porta bonheur? on ne le saura jamais. Ce qu'il y a de certain, c'est que trois mois plus tard, quand M. et Mme Pierre Darle vinrent à Saint-Florentin voir leurs vieux amis, ils étaient parfaitement heureux.

Ce jour-là, le père Gérard fit une nouvelle excursion à son caveau; il en rapporta la dernière bouteille d'un vin vieux comme lui, il en versa à chacun

quelques gouttes avec respect, et levant son verre, en
face de Pierre et de sa femme :

Fig. 75. — Je bois à la durée de votre bonheur.

— Pierre, dit-il, et vous, madame, moi qui suis un
vieux, je bois à la santé de votre jeunesse et à la

durée de votre bonheur (fig. 75). Vous allez grandir et prospérer et fonder une famille. Vous occuperez peut-être, un jour, une grande situation dans le monde; quand il s'agira d'établir vos enfants, souvenez-vous de la parole du père Gérard, que rien ne vaut le commerce, et faites-en des commerçants comme vous, *s'ils en sont dignes*.

PARTIE TECHNIQUE

CINQUIÈME PARTIE

LE COMMERCE

CHAPITRE PREMIER

L'échange; la monnaie; le commerce.

Le commerce est né du besoin qu'ont les hommes de leurs semblables. — Le commerce est né avec la civilisation.

L'homme sauvage (fig. 76) peut presque suffire

Fig. 76. — L'homme sauvage.

seul à tous ses besoins. La peau de l'animal qu'il tue lui fournit ses vêtements et ses chaussures; la chair lui fournit son principal aliment. La forêt voisine lui offre du bois pour sa cabane, des feuillages épais pour le toit, des lianes * résistantes en guise de cordes, et cent fruits sauvages pour varier son menu. Mais dès qu'il est un peu civilisé, l'homme ne se contente plus de ces ustensiles primitifs et de cette nourriture grossière. Il veut un abri plus sûr, des vêtements plus commodes, des mets plus appétissants. A ce moment, et quoique ses besoins soient

Fig. 77. — L'homme sauvage portait la dépouille de l'ours.

encore bien limités, il s'aperçoit qu'il est incapable de se procurer seul tout ce qu'il lui faut, et il s'adresse à ses semblables pour qu'ils l'aident à surmonter son impuissance.

Les besoins de l'homme civilisé. — Ce n'est pas tout. Quand l'homme a satisfait ses premiers besoins, d'autres besoins surviennent et s'imposent à lui. L'homme sauvage portait la dépouille du cerf ou de l'ours (fig. 77). L'homme civilisé la remplace par la laine filée et tissée. Mais plus tard, à ce vêtement unique il en veut joindre d'autres : il lui faut une chemise de lin ou de coton, des bas de laine ou de soie, des souliers en cuir tanné * et mégissé *, un pantalon d'une coupe compliquée, un chapeau imperméable, et mille autres objets. Sa demeure ne peut plus être une hutte ou une cabane : ce sera une maison en bois et bientôt en pierres ou en briques, avec plusieurs compartiments ou chambres distinctes, bâtie, pour plus de solidité, sur de fortes assises et, pour plus de salubrité, au-dessus d'une cave voûtée. Son lit, qui jadis était de feuilles séchées, est fait maintenant de sommiers, de matelas, de draps, etc.

Impuissance de l'homme civilisé à satisfaire seul ses besoins. — Cet homme ne peut plus seul fabriquer tant d'objets qui lui sont désormais nécessaires. Il en fabrique bien quelques-uns; mais, pour le reste, il le demande à ses amis, à ses voisins et *échange* ce qu'il a de trop, ce qui lui est inutile, son *superflu,* contre le leur.

L'échange. — Pierre cultive une vigne et produit du vin. Paul cultive un champ et produit du blé. Paul donne à Pierre un hectolitre de blé et reçoit en échange un demi-hectolitre de vin. Ce don réciproque s'appelle un *échange.* Cet échange a pour but de procurer à chacun d'eux ce qui lui manque. Chacun, en recevant ce qui lui faisait défaut et en donnant ce qu'il avait de trop, a fait une bonne affaire. *Cet échange est avantageux pour tous deux.*

Inconvénients de l'échange en nature : l'échange impossible. — Mais l'échange *en nature*, c'est-à-dire objet contre objet, est un moyen primitif, qui, au bout de peu de temps, ne suffit plus à l'homme civilisé.

Dans la forme qui vient d'être décrite, l'échange suppose que les gens avec qui je suis en relations ont là, toute prête à m'être livrée, la chose que je souhaite me procurer par l'échange. Or, souvent cela ne sera pas. Viticulteur, à la veille de faire la vendange, il me faut une cuve en pierre. Pour l'avoir, j'offre bien à mes voisins dix hectolitres de vin, que plusieurs seraient disposés à accepter ; mais nul parmi eux ne possède de cuve en pierre : l'échange, ici, est impossible, *faute d'objet échangeable*.

Seconde impossibilité. J'élève des bœufs ; vous élevez des moutons. Un de mes bœufs vaut huit de vos moutons. Si j'ai besoin de huit moutons, je vous offre un bœuf et l'échange se réalise facilement ; mais s'il ne me faut qu'un seul mouton, je ne puis pas vous offrir un huitième de bœuf. Et, ici encore, l'échange est impossible, *faute d'objet divisible*.

Invention de la monnaie et de la vente-achat. — Un bœuf vaut huit moutons ; le possesseur d'un bœuf ne peut pas, à moins de se résigner à un sacrifice énorme, échanger son bœuf contre *un* mouton. Il lui est donc impossible de se procurer *un* mouton par le procédé de l'échange. Mais entre le bœuf et le mouton, il peut exister une mesure commune. S'il n'en existe pas, il faut en inventer une. C'est ce que les hommes ont fait en inventant la *monnaie*.

Avec l'or ou l'argent, métaux dits *précieux* parce qu'ils sont rares, résistants et difficilement altérables, ils ont fabriqué des pièces de différents poids et, par conséquent, de valeur différente : d'un franc, de deux francs, de cinq francs, de dix francs, etc. Et ces pièces de métal servent de mesure entre les différentes marchandises. Un bœuf vaut 400 pièces de 1 franc, un mouton en vaut 50. Pierre ne peut *échanger* en nature son bœuf contre le mouton de Paul. Mais il prend dans sa bourse 50 pièces de 1 franc; il donne ces pièces à Paul et il recevra de Paul le mouton désiré. Paul a *vendu* son mouton, Pierre l'a *acheté* : l'*achat-vente* ou plus simplement la *vente*, qu'on a réalisée à l'aide de la *monnaie*, remplace l'*échange en nature*. C'est un premier progrès. Dès lors, on n'a plus à se préoccuper de la divisibilité des objets à échanger, *la monnaie étant essentiellement divisible*.

L'invention de la monnaie supprime ainsi l'une des deux impossibilités signalées plus haut : l'*impossibilité d'échange faute d'objet divisible*; reste à supprimer la seconde : l'*impossibilité d'échange faute d'objet échangeable*.

Invention du commerce. — Viticulteur, j'ai besoin d'une cuve en pierre; marchand de vin en détail, j'ai besoin de bouchons et de bouteilles. Je veux m'en procurer par voie d'échange, et j'offre du vin; mais nul parmi ceux que je connais ne possède cuve, bouteilles ou bouchons. Comment faire?

Pour me sortir d'embarras, des hommes, dont c'est le métier, des *marchands*, mettent à ma disposition, apportent presque dans mes mains les objets que je désire. Tantôt, et surtout dans les pays les moins riches et les moins bien pourvus de routes, ce sont des nomades *, des gens qui, transportant toutes sortes de marchandises *généralement peu lourdes et peu encombrantes*, voyagent de pays en pays, et vont de porte en porte solliciter l'acheteur : on les appelle des *colporteurs* (fig. 78) — et ces colporteurs ont joué dans l'histoire du commerce et dans le développement de la civilisation un rôle considérable; — tantôt, et cela surtout dans les pays les plus avancés et *pour les produits les moins transportables*, ce sont des gens sédentaires qui, installés soit au village, soit à la ville, rassemblent dans des boutiques, magasins, chan-

Fig. 78. — Un colporteur.

tiers, etc., certaines catégories de marchandises et qui attendent que les clients viennent les y acheter : on les appelle des *boutiquiers*, des *commerçants*, des *négociants*.

Grâce à ces deux catégories de personnes, chacun désormais est sûr de pouvoir, moyennant une somme d'argent à débattre, trouver, en un lieu donné, l'objet dont il a besoin. Nul n'a plus à redouter que l'objet désiré fasse défaut : quelqu'un se chargera toujours de le lui procurer. Et là où — nous l'avons vu — l'*échange* était parfois impossible, le *commerce* est possible toujours.

CHAPITRE II

Rôle des commerçants; utilité du commerce.

Les commerçants sont-ils des parasites ?
— Le commerce — après ce que nous venons de
voir, cela est évident pour nous — est donc un grand
bienfait et les commerçants sont des gens très utiles
dans une nation. On l'a nié cependant. On a prétendu que les commerçants sont des parasites qui,
dans la société, vivent et s'enrichissent aux dépens
d'autrui.

L'agriculteur est un producteur. — L'agriculteur s'en va dans son champ; il emporte sa pioche
ou conduit sa charrue; il laboure, il sème, il fume,
il herse, il roule, il donne à la terre cent façons; pén-
dant des mois, il attend la récolte, souvent contrariée
par les saisons inclémentes. Un jour enfin, il récolte,
il engrange; il a *produit* des denrées *agricoles*.

A ce moment, vient un commerçant qui lui achète
son produit à bas prix, l'emporte, et va le revendre
à beau bénéfice. En sorte que la peine aurait été pour
l'agriculteur et le gain pour le commerçant. C'est du
moins ce que certaines personnes prétendent: l'agriculteur serait un *producteur*; le commerçant, un
parasite.

L'industriel est un producteur. — L'industriel, de même, a construit l'usine, installé les ateliers,
recruté les ouvriers. Il a fait des avances d'argent,
couru le risque des échecs. Il a *produit* des objets
manufacturés : quand ses produits, sans cesse per-
fectionnés, sont au point, le commerçant, l'*intermédiaire* survient, et s'enrichit uniquement à vendre

ce qu'un autre que lui a produit. L'industriel aurait travaillé pour que le commerçant fît fortune : l'industriel serait un *producteur*; le commerçant un *parasite*.

Origine de cette opinion erronée : les physiocrates. — Telle est l'opinion qui a été répandue, vers le milieu du XVIII° siècle, par une classe de savants, cependant fort estimables, qu'on appelait les *physiocrates*. De nos jours encore, cette opinion n'est pas complètement abandonnée. Il n'en est pas de plus injuste et de plus fausse.

Sans le commerce, l'agriculteur ni l'industriel ne pourraient vendre tous leurs produits. — Supposons que le commerce n'existe pas. Pierre est à Lyon, qui fabrique des étoffes de soie; Paul est à Roubaix, qui fabrique des étoffes de laine. Pierre est connu à Lyon et aux environs; Paul a des clients à Roubaix et dans le voisinage. Mais le reste de la France, mais toutes les villes et, plus encore, les innombrables villages qui couvrent notre sol, ignorent Pierre et ses tissus de soie, Paul et ses tissus de laine. Et Pierre aura beau s'ingénier et Paul perfectionner ses produits, tous deux auront beau agrandir leurs ateliers et acheter de nouvelles machines, leurs affaires ne pourront s'étendre, ni leurs bénéfices s'élever : ils travailleront en vain, ils ne vendront pas, personne au loin ne les connaît.

Mais le commerce intervient; les gros négociants, qui ont leurs magasins à Paris, à Marseille, à Bordeaux et font, par leurs voyageurs et les petits marchands, leurs clients, des affaires avec toute la France, se mêlent de faire connaître la soie de Pierre et la laine de Paul : aussitôt le nombre des acheteurs augmente, double, décuple, et ces deux industriels qui *végétaient*, vont, en peu d'années, doubler et décupler leurs affaires et largement accroître leurs bénéfices.

Et voilà le service que le *commerçant* a rendu à l'industriel, au *producteur*.

Sans le commerce, le consommateur ne pourrait se procurer les produits dont il a besoin. — Et après le service rendu au producteur, voici le service rendu au consommateur.

Supposons toujours qu'il y ait peu de commerçants. Vous êtes un cultivateur; vous habitez à cent lieues de Roubaix, à cinquante lieues de Paris, à dix lieues d'une ville quelconque. Vous avez ouï parler de ces beaux tissus de soie de Lyon, de ces chauds tissus de laine de Roubaix. Mais jamais vous n'en avez touché ni vu.

Vous souhaiteriez bien en avoir; mais où les prendre? Vous n'irez peut-être jamais à Roubaix, et qui s'offrira à y aller pour vous? Personne, bien probablement. Et, d'ailleurs, quelle somme faudrait-il payer pour se procurer cette étoffe?

Mais voici qu'apparaissent des commerçants. Aussitôt, des centres de production, ils se répandent, par tout le pays, parmi la masse des consommateurs; une foule d'objets, que jusqu'alors vous connaissiez seulement de nom, affluent parmi vous, et, moyennant des prix raisonnables, vous pouvez vous les procurer : cela est facile, cela n'a plus rien que de fort ordinaire. Désormais, d'un bout à l'autre, la nation tout entière échange ses produits; on n'est plus réduit aux seuls produits de la commune, du canton, de la province : on peut prétendre à tout ce qui se fait de mieux ou de moins cher dans toute la France.

Tel est le nouveau service que rend le *commerce,* et que cette fois il rend aux *consommateurs.*

Le commerçant est un producteur. — C'est ce double service qui fait que le commerçant est, lui aussi, comme l'agriculteur, comme l'industriel, un producteur. L'agriculteur et l'industriel avaient *produit l'objet*; lui, il a *produit l'utilisation de l'objet.* Que me sert, à moi, habitant de la Bretagne, qu'il y ait du blé, dans la Beauce, du vin dans la Bourgogne, de la soie dans le Lyonnais, du fer au Creusot, etc., si fer, soie, vin, blé ne parviennent pas jusqu'à moi? Pour que tous ces objets, si utiles en soi, *me servent,* il faut que quelqu'un les mette à ma portée. Ce quelqu'un s'appelle le commerçant.

Et pour les mettre à ma portée, voici ce qu'il a dû faire; voici ce qui lui vaut un bénéfice très mérité; voici, en un mot, *ce qui en fait un producteur.*

Le commerçant transporte les produits du lieu où ils se font au lieu où ils se vendent. — Le commerçant a dû transporter l'objet du lieu où on le produit au lieu où l'on pourra le consommer. Pour cela, il s'est fait *transporteur*; il a dû inventer des moyens de transport convenables, rapides et à bon marché.

Il est bien vrai, cependant, que les moyens de transport sont créés ou organisés par d'autres que ceux qu'on appelle ordinairement les commerçants. Par exemple, c'est l'État qui perce les routes, et creuse les canaux; ce sont de grandes compagnies qui construisent les chemins de fer (fig. 79).

Mais cette objection n'altère pas notre raisonnement.

D'abord, les compagnies de chemin de fer, les compagnies de navigation sont des commerçants tout comme ceux qu'on appelle les marchands. Elles font *commerce de transport*; elles prennent une marchan-

disc en un point et la livrent en un autre point,
séparé du premier par des centaines, des milliers de
kilomètres.

Ensuite, partout où le commerce n'existe pas, les
transports restent difficiles et coûteux. Plus il y a de

Fig. 70. — Un train de marchandises transportant les produits
les plus variés.

commerce dans un pays, plus on y trouve de routes,
de canaux, de chemins de fer.

En sorte que c'est au commerce surtout qu'on est
redevable du progrès des transports.

**Le commerçant achète les produits à ses
risques et périls.** — Mais ce n'est pas la seule
peine qu'ait prise le commerçant.

Ces produits, qu'il a tirés de chez l'agriculteur ou
de chez l'industriel, qu'en fait-il? Il les emporte, pour
les vendre à d'autres, à ses risques et périls. Il ne dit
pas à l'industriel, à l'agriculteur : « Je prends ce blé,
je prends ce tissu, je les emporte. Je tâcherai de les
vendre; si je n'y réussis pas, je vous les renverrai. »

S'il faisait cela, il leur serait déjà utile. Mais il fait bien plus. Il prend les produits; il les achète; il les paie. Il les transporte au loin, et s'il ne les vend pas, lui seul en court le risque. L'agriculteur, l'industriel ont touché le prix de leur marchandise; s'il y a une perte à subir, elle ne peut plus tomber que sur le commerçant.

Rôle du commerçant; légitimité de son bénéfice. — Ainsi, par le fait que le commerçant met les objets produits à la portée du consommateur, il est un producteur, au même titre que l'agriculteur et l'industriel, et aussi utile qu'eux;

Par le fait qu'il s'impose une dépense pour transporter les produits, il a droit à une indemnité *;

Enfin, par le fait qu'il court un risque en achetant ferme, sans savoir s'il pourra revendre, il a droit à un bénéfice.

Ceci admis, qui fixera le chiffre de ce bénéfice?

CHAPITRE III

Le prix des choses; la concurrence; l'offre et la demande; les prix maximum et minimum; la liberté.

Un objet est unique de son espèce sur le marché: le prix monte. — J'ai absolument besoin d'une charrette, vous en avez une et vous êtes le seul qui en ait une; je vous prie de me la vendre, vous m'en demandez trois fois ce qu'elle vaut. Comme j'en ai besoin, comme nul autre que vous ne peut me la procurer, je paie le prix que vous me demandez, bien qu'il soit excessif. Vous faites ainsi une affaire excellente, si excellente que, vite, vous vous mettez à construire une nouvelle charrette, attendant un nouvel acheteur. Et cet acheteur se présente, et vous lui en demandez le même prix qu'à moi. Mais, à ce moment, d'autres viennent à lui et lui offrent à plus bas prix des charrettes semblables à la vôtre.

Plusieurs objets de la même espèce : le prix baisse. — D'où vient cette abondance de charrettes et cette baisse des prix? De ceci. Quand vous avez fait avec moi cette bonne affaire, le bruit s'en est répandu; chacun a cru qu'il suffisait d'avoir une charrette pour en retirer trois fois ce qu'elle coûte; et alors plusieurs, alléchés par cette espérance, se sont mis à en construire. Aussi, quand le second acheteur a cherché une charrette, il en a trouvé non pas une, comme moi, mais quatre ou cinq. En conséquence, au lieu de la payer, comme moi, trois fois ce qu'elle vaut, il a pu la payer beaucoup moins cher. En effet, chacun des possesseurs de charrettes a redouté de voir l'acheteur préférer celle des autres, et, pour tâcher de vendre la sienne, a baissé ses prix. Il en est résulté que la seconde charrette s'est vendue à beaucoup meilleur marché que la première.

La concurrence. — Ce qui a amené cet abaissement du prix, c'est la *concurrence*. Un commerçant appelle concurrent celui qui produit ou vend les mêmes articles que lui. Le marchand qui n'a pas de concurrents est, comme on dit, maître du marché.

Les prétentions exorbitantes des marchands font naître la concurrence. — Nous habitons, vous et moi, un petit village, situé à 4 lieues d'une ville. Je suis un de ces marchands épi-

ciers, bimbelotiers *, comme il y en a dans tous les
villages, vendant à peu près tous les objets courants dont on a besoin dans un ménage (fig. 80). Il
vous faut un seau en fer-blanc. Je vous en demande
4 francs. « — Quatre francs! faites-vous, vous n'y
songez pas. Cela vaut 2 francs 50 tout au plus. — Je

Fig. 80. — Vous enverrez le premier colporteur que vous rencontrerez
me faire concurrence.

ne sais pas si ça vaut 2 francs 50, mais moi j'en
demande 4 francs; si vous n'en voulez pas, achetez-le
ailleurs. — Vous savez bien que je ne peux pas aller
ailleurs, vous êtes le seul marchand du village. —
Eh bien, allez à la ville. — La ville est à 4 lieues et,
si j'y vais, je perds une journée. — Alors, prenez-le
pour 4 francs. » Et vous le prenez.

Mais si vraiment 4 francs sont un prix excessif, au
premier colporteur que vous rencontrerez sur votre
chemin : « Venez donc un peu par chez nous, direz-
vous; nous avons un voleur de marchand qui nous
vend tout hors de prix. » A sa prochaine tournée, le

colporteur viendra et, alors, en présence de ce *concurrent* imprévu, je baisserai mes prix à un taux plus raisonnable. *La concurrence tend à faire fixer le juste prix de chaque chose.*

L'offre et la demande : rareté ou abondance des objets à vendre; rareté ou abondance des personnes disposées à acheter. — Il n'y a pas que la concurrence qui influe sur le prix des choses. Il y a encore la *rareté* ou l'*abondance* des choses à vendre et la rareté ou l'abondance des gens disposés à acheter; c'est ce qu'on appelle l'*offre* et la *demande* : offre des choses à vendre, demande des choses à acheter.

La rareté des choses à vendre tend à faire monter les prix. — J'ai du vin dans ma cave. C'est du vin de 1893; au mois d'avril 1895, je l'offre à 100 francs la pièce. Mais en mai, les vignes gèlent; la récolte de 1895 sera peu abondante; par conséquent, on sera obligé de boire non seulement le vin de cette récolte, mais celui des récoltes précédentes. Par le seul fait de la mauvaise récolte de 1895, et de la *rareté* du vin qui en est la conséquence, mon vin de 1893, au lieu de 100 francs, vaut tout de suite 125 francs la pièce; et, si la récolte est encore plus mauvaise qu'on ne pensait, il pourra, en septembre, en valoir 150.

Ce qui fait monter le vin, c'est la *rareté*. J'ai beau avoir des concurrents, des gens qui comme moi vendent du vin et qui en ont plein leurs caves; ces concurrents ne sont pas disposés, cette fois, à me faire concurrence; ils veulent, comme moi, profiter de la rareté du vin pour hausser leurs prix. Sans nous être concertés, nous demandons, à très peu de chose près, la même somme d'une même quantité.

Pourquoi cette entente générale? Parce que, sachant

le vin rare cette année, nous pensons, en outre, que les acheteurs resteront presque aussi nombreux que dans les années où il est abondant. Quand tout un pays est, comme la France, habitué, depuis si longtemps, à boire du vin, il en boit même dans les années de disette; il le paie plus cher. *La rareté d'un produit tend à en relever le prix.*

La rareté des personnes disposées à acheter tend à faire baisser les prix. — Mais il peut arriver que nous, marchands de vin, nous nous trompions dans nos conjectures *, et que les acheteurs de vin deviennent moins nombreux.

« — Dis donc, Pierre, sais-tu que le vin vaut 125 francs le muid, au lieu de 80? — Que veux-tu y faire, mon pauvre Jean? il n'y en a guère cette année, et il te faudra y mettre le prix, si tu veux en boire. — Mais c'est que je ne veux pas en boire. Je ne peux pas mettre ce prix-là à du vin : je boirai de l'eau ou bien j'essayerai de la bière. » Et Jean le fait comme il le dit : il diminue sa consommation de vin; beaucoup font comme lui, et les marchands de vin, n'en pouvant plus vendre que la moitié ou les deux tiers de ce qu'ils vendaient, sont obligés de diminuer leurs prix pour ramener leur clientèle. *La rareté des acheteurs tend à faire baisser le prix des marchandises.*

Les produits indispensables : l'accaparement. — Toutefois, il y a certains produits qui, si élevé qu'en soit le prix, conservent presque nécessairement le même nombre d'acheteurs, parce qu'il est difficile, presque impossible, de s'en passer.

Dans un pays comme la France, presque tout le monde mange du pain; dans un pays comme les États-Unis, presque tout le monde s'éclaire au pétrole. Supposons que la récolte de blé étant mauvaise, un certain nombre de marchands s'entendent pour acheter tout le blé existant en France; ou, qu'aux États-Unis, certaines personnes accaparent * tout le pétrole produit par les sources, et que tous vendent,

d'accord, le blé et le pétrole à un prix très élevé. Cela n'empêchera pas les gens de manger du blé et de brûler du pétrole (fig. 81). Peut-être on emploieront-ils un peu moins; mais ils ne pourront pas se dispenser d'en

Fig. 81. — Puits de pétrole aux États-Unis.

employer, et ceux qui auront ainsi ramassé tout le blé, tout le pétrole disponibles, les *accapareurs*, comme on les nomme, gagneront énormément d'argent.

Impuissance de la concurrence contre l'accaparement. — Dans les deux cas que nous venons d'exposer, les deux facteurs qui ordinairement agissent sur le prix des choses, ont à peu près cessé d'agir : la concurrrence entre les vendeurs n'existe plus, puisque les accapareurs se sont entendus pour fixer les prix; et quant à la concurrence entre acheteurs, elle est tout à fait troublée dans ses mouvements.

Quand il s'agit de marchandises moins indispensables que le blé, par exemple, si ces marchandises sont chères, les acheteurs diffèrent leurs achats. Cela étant, la demande de marchandises à acheter diminue, jusqu'au jour où les prix s'abaissent. Mais, au contraire, quand il s'agit de blé, de marchandises indispensables, quoique ces marchandises soient chères, le consommateur ne peut pas se passer d'en acheter; il doit donc subir le prix qui lui est imposé et ainsi enrichir des hommes qui spéculent sur son malheur.

Ce résultat inévitable explique la haine dont, à toutes les époques, le peuple a poursuivi ceux qu'il appelait les *accapareurs*.

Remèdes cherchés contre l'accaparement et le renchérissement : le maximum. — Ce résultat fâcheux, que ni la concurrence entre vendeurs ni la concurrence entre acheteurs ne peut empêcher, on a, à de certains moments, voulu le combattre par d'autres moyens. Et au lieu de laisser l'acheteur et le vendeur débattre le prix des marchandises, on a prétendu fixer d'avance des prix que ni la concurrence ni la rareté des marchandises ou des acheteurs ne pourrait faire varier.

Par exemple, à de certaines époques, sous l'Ancien Régime et, plus près de nous, pendant la Révolution française, on a fixé le prix *maximum*, c'est-à-dire le prix le plus élevé que les marchands pourraient exiger de l'acheteur. Le blé, le vin, la viande étaient rares; les marchands commençaient à élever leurs prix. Alors le gouvernement intervenait et disait : le boulanger, le boucher, l'épicier n'auront pas le droit de vendre leurs marchandises plus que tel prix.

Phénomène contraire : avilissement des prix; remèdes cherchés contre cet avilissement : le minimum. — A d'autres époques, au contraire, on trouvait que, sous des influences diverses, et particulièrement sous l'influence de la concurrence étrangère, l'agriculteur, l'industriel ne vendaient pas leurs produits assez cher; on craignait qu'ils ne se ruinent et ne se découragent, et le gouvernement intervenait et disait : nous allons prendre des mesures, ordinairement des mesures douanières contre les produits étrangers, pour que l'agriculteur, l'industriel vendent leurs produits au *minimum* tant.

Inefficacité de ces divers remèdes. — Mais les procédés qu'on employait et qu'on emploie encore de nos jours pour fixer le prix *par autorité*, ne sont pas efficaces. Ils ne donnent jamais les résultats qu'on en attendait. Généralement, ils ruinent ceux qu'ils prétendaient enrichir et appauvrissent le pays dans son ensemble. Aussi les nations les plus civilisées y renoncent peu à peu; elles laissent à la *liberté du commerce* le soin de fixer les relations entre les acheteurs et les vendeurs, c'est-à-dire les prix.

Cela est déjà universellement vrai dans le commerce intérieur de chaque pays; cela tend à le devenir même dans le commerce extérieur, c'est-à-dire dans le commerce que chaque nation fait avec les nations étrangères.

CHAPITRE IV

Le commerce entre nations.

Avantages de la liberté du commerce. — Il est assez difficile de comprendre que les hommes aient pu admettre que la liberté du commerce puisse être jamais périlleuse et préjudiciable. Tout prouve le contraire : les raisonnements, les faits et la conduite même des hommes.

Opinion d'un particulier : le particulier est partisan de la liberté des achats. — Pierre, qui possède du vin et veut se procurer du blé, échange son vin contre le blé de Paul. Cet *échange* lui procure ce dont il a besoin ; *il le considère comme une bonne affaire.*

Pierre n'a pas de blé ; il va à la ville voisine, il en achète ; cet *achat* lui procure ce dont il a besoin ; *il le considère comme une bonne affaire.*

Au lieu d'aller à la ville voisine, Pierre se rend à Paris. Il y achète le blé qu'il lui faut ; et que l'achat soit fait au chef-lieu de son canton ou dans la capitale de sa patrie, *il le considère comme une bonne affaire.*

Au lieu de Paris, Pierre se rend à Londres ou à New-York. Le blé y est un peu meilleur marché : Pierre l'achète, et que cet achat se fasse dans la capitale de son pays ou dans celles d'autres nations, *il le considère comme une bonne affaire.*

Ainsi, un *particulier*, achetant ce dont il a besoin, ne s'inquiète pas du lieu où il l'achète et, du moment qu'il s'est procuré ce qu'il désirait à un prix convenable, *il considère qu'il a fait une bonne affaire.*

Les gouvernements ont favorisé de tout temps la liberté du commerce à l'intérieur de chaque pays. — Et les *gouvernements* ne raisonnent pas autrement que les particuliers.

Pendant longtemps, les affaires commerciales se sont faites dans un cercle très étroit. Les produits de la terre ou de l'industrie ne se vendaient guère en dehors de la commune, du canton, de la province. Siècle par siècle, les gouvernements se sont efforcés de lutter contre l'étroitesse du marché local. Les barrières de douanes ont été abaissées successivement aux frontières de la commune, du canton, de la province, et, dans le XIXᵉ siècle, sauf de très rares exceptions, le commerce a été libre d'un bout à l'autre de chaque pays. Les États-Unis (fig. 82), qui occupent un territoire plus vaste que l'Europe, et qui comptent 44 États, dont quelques-uns sont plus grands que la France, ont déclaré, sur toute cette immense surface, le commerce pleinement libre, des Grands Lacs au golfe du Mexique, du Pacifique à l'Atlantique.

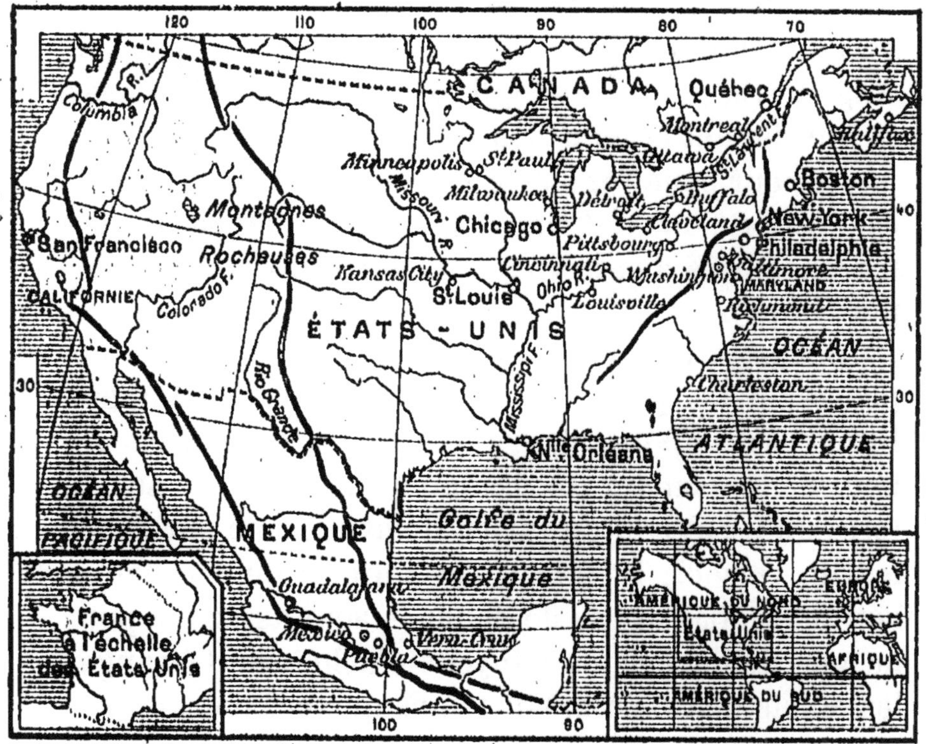

Fig. 82. — Carte des États-Unis.

Même à l'égard des étrangers, les gouvernements ont pris des mesures qui impliquent que le commerce doit être libre.

Le commerce libre dans l'intérieur de chaque pays, cela n'a pas encore suffi aux gouvernements. Ils ont ambitionné de trafiquer plus facilement et plus largement avec les nations étrangères. En conséquence, chacun chez eux, ils ont aménagé leurs ports, balisé * et éclairé leurs côtes, subventionné les armateurs, posé des câbles sous-marins, etc. La terre, unie d'un bout à l'autre, et d'un bout à l'autre échangeant ses produits, telle a semblé être leur ambition dernière.

Exemples de certains pays : les douanes fiscales. — Et cette ambition, plusieurs pays l'ont pleinement réalisée : la Suisse, la Belgique, l'Angleterre, et, dans une certaine mesure et pendant un certain temps, la France. Sans doute dans ces pays, en Angleterre, par exemple, il existe bien des douanes à la frontière et certaines marchandises ont des droits à payer pour pénétrer sur le territoire britannique. Mais ces droits n'ont nullement pour but d'empêcher ces marchandises d'entrer en Angleterre. Ils sont de simples impôts.

Tout pays civilisé a de grosses dépenses. Ces dépenses, il les paie avec les ressources des impôts. Parmi ces impôts, figure l'impôt des douanes. Au lieu de demander tout l'impôt au citoyen sur la terre qu'il cultive, on lui en demande une partie sur le vin, l'alcool, le tabac, l'argenterie qu'il achète à l'étranger. Ces droits de douanes sont assez bas pour ne pas détourner les citoyens d'acheter à l'étranger les objets taxés, en même temps que ces objets taxés sont assez peu nombreux pour que la perception des droits ne soit ni compliquée ni vexatoire *. En Angleterre, neuf articles seulement sont frappés à la douane : outre les quatre que je viens de nommer, il faut citer le thé, le café, etc. : cela rapporte de 5 à 600 millions de francs.

Les douanes ainsi comprises s'appellent des douanes *fiscales*, c'est-à-dire établies dans l'intérêt du *fisc*, du trésor public. Elles ne portent aucune atteinte à la théorie de la *liberté du commerce*.

La liberté du commerce permet de vivre à meilleur marché. — Donnant librement accès chez elle aux produits du monde entier, et lui envoyant les siens en échange, l'Angleterre ne se préoccupe que d'une chose : acheter ce dont elle a besoin au plus bas prix possible. Que ce qu'elle consomme provienne de chez elle ou de l'étranger, peu lui importe. Toutes les fois qu'un objet est meilleur marché à l'étranger, elle l'achète à l'étranger, et, *en faisant ainsi, elle considère qu'elle fait une bonne affaire.*

Les douanes protectrices. — Mais d'autres nations n'ont pas, dans la pratique, admis cette vérité. Tous ces principes commerciaux que j'ai indiqués plus haut et qui, tous, conduisent à la liberté du commerce, elles ne les appliquent que quand il s'agit du commerce intérieur ; mais quand il s'agit du commerce extérieur, c'est-à-dire du commerce avec les autres nations, elles

Fig. 83. — Bâtiment servant aux douaniers pour garder les côtes.

les oublient, elles les répudient absolument.

Et, en conséquence, elles établissent à leurs frontières des *douanes protectrices.*

Il nous reste à faire bien comprendre l'origine et la portée de cette expression.

Raisonnements des particuliers et raisonnements des gouvernements. — Nous avons vu précédemment que, *dans l'échange, les deux parties font une bonne affaire.* Pierre donne à Paul du blé pour obtenir du vin : le vin de Paul est une bonne affaire pour Pierre, le blé de Pierre est une bonne affaire pour Paul.

Nous avons vu que, dans l'achat-vente, l'achat est avantageux à celui qui achète, la vente avantageuse à celui qui vend. Pierre achète à Paul un bœuf moyennant 400 francs. Le bœuf est utile à Pierre, les 400 francs sont utiles à Paul. *Pierre qui a acheté a fait une bonne affaire; Paul qui a vendu a fait une bonne affaire.*

Et pour savoir s'ils ont fait une bonne affaire, ni Pierre l'acheteur, ni Paul le vendeur ne s'inquiètent de savoir si c'est à un de leurs nationaux ou à un étranger qu'ils ont vendu ou acheté. *L'affaire est bonne en soi et indépendamment de la nationalité des parties.*

Eh bien, ce qui paraît exact aux particuliers intéressés, paraît faux aux nations, lesquelles, cependant, ne sont qu'une agglomération de particuliers. Vous demandez à tous ces particuliers qui font des affaires avec l'étranger : Avez-vous fait de bonnes affaires? Ils répondent à l'unanimité : « Oui ! nous avons fait de bonnes affaires. » Mais leurs gouvernements, parlant en leur nom à tous, ne se croient pas liés par cette opinion des particuliers. Il leur arrive de déclarer que les affaires du pays ont été mauvaises quand les particuliers déclarent qu'elles ont été bonnes et qu'il importe de *protéger* le pays contre les mauvaises affaires que les particuliers voudraient faire.

Théorie erronée des Nations : la balance du commerce. — Et voici les prétendus principes qui les guident dans leurs appréciations. Ils considèrent que, dans une vente, des deux parties en présence, c'est toujours le vendeur qui fait la bonne affaire.

En conséquence, dans plusieurs pays, à la fin de chaque année, le gouvernement dresse le total de ce qui a été vendu aux étrangers et de ce qui leur a été acheté; si le total des ventes est le plus fort, il déclare que l'année a été bonne, que le pays a fait de bonnes affaires; si c'est le total des achats, il déclare que l'année a été mauvaise et que le pays a fait de mauvaises affaires. C'est ce qu'on appelle la *balance* (ou bilan) *du commerce.*

Origines de cette théorie erronée sur la balance du commerce. — Cette théorie repose sur deux erreurs très anciennes, déjà depuis longtemps dévoilées, mais toujours persistantes.

Voici la première.

1° *Le rôle prétendu des monnaies et des métaux précieux.*

Quand on achète, on paie et l'on paie avec un métal précieux, or ou argent. Dans les sociétés civilisées les métaux précieux sont les premiers de tous les biens. Avec eux, on peut tout se procurer : des aliments, des vêtements, des troupes, etc. Donc un gouvernement sage doit s'efforcer de garder par devers lui le plus possible de métaux précieux et par conséquent redouter les achats de ses nationaux à l'étranger, qui font sortir ces métaux du pays.

*Réfutation * de cette erreur.* — Cette idée paraît juste. Elle est radicalement fausse. Le plus souvent, on ne paie pas la totalité des achats à l'étranger en or ou en argent. Les économistes disent que les achats se paient avec les ventes. Voici, en effet, comment les choses se passent.

J'ai acheté pour 100 000 francs de charbon de terre en Angleterre. Pour le payer, je ne prends pas 100 000 francs en or, que j'enfermerai dans une grande caisse et enverrai à Londres. Je m'en vais chez mon banquier, je lui remets 100 000 francs (en or, en argent, ou en billets de banque) et je le charge de payer pour moi. Lui, ayant à payer pour moi, ne va pas non plus envoyer ces 100 000 francs en or. Il sait qu'il existe en France des personnes qui ont fait des ventes à des Anglais et que, par conséquent, il existe en Angleterre des personnes qui ont à payer en France. Il s'adresse donc, à son tour, à des personnes dont c'est le métier de régler les affaires entre commerçants de nations différentes.

Et ces personnes, voici ce qu'elles font. En comparant leurs diverses affaires, elles s'aperçoivent qu'elles ont bien, à la verité, 100 000 francs à payer à Londres, mais qu'en revanche leur correspondant de Londres a 120 000 francs à payer à Paris. Au lieu d'envoyer à Londres les 100 000 que je les avais chargées de payer, elles écrivent à leur correspondant de payer ces 100 000 francs et de leur envoyer à Paris seulement les 20 000 francs de surplus. Grâce à cette compensation, tous deux sont quittes, et l'achat en Angleterre a été payé sans qu'un gramme de métal précieux ait quitté le sol de la France.

Donc, l'achat n'entraîne pas nécessairement une sortie de métal précieux. Et la première idée sur laquelle est basée la balance du commerce est fausse.

2° *Une nation doit et peut produire presque tout ce qui lui est nécessaire.*

La seconde idée est fausse également. Voici en quoi elle consiste.

Tout achat à l'étranger, entraînant nécessairement une sortie de métal précieux, appauvrit le pays. Dès lors, il faut éviter les achats à l'étranger. Pour cela, il faut que le pays produise tout ce qui lui est nécessaire. S'il ne le produit pas aujourd'hui, il faut qu'il arrive à le produire demain; si ses produits sont moins parfaits ou plus chers que ceux qu'on achetait jusqu'alors à l'étranger, on arrêtera à la frontière, par un droit *protecteur*, ces produits étrangers : le public, forcé de consommer les produits nationaux, en prendra bientôt l'habitude et l'étranger perdra ainsi sa clientèle.

Réfutation de cette opinion. — Or, cette idée, qu'il est indispensable *et possible* d'acclimater* dans chaque pays tous les produits nécessaires ou utiles est une idée fausse. L'acclimatation est parfois difficile et même impossible. De plus, si chaque pays raisonne de la même façon, chacun ferme ses portes aux rivaux; personne n'achète plus; personne ne vend plus; les peuples n'ont plus de rapports entre eux; la civilisation recule et disparaît.

Ce qui a pu contribuer à répandre cette théorie si absolument fausse, c'est qu'autrefois, dans des conditions toutes différentes de celles d'aujourd'hui, certains gouvernements ont pu la pratiquer avec un succès apparent. Sous Louis XIV, le grand Colbert (fig. 84) voyant, dans certains pays, tels que Venise et les Flandres, des manufac-

Fig. 84. — Portrait de Colbert.

tures florissantes alors que rien n'indiquait que ces manufactures dussent fleurir à Venise et dans les Flandres plutôt qu'en France même, résolut d'en doter son pays. Il fit venir de l'étranger des ouvriers, les installa, les entretint, les subventionna et, au bout de quelques années, la France possédait les indus-

tries des glaces, des dentelles, des tapisseries, etc.
Ces exemples, isolés, et que Colbert, d'ailleurs, fût
impuissant à multiplier, ont induit en erreur ceux
qui ont étudié son histoire. On peut *acclimater* à la
rigueur quelques industries choisies avec discerne-
ment : on ne peut pas en acclimater cent ou mille. A
vouloir les acclimater toutes, on aboutit à ceci : produire une foule d'objets moins bien et plus cher que
ne fait l'étranger. Le producteur a peine à gagner
de l'argent, le consommateur s'appauvrit et le pays
peu à peu marche à la ruine.

La liberté du commerce et l'avenir. — La
sagesse, la politique, l'intérêt conseillent donc à chaque pays de commercer en toute liberté avec l'étranger, de lui vendre ses produits et d'acheter les siens.
C'est la conduite qu'ont prêchée de grands hommes
qui, en France, s'appellent Turgot et Bastiat et, en
Angleterre, Cobden et John Bright. C'est la conduite
à laquelle on aboutira fatalement, quand les erreurs
qui durent encore seront dissipées.

Ce sera l'œuvre du temps et de l'éducation.

CHAPITRE V

L'enseignement commercial.

**Le commerce exige une éducation préa-
lable.** — Il ne viendrait à l'idée de personne de
s'établir cordonnier ou maçon sans avoir fait un
apprentissage. On se moquerait de celui qui agirait
ainsi. On le déclarerait fou et présomptueux *. Il est
bien plus difficile de devenir un bon commerçant

qu'un bon cordonnier ou qu'un bon maçon, et cependant une foule de gens se mettent dans le commerce sans avoir appris le métier de commerçant. C'est de la présomption ou de la folie.

Difficultés que le commerçant peut rencontrer sur sa voie. — Il faut étudier le commerce. Aujourd'hui, en effet, le commerçant peut se heurter à plusieurs difficultés.

D'abord, il peut, dans son pays même, se trouver en présence de nombreux concurrents, qui sauront leur métier mieux que lui et le ruineront.

Ensuite, s'il fait des affaires à l'étranger, il rencontrera des rivaux de toutes les nations, et, pour lutter contre eux, ce ne sera pas trop de toutes les ressources d'une éducation consommée.

Ce que doit savoir un commerçant. — Un commerçant qui veut faire des affaires, et de bonnes affaires, doit savoir deux choses : 1° se procurer, à bon compte, de bons produits; 2° se créer une clientèle nombreuse et solvable.

Les bons produits, c'est affaire à l'industriel de les fabriquer; mais, dans le nombre des industriels, c'est affaire au commerçant de découvrir celui qui produit le mieux et au meilleur marché.

La clientèle *nombreuse* vient au commerçant qui montre le plus d'habileté et d'empressement; la clientèle *solvable* *, à celui qui déploie le plus de prudence.

Difficulté considérable de nos jours par suite des variations de la mode. — Autrefois, le commerce était beaucoup moins difficile qu'aujourd'hui, pour une foule de causes : on avait moins de concurrents, on faisait moins d'affaires et l'on gagnait néanmoins tout autant. Surtout, la mode était plus fixe, plus stable. La mode changeait moins. Il en résultait qu'on pouvait sans inconvénient garder ses marchandises longtemps en magasin. Ce qui ne s'était pas vendu l'année précédente se vendait l'année suivante. Aujourd'hui, il en est tout autrement. La mode change si vite que ce qui plaisait hier risque de ne plus plaire demain. Et un article *démodé* perd, par le seul fait qu'il est démodé, la moitié, les deux tiers de sa valeur. Il faut donc que le commerçant moderne soit plus habile qu'on ne l'était autrefois, à suivre et même à devancer la mode.

Le flair commercial; la vocation et l'éducation. — De toutes les qualités utiles au commerçant, aucune n'est plus précieuse que ce qu'on appelle le *flair*, la *vocation*.

Celui qui est né pour un métier y réussit presque nécessairement. Mais peu de gens se sentent une vocation arrêtée.

Pour ceux qui n'ont pas la vocation du commerce, l'éducation commerciale est indispensable. Même pour ceux qui ont cette vocation, l'éducation est encore fort utile.

Méthodes d'éducation commerciale. — Il y a plusieurs méthodes pour apprendre le commerce :

Entrer en apprentissage chez un commerçant et passer ensuite par plusieurs maisons de commerce successivement.

Voyager à l'étranger et observer les pratiques des peuples commerçants.

Enfin, suivre les cours des écoles de commerce (fig. 85).

Avec chacune de ces méthodes, on peut apprendre beaucoup, mais aucune d'elles ne peut suffire séparément à former un commerçant complet, et le

meilleur est de les employer toutes trois l'une après
l'autre.

Fig. 85. — L'Institut commercial de Paris en 1896.

L'enseignement commercial. — L'enseignement commercial apprend la théorie du commerce.
La théorie prépare le commerçant futur à toutes
sortes d'éventualités qui, peut-être, ne se présenteront
pas, mais qui peuvent se présenter. Elle lui donne
des notions exactes sur des choses souvent peu con-
nues, ou même souvent méconnues.

Mais la théorie isolée a un grand inconvénient :
elle inspire à l'étudiant trop de confiance ou, suivant
son caractère, trop de défiance. Les événements ne
se présentent jamais tels que la théorie les avait
décrits à l'avance. Ils sont ou plus complexes ou plus
simples, et ils exigent, par conséquent, des modifica-

tions correspondantes dans les règles de conduite formulées. Le théoricien, s'il n'est pas doublé d'un praticien, risque de ne pas tenir compte de ces changements, et il est exposé tantôt à perdre sa fortune, tantôt à manquer l'occasion de la faire.

L'apprentissage chez un patron. — L'apprentissage, à son tour, a l'inconvénient d'être souvent un peu étroit. Le patron chez qui se fait l'apprentissage ne peut enseigner que ce qu'il sait; et bien souvent sa science est limitée. De plus, sa pratique est la résultante de son tempérament. Et son tempérament peut être tout différent de celui de son apprenti.

Le plus sage est de passer à la fois et par l'école commerciale et par l'apprentissage chez un bon patron.

Nous n'avons pas à indiquer ici comment est organisé en France l'enseignement commercial (voir p. 180). Bornons-nous à dire que cet enseignement est destiné à former, dans des écoles distinctes, ou des patrons ou des employés, et qu'il est approprié aux besoins de chacune de ces deux catégories.

CHAPITRE VI

Le crédit.

Rôle des capitaux dans le commerce. — Un commerçant, si intelligent et si instruit qu'on le suppose, ne ferait rien, s'il n'avait ce qu'on appelle des capitaux ou du crédit.

J'ai passé par l'École de commerce, j'ai voyagé à l'étranger, je sors d'une maison où le patron a pris le plus grand soin de mon instruction pratique. Je songe à m'établir : je ne puis le faire, s'il me manque cette chose essentielle : de l'argent.

Pour m'établir, il me faut ou acheter ou fonder un établissement; acheter ou louer une maison; la meubler, la garnir de marchandises; engager un ou plusieurs employés, domestiques, etc. Tout cela coûte cher.

Si je suis le fils d'un père riche, qui a pu me donner de l'argent, rien de plus simple. Mais, si je suis pauvre, n'ayant à moi que mon intelligence et mon ardeur, il faut alors que je trouve quelqu'un qui m'avance les sommes dont j'ai besoin. Ce quelqu'un, c'est généralement un banquier, qui me fait ce qu'on appelle crédit.

Le crédit commercial. — Celui qui prête son argent s'inquiète avant tout d'une chose : « Mon emprunteur pourra-t-il me rembourser? » Et, avant de prêter, il s'enquiert de ce que possède cet emprunteur : cet emprunteur a-t-il des terres ou d'autres biens qui puissent garantir sa dette?

Quelque profession qu'exerce l'emprunteur, la préoccupation du prêteur est la même. Toutefois quand cet emprunteur est un commerçant, on remarque chez le prêteur une disposition d'esprit toute particulière.

Sans doute, il continue encore à se préoccuper de savoir si son emprunteur est solvable. Mais il s'enquiert aussi d'autres choses : de son honnêteté et de son habileté.

Nature du crédit foncier. — Le propriétaire d'une maison veut emprunter. Il n'a qu'une chose à dire au prêteur : J'ai une maison, un bien foncier à moi. Le prêteur vérifie si effectivement l'emprunteur est bien propriétaire de l'immeuble. Après vérification, il prend sur cette maison ce qu'on appelle une *hypothèque*, ce qui empêche le propriétaire de la vendre sans que le prêteur soit remboursé sur le prix; et cela fait, le prêteur ne s'inquiète plus de rien. Son emprunteur est un imbécile ou un malhonnête homme; peu lui importe : la maison, le bien foncier, une chose (en latin, *res*), répond de la dette. *Le crédit foncier est toujours un crédit réel.*

Nature du crédit agricole. — Trois mois avant la moisson, un fermier a besoin d'une petite somme d'argent. Il va trouver son propriétaire et lui demande de lui prêter la somme. Il indique comme garantie de sa dette la prochaine récolte de blé. Le propriétaire s'assure de l'existence et de la qualité du blé, prend ses précautions pour que le blé soit engrangé dans sa propre ferme et consent au prêt. Ici encore, c'est une chose, la moisson, qui répond de la dette; *le crédit agricole est, le plus souvent, un crédit réel.*

Nature du crédit commercial. — Quand un commerçant cherche à emprunter, les choses se présentent d'une tout autre façon.

Je suppose que ce commerçant ne soit pas propriétaire de la maison qu'il occupe : il ne peut donc pas offrir au prêteur la garantie d'un *bien foncier; il ne peut s'agir ici de crédit réel.*

Il a bien ses marchandises. Mais ses marchandises diffèrent du tout au tout de la récolte de blé, dont il était question plus haut. La récolte de blé tient au sol jusqu'à ce que vienne la moisson. Et, à huit jours près, on sait quand la moisson doit se faire. Au contraire, la marchandise est mobile; le commerçant qui, ce matin, l'aurait donnée en garantie à son prêteur, peut, ce soir, la charger sur une voiture, la faire partir par le train ou par le bateau. Il aura évidemment commis une mauvaise action, il sera un malhonnête homme, mais son prêteur n'en sera pas moins dépouillé de sa *sûreté*. Il ne peut donc, encore ici, être question d'une garantie réelle, de *crédit réel*.

Ce que le commerçant offre en garantie, c'est son *honnêteté* et son *habileté*. S'il a la réputation méritée d'être honnête et habile, ces deux qualités peuvent paraître et paraissent souvent au prêteur une garantie suffisante. Si l'on sait, par exemple, qu'un commerçant établi a déjà gagné de l'argent, ou qu'un commis qui veut s'établir, en a fait gagner à son patron, cela suffit : on prévoit qu'il en gagnera encore et, sur ses gains, remboursera sa dette. On lui prête — ce qu'on ne ferait guère, dans l'état actuel des mœurs, pour un agriculteur, — on lui prête, et souvent des sommes considérables, sur sa réputation d'honnêteté et d'habileté. Voilà pourquoi on dit que *le crédit commercial est un crédit* éminemment *personnel*.

Le commerce et la démocratie. — Ce sont là des remarques qui ne sont pas indifférentes dans une démocratie, c'est-à-dire dans un pays où tous les citoyens étant égaux devant la loi, il n'y a plus que la richesse qui les différencie. A un homme intelligent et honnête, nulle carrière n'offre de chances de succès comparables à celles que lui offre le commerce.

Causes qui éloignent les capitaux du commerce. — Après les explications qui précèdent, on pourrait croire que le commerce trouve des capitaux autant qu'il lui en faut. Cela est-il tout à fait exact?

Un jeune homme réunissant les qualités que nous avons dites rencontre-t-il les facilités à emprunter que nous décrivions plus haut? Nous devons dire qu'il ne les rencontre pas toujours, du moins dans notre pays et à l'heure présente.

Et même une des choses dont se plaint habituellement le commerce, est la rareté des capitaux qui sont à sa disposition. Cela s'explique par les habitudes de notre pays.

Par suite de circonstances qu'il serait trop long d'énumérer, les capitaux français ont, depuis bien des années, trouvé des placements très sûrs et presque toujours très rémunérateurs dans des fonds * d'État ou garantis par l'État. Les rentes * françaises, les obligations * de chemins de fer, les caisses d'épargne, ont, pendant longtemps, payé 5, puis 4 1/2, puis 4 pour 100. Le commerce, lui, ne pouvait guère offrir plus de 6 pour 100, avec infiniment moins de sécurité. Dans ces conditions, les capitaux ne voulaient pas s'employer dans le commerce.

Causes qui doivent prochainement amener les capitaux au commerce. — Aujourd'hui ces conditions sont bien changées. Les caisses d'épargne ne payent guère plus de 3 pour 100; de même les rentes sur l'État et les autres fonds publics sont dans le même cas. Le commerce, lui, qui peut offrir encore au moins 5 ou 6 pour 100, ne peut manquer d'attirer les capitaux.

Il est vrai que le commerce, comme placement, est un peu moins sûr. Mais il est aussi sûr que la plupart des grandes entreprises industrielles où le public a déjà pris l'habitude de mettre des capitaux : il n'y a donc aucun motif sérieux de s'en défier. Une seule chose fait encore défaut : l'habitude. Cette habitude viendra.

Au commencement de ce siècle, nos paysans et beaucoup de nos citadins se défiaient de tous les placements qu'on leur offrait. Ils gardaient leur argent chez eux, dans des sacs, dans des bas de laine. Peu à peu, ils ont tiré leurs écus de cent sous et leurs louis d'or de toutes leurs cachettes, et aujourd'hui celui qui *thésauriserait* et garderait son argent chez lui serait un objet de moquerie. Il en sera de même, dans un certain nombre d'années, pour ceux qui s'obstineront à n'avoir confiance que dans l'État ou dans les entreprises garanties par l'État. Les placements à 3 pour 100 seront, au moins par une certaine catégorie de personnes, abandonnés pour les placements à 5 ou 6 pour 100, et le commerce aura en France, comme il l'a déjà en Angleterre et en Belgique, de vastes capitaux à sa disposition.

Mesures prises par les législateurs pour faciliter le crédit commercial. — Au surplus, dans tous les pays, le crédit commercial a paru chose si intéressante et si importante, que l'on a pris des mesures exceptionnelles pour l'organiser.

Les législateurs presque partout ont dit aux capitalistes : « Prêtez à ce commerçant, faites-lui crédit. Nous, de notre côté, nous allons faire en sorte que le recouvrement de votre créance soit le plus facile possible et le plus économique. »

Et ils ont dit de même aux commerçants : « Toutes les fois que vous voudrez faire une opération commerciale sincère, nous tâcherons de vous la faciliter en vous procurant du crédit. Mais, en même temps, vous êtes avertis que toute fraude de votre part sera punie de la façon la plus rigoureuse. »

En conséquence de ces intentions du législateur, voici ce qui se passe, notamment en France.

Le plus souvent, quand une personne, qui *n'est pas un commerçant*, prête de l'argent à une seconde personne, qui, elle non plus, n'est pas un commerçant, les moyens employés pour prouver l'existence du prêt, et, plus tard, pour obtenir le remboursement, sont assez compliqués.

Généralement il faut un contrat * relatant que Pierre a prêté telle somme à Paul; et le plus souvent ce contrat est rédigé par un notaire. En outre, ce contrat doit être enregistré * par un fonctionnaire public. Et, tant au notaire qu'au fonctionnaire de l'enregistrement, il faut payer des sommes assez importantes.

De plus, quand l'époque du remboursement est arrivée, si le débiteur ne paie pas, il ne suffit pas, pour le forcer à payer, de montrer le contrat. Ses biens, ses champs, sa maison, tout cela, nous le savons, répond de sa dette. S'il ne paie pas, le créancier pourra s'emparer de ses champs et de sa maison. Mais il n'a pas un moyen direct et immédiat de *contraindre* ce débiteur; il ne peut pas saisir *directement* ses biens : ce contrat n'est pas un *titre exécutoire*.

Le créancier doit auparavant poursuivre le débiteur devant le tribunal civil; là, expliquer l'affaire aux juges, obtenir d'eux qu'ils reconnaissent son droit, et qu'ils donnent l'ordre au débiteur de le payer sous peine de voir saisir ses biens. Tout cela est long et coûteux. Un pareil procès peut durer plusieurs mois, peut-être plusieurs années et coûter des centaines, des milliers de francs.

Toutes ces formalités, tous ces frais sont, en

grande partie, évités, quand il s'agit de *prêts entre commerçants*.

Un capitaliste a prêté de l'argent à un commerçant. Généralement, c'est un banquier qui lui a ouvert un compte courant. Entre eux, pour attester * ce prêt, pas besoin de contrats ni par-devant notaire, ni même sous seing privé. La simple inscription conforme sur leurs livres de commerce à tous deux suffit; la seule reconnaissance par le commerçant de l'exactitude du compte fourni par le banquier suffit pour prouver la dette.

La dette est-elle *exigible* : le créancier assigne son

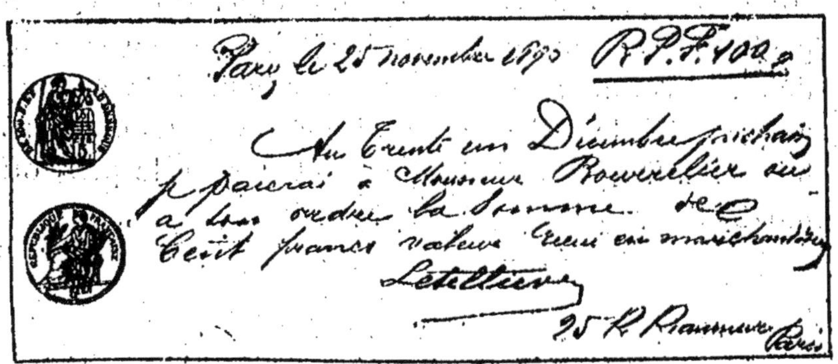

Fig. 86. — Fac-similé d'un billet à ordre.

débiteur devant une juridiction spéciale, le tribunal de commerce, composé de commerçants, qui jugent surtout en équité *, et devant lequel la procédure * est simple, rapide et peu coûteuse.

Si cette dette a été constatée par un billet à ordre (fig. 86), ce billet à lui seul est un titre exécutoire. Il dispense le créancier de toutes les procédures usitées entre créanciers et débiteurs civils.

Le commerçant débiteur a dû tenir une comptabilité exacte des sommes à lui prêtées; s'il ne l'a pas fait, s'il ne peut pas prouver que l'argent emprunté pour les besoins de son commerce a effectivement reçu cette destination, il peut alors être déclaré banqueroutier, et condamné à des peines sévères.

Le prêt sur marchandises : magasins généraux et warrants. — Enfin à tant de facilités, on en a ajouté d'autres. Sous certaines conditions que la loi a fixées, le commerçant peut, au moins dans les villes de commerce les plus importantes, déposer des marchandises dans des magasins appelés *magasins généraux*. En échange de ses marchandises, on lui délivre un reçu appelé *warrant*. Et sur ce warrant, qui est *endossable* * et *négociable* *, le commerçant peut trouver à emprunter. Il laissera au prêteur son reçu ou warrant, et si, dans un certain délai, le commerçant n'a pas remboursé la somme empruntée, le prêteur, muni de ce warrant, peut faire vendre les marchandises et garder le prix ou partie de ce prix pour s'indemniser.

CHAPITRE VII

L'outillage du commerce.

Avantages matériels procurés au commerce. — Ce n'a pas encore été assez pour les gouvernements d'organiser d'une façon aussi large et aussi commode le crédit commercial. Ils ont voulu encore favoriser le commerce en lui procurant des avantages matériels de toutes sortes : *voies de communications nombreuses*, rapides et à bon marché;

assistance à l'étranger par des *traités de commerce* et d'établissement; *protection par les consuls*, etc.

Les voies de communications. — Celui qui examine la carte des chemins de fer, des canaux, des routes, des télégraphes et des téléphones * d'un pays, peut être assez embarrassé de répondre à la question suivante : pourquoi toutes ces lignes de chemin de fer et de télégraphe, pourquoi ces canaux et ces routes passent-elles par tel point plutôt que par tel autre? La réponse devient très facile, s'il sait que tout cela a été institué dans l'intérêt du commerce, que tout cela est l'*outillage du commerce*.

Sans doute, dans plusieurs pays, des chemins de fer ont été construits dans un autre intérêt. En Allemagne et en France notamment, la crainte d'une agression de l'ennemi, la nécessité de se défendre et, pour se défendre, d'amener rapidement sur certains points déterminés des troupes nombreuses, ont nécessité la construction de chemins de fer dits *stratégiques* *, c'est-à-dire des chemins de fer qui sont utiles pour la défense du pays.

Mais, en dehors de ceux-là, une seule préoccupation à motivé le tracé des voies ferrées, des lignes télégraphiques, etc. : c'est la préoccupation d'être utile au commerce. La ligne la plus courte de Paris à Marseille ne passe ni par Dijon ni par Lyon : si la voie ferrée de Paris à la Méditerranée fait un long détour pour toucher à Dijon et à Lyon, c'est uniquement dans l'intérêt du commerce.

Les traités de commerce. — Les différents pays ont, pour une foule de causes, des produits différents. En conséquence et malgré l'opposition d'une école qui voudrait que chaque pays se contentât de ses propres produits, ils échangent entre eux leurs produits respectifs. Mais, pour des raisons expliquées plus haut, ces échanges entre commerçants de pays différents ne se font pas en toute liberté. Les nations les ont réglementés. Les réglementations sont contenues dans des *traités de commerce et d'établissement.*

Ces traités règlent deux ordres de faits : 1° l'échange des marchandises; 2° l'établissement sur le territoire de chaque État des nationaux d'un autre État.

Un Français s'établit au Brésil, par exemple. Quelle situation y aura-t-il? Sera-t-il soumis à plus d'impôts qu'un Brésilien? Pourra-t-on l'astreindre au service militaire, et, par suite, le forcer à prendre les armes même contre sa patrie d'origine? Pourra-t-on, une fois qu'il aura fondé un établissement, l'expulser du Brésil sans motif valable? Et quels motifs d'expulsion seront valables? Toutes ces questions et bien d'autres sont réglées par les traités de commerce et d'établissement.

Autre point. Des Français veulent vendre de leurs produits en Russie. A l'entrée de la Russie sont établis des postes de douanes. Quelles conditions les douanes imposeront-elles aux produits français pour les laisser pénétrer en Russie? Quels droits leur fera-t-on payer? Cela encore est réglé par les traités de commerce.

Consuls. — Mais ces traités, une fois conclus, peuvent donner lieu à toutes sortes de difficultés. Ce Français établi au Brésil, ces marchandises qui sont destinées à pénétrer en Russie, peuvent rencontrer des obstacles de la part des autorités ou même des particuliers de ces pays. Qui prendra leur défense? qui viendra à leur secours?

Les gouvernements des différents pays, pour faciliter la situation de leurs nationaux à l'étranger, ont établi des consuls dans les principales villes commerçantes du monde. En France, dans toutes nos grandes villes, il y a des *consuls* de Russie, d'Angleterre, des États-Unis, etc., etc., chargés de prêter assistance aux citoyens russes, anglais, américains, qui voyagent ou résident en France; et de même nous avons en Russie, en Angleterre, aux États-Unis, etc., des consuls chargés de protéger nos nationaux dans ces pays.

Autres organismes institués dans l'intérêt du commerce : Chambres de commerce, Conseil supérieur du commerce. — Ce ne sont pas les seules mesures qui aient été prises dans l'intérêt du commerce.

Dans toutes nos grandes villes, il existe des *Chambres de commerce*, c'est-à-dire des réunions de quelques-uns des commerçants les plus honorables et les plus capables chargés d'étudier et de défendre les intérêts du commerce de leur ville et de la région qui en dépend.

Et près du ministère du commerce, à Paris, il existe un *Conseil supérieur du commerce*, composé de représentants du commerce de toute la France, chargé de *conseiller* au ministre les mesures les plus favorables à ce commerce.

Les membres des Chambres de commerce et du Conseil supérieur du commerce sont choisis suivant des règles déterminées, et qui ont pour but d'assurer autant que possible la nomination des concurrents les plus éclairés et les plus recommandables.

Ainsi, par cet ensemble de mesures, le commerce se trouve placé dans une situation excellente, qui lui a permis de réaliser d'immenses progrès.

CHAPITRE VIII

Le progrès et l'avenir du commerce.

Un homme qui aurait dormi depuis cinquante années, et se réveillerait en 1895, pourrait croire à peine que ce qu'il voit appartient à la planète sur laquelle il vivait en 1845. Dans ce demi-siècle, le commerce a subi de telles transformations, et ces transformations ont eu sur la civilisation même une telle influence que la surface du globe et la vie des hommes en ont été bouleversées.

Pour nous en tenir au seul commerce, décrivons brièvement les progrès qu'il a réalisés.

Progrès dans l'espace. — Le commerçant d'autrefois faisait des affaires dans le lieu de son établissement, dans les environs immédiats ou dans les foires voisines; rarement, il dépassait les limites de la province. Et, quand on étudie l'histoire, on voit que souvent les habitants d'une province répugnaient à faire des affaires avec ceux de la province voisine. Aujourd'hui, on fait des affaires avec le monde entier; on voyage avec aisance et rapidité; on va à Londres beaucoup plus vite qu'on n'allait autrefois à Paris, et à New-York beaucoup plus vite qu'autrefois à Londres. Le monde est devenu un vaste marché.

Progrès dans la stabilité des prix. — Il est difficile de dire que les choses coûtent moins cher aujourd'hui qu'autrefois. Le prix de beaucoup de marchandises de première nécessité a monté. Mais dire que le prix d'une chose a monté, c'est dire qu'en échange de cette chose l'acheteur donne plus de monnaie. Or, de nos jours, il y a bien plus de monnaie qu'autrefois ; il y a dix fois autant d'or en France qu'il y en avait en 1830. Par suite, si pour un même objet on donne deux fois plus de monnaie, il ne s'ensuit pas qu'au fond cet objet coûte deux fois plus cher.

Le progrès accompli dans cet ordre d'idées consiste surtout en ceci : les prix sont plus fixes dans un même lieu et plus égalisés dans le monde.

Le blé vaut, par exemple, 18 francs l'hectolitre. Supposons que la récolte s'annonce mauvaise. Autrefois, cette nouvelle faisait monter le prix du blé soudainement. Et le blé, au lieu de 18 francs, pouvait arriver à valoir 25, 30, 40 francs l'hectolitre et même davantage : 70 et 80 francs. Il y en a eu des exemples. Pourquoi cette hausse excessive? Parce que, le blé de France manquant en France, on ne savait guère par quel autre blé le remplacer. Mais aujourd'hui l'Amérique, la Russie, les Indes sont tout prêts à nous fournir ce qui nous manque ; si la récolte est mauvaise en France, elle est très probablement meilleure dans ces pays si éloignés de nous, et, pour faire venir tout le blé que nous voudrons, cela ne nous coûtera que des frais de transport peu élevés. Par conséquent, en cas de mauvaise récolte, le blé qui valait 18 francs ne peut guère, s'il monte, monter que de quelques francs. Et ainsi les prix restent fixes dans un même pays.

De plus, ils tendent à devenir égaux dans tous les pays. Le blé qui vaut 18 francs à Paris pouvait, autrefois, en valoir 30 à Londres et 50 à New-York. Aujourd'hui, cela ne se peut plus. Si, un instant, le blé pouvait valoir 18 fr. à Paris, 30 fr. à Londres et

50 fr. à New-York, le télégraphe, qui relie toutes les grandes villes, ferait savoir dans le monde entier et instantanément les écarts * de prix. Et alors des hommes, dont c'est le métier, voyant qu'ils peuvent vendre 30 et 50 francs à Londres et à New-York le blé qui ne vaut que 18 francs en France, enverraient immédiatement des chargements de blé en Angleterre et aux États-Unis. Et tout de suite les prix se *nivelleraient, s'égaliseraient* dans les trois pays.

Progrès dans la concentration. — Enfin, le commerce a fait un dernier progrès : il tend à concentrer, dans un même bâtiment, les marchandises les plus variés. Autrefois, partant en voyage, en Afrique, par exemple, il me fallait acheter mes vêtements dans une maison, mes chaussures dans une autre, ma tente et mes objets de campement dans une troisième, etc., etc. Je devais courir ainsi d'un bout de la ville à l'autre et perdre beaucoup de temps. Aujourd'hui de grands bazars, de grands magasins se sont fondés, où l'on vend les objets les plus dissemblables : des tissus, des chaussures, des meubles, des objets d'art, de la porcelaine, etc., etc.

Ce système, quoique fortement critiqué et attaqué, rend de tels services aux acheteurs, qu'il triomphera certainement et durera.

Ce qui peut arriver, c'est qu'au lieu d'être fondés seulement par de grands capitalistes, ces grands magasins le soient par des capitalistes moyens ou petits, sous la forme coopérative. Rien ne s'oppose — et l'on en a des exemples en Angleterre — à ce que les sociétés coopératives fassent des affaires aussi importantes et même plus importantes que les plus grands magasins connus à l'heure actuelle : peut-être verrons-nous s'accomplir et se généraliser cette évolution en France. Si cela arrivait, le commerce montrerait une fois de plus combien il se plie facilement aux besoins sociaux, en permettant aux plus modestes de s'unir et de s'enrichir à l'égal des plus puissants.

Il serait, par excellence, l'instrument de progrès des démocraties.

LEXIQUE

Ce *lexique* contient tous les mots marqués d'un astérique (') dans le corps de l'ouvrage; il ne donne que l'acception dans laquelle ces mots sont employés.

Abâtardir (s'). Perdre ses qualités naturelles.

Accaparer. Amasser des marchandises de la même espèce, pour en produire la rareté et les vendre plus cher.

Accessoire. Qui suit ou qui accompagne une chose principale.

Acclimater. Accoutumer à un nouveau climat.

Actif. Ce qu'un commerçant possède.

Adonner (s'). Se livrer, s'appliquer à quelque chose avec ardeur, habituellement.

Adultes. Parvenu à l'*adolescence* (âge de la vie de quatorze à vingt-cinq ans).

Agent de change. Entremetteur autorisé pour la négociation des valeurs, des effets publics.

Aléa. Aléatoire, dépendant d'un événement incertain.

Alleu. En droit féodal, bien héréditaire.

Amortir. Éteindre une dette en en payant l'intérêt en même temps que le capital.

Antisémite. Ennemi de la race de Sem, c'est-à-dire des juifs.

Aptitude. Disposition naturelle à faire quelque chose.

Arches. Voûte entre les piles d'un pont.

Armateur. Celui qui équipe un navire à ses frais.

Artificier. Qui fait des feux d'artifice.

Artisan. Homme de métier.

Assignation. Citation devant le juge.

Assigner. Fixer.

Attester. Certifier la vérité d'une chose.

Aubaine. Cas fortuit avantageux, profit inespéré.

Audience. Séance dans laquelle les juges interrogent les parties, entendent les plaidoiries, prononcent les jugements.

Avoué. Officier ministériel chargé de représenter les parties devant la juridiction civile, qui agit en leur nom et dirige la procédure.

Baliser. Munir de balises l'entrée d'un port, l'embouchure d'une rivière. — *Balise*, signal composé ordinairement d'une perche surmontée d'un baril ou de quelque autre objet fort visible et servant à indiquer aux navigateurs les passages dangereux.

Banque (de France). Établissement public de crédit autorisé par une loi, en 1803, placé sous le contrôle de l'État et qui a pour privilège exclusif d'émettre des billets à vue et au porteur dits *billets de banque*.

Banquier. Propriétaire ou directeur d'une maison de banque. *Banque*, commerce qui consiste à avancer des fonds, à en recevoir à intérêt, à escompter des effets moyennant une prime.

Billet. Promesse écrite de payement.

Bimbeloterie. Jouets d'enfants.

Bourse. Lieu où se font les opérations financières sur les valeurs publiques, obligations, actions, etc.

Buanderie. Lieu où se fait la lessive.

Cadastre. Plan des propriétés territoriales d'une contrée, présentant leur situation, leur étendue et leur valeur, pour asseoir l'*impôt foncier*.

Caisse. Coffre dans lequel on dépose l'argent.

Calme plat. La mer est au *calme plat* quand sa surface n'est pas agitée, qu'elle est unie comme un miroir. Le calme plat est le signe précurseur de la tempête.

Canut. Ouvrier en soie (à Lyon).

Celtique. Qui appartient aux *Celtes*, peuple d'origine caucasienne qui, aux temps préhistoriques, se répandit dans l'Europe centrale, notamment en Gaule.

Chèque. Ordre écrit donné à un banquier de payer une somme indiquée.

Chirurgien. Qui exerce la chirurgie. *Chirurgie* : partie de l'art médical qui s'occupe de la guérison de certaines lésions au moyen de diverses opérations de la main, exercées sur les parties du corps qui en sont atteintes.

Clerc. Celui qui travaille dans l'étude d'un avoué, d'un huissier.

Compagnon. Ouvrier sorti d'apprentissage travaillant pour le compte d'un industriel.

Concession. Privilège, droit que l'on octroie.

Conjecture. Opinion probable, mais non certaine.

Conseil d'administration. Réunion d'hommes chargés d'administrer une société financière ou industrielle quelconque.

Contrat. Acte écrit qui constate une convention.

Contrat de mariage. Convention qui règle les rapports d'intérêt entre deux époux.

Corporation. Association d'individus qui exercent la même profession. Avant 1789, les *corporations* étaient régies par des règlements dont aucun membre ne devait s'écarter.

Cote (de la Bourse). Indication du cours des effets publics.

Coupons. Titre d'intérêt joint à une action ou une obligation et que l'on détache à chaque échéance.

Cour de cassation. Cour suprême qui a pour mission de vérifier si les formes de la procédure ont été exactement suivies.

Cours. Prix d'une valeur, d'une marchandise.

Courtier. Agent qui s'entremet pour acheter ou vendre des marchandises.

Créancier. Celui à qui on doit.

Croup. Sorte d'angine très dangereuse qui attaque surtout les enfants.

Débouché (créer un). Moyen d'écouler des marchandises.

Décence. Honnêteté extérieure, bienséance.

Découvert. Dépense, avance non garantie, non couverte par des crédits.

Dépositaire. Personne à qui l'on remet une chose en dépôt.

Dépouillement. Ouvrir les lettres du courrier.

Différend. Contestation sur quelque point déterminé.

Diplôme. Titre délivré par un corps, une faculté.

Dissimuler. Cacher.

Ecart. Différence entre le prix de revient et le prix de vente.

Echéance. Epoque à laquelle une dette doit être payée.

Ecole polytechnique. Ecole établie à Paris et destinée à former des élèves pour l'artillerie, le génie, les ponts et chaussées.

Economie politique. Science qui traite de la production, de la distribution, de la consommation des richesses.

Ecru. Qui n'a pas subi le blanchiment.

Edit. Loi, ordonnance.

Emancipation. Action d'*émanciper*, c'est-à-dire de mettre hors de tutelle, hors de la puissance paternelle.

Embobeliner. Circonvenir au moyen de discours, de paroles captieuses.

Emerger. S'élever, surgir.

Emettre. Mettre en circulation des valeurs.

Emeutier. Qui prend part à une *émeute*. Emeute, soulèvement populaire, rassemblement tumultueux d'un peuple mécontent.

Emission. Action de mettre des valeurs en circulation.

Emplette. Achat de marchandises.

Endosser (un billet). En transférer par endos la propriété à une autre personne.

Enquête. Recherches faites par l'autorité.

Enregistrer. Inscrire sur un registre public, moyennant une taxe déterminée, une convention, un acte, etc.

Ensorceler. Jeter un sort (nuire par des maléfices).

Equipe. Compagnie d'ouvriers réunis pour un même travail.

Equitable. Conforme aux règles de l'équité.

Equité. Justice naturelle.

Escompter. Payer avant l'échéance moyennant escompte.

Estampiller. Marquer d'une estampille, d'un timbre.

Etique. Maigre, décharné.

Etude. Clientèle d'un notaire, d'un avoué, etc.

Exécuter. Vendre les biens d'un débiteur par autorité de justice.

Féodal. Qui appartient à la *féodalité*, ensemble de lois et coutumes qui régissaient l'ordre politique et social pendant le moyen âge.

Fiançailles. Promesse de mariage.

Flore. Ensemble des plantes qui croissent dans la même région.

Fluctuation. Variété ou défaut de fixité.

Fonds. Somme d'argent destinée à quelque usage.

Fonds d'État. Rentes sur l'État.

Fonds de roulement. Capital nécessaire à une maison de commerce pour en assurer le fonctionnement.

Frapper. Donner, au moyen d'un balancier, l'empreinte à une monnaie.

Gaspiller. Dissiper follement, inutilement, sans profit.

Génie. Art de l'attaque et de la défense des places fortes.

Gestion. Action, manière de *gérer*. — Gérer, administrer, régir pour le compte d'un propriétaire, d'une société.

Greffier. Officier civil qui tient un greffe, qui expédie et garde les actes de justice.

Grief. Plainte que l'on fait pour un dommage causé.

Hisser. Faire monter, élever au moyen de cordes.

Hydrographie. Topographie maritime qui a pour objet de lever le plan des côtes, des îles, etc.

Hypothèque. Droit qui grève les immeubles, affecté à la sûreté, à l'acquittement d'une obligation, d'une dette.

Hypothèse. Supposition dont on tirera une conséquence.

Idylle. Petit poème sur un sujet champêtre.

Importé. Venu du dehors.

Impôt foncier. Impôt établi sur la terre, le bien-fonds (voir *Cadastre*).

Improviser. Faire sur-le-champ des vers ou un discours sur un sujet quelconque.

Impulsion. Excitation, encouragement.

Inauguration. Cérémonie par laquelle on livre pour la première fois aux regards, à l'usage du public, un monument, un établissement quelconque.

Indemniser. Dédommager.

Indemnité. Somme accordée comme dédommagement.

Indigène. Qui est originaire du pays.

Ingénieur. Savant qui conduit et dirige, à l'aide des mathématiques appliquées, des travaux d'art comme la construction des ponts, des chemins, etc.

Initiative. Action de celui qui propose ou qui fait le premier quelque chose.

Insertion. Action d'insérer, d'introduire, de faire entrer ; se dit d'un article, d'une annonce qu'on publie dans un journal.

Insolvable. Qui n'a pas de quoi payer.

Intellectuel. Qui est du ressort de l'intelligence.

International. Qui a lieu, qui se passe entre nations.

Inventaire. Dénombrement dans lequel sont contenus, par articles, les biens, les meubles, les effets, les papiers d'une personne, d'une maison.

Juridiction. Pouvoir du juge.

Kirsch. Sorte d'eau-de-vie qu'on fabrique avec des cerises.

Laboratoire. Lieu disposé pour faire des expériences ou des préparations exigeant l'emploi de certains instruments ou de certaines drogues.

Laps de temps. Espace de temps.

Lettre de change. Titre par lequel un banquier ou un négociant s'oblige à faire payer à une autre personne, dans un lieu déterminé, autre que celui où le contrat est formé, une somme dont il a reçu ou doit recevoir la valeur.

Lever. Prendre livraison.

Liane. Plante grimpante de l'Amérique.

Loup de mer. Vieux marin.

Luchon. Station d'eaux minérales dans la Haute-Garonne.

Lucratif. Qui apporte du lucre. *Lucre*, profit que l'on retire d'une industrie, d'une opération quelconque.

Machine-outil. Outil mis en mouvement par un moteur quelconque.

Malléabilité. Qualité d'un métal qu'on peut battre, forger, étendre à coups de marteau.

Marque (de fabrique). Signe distinctif que les fabricants apposent sur leurs produits.

Mécréant. Impie qui ne croit pas aux dogmes de la religion.

Mégissier. Artisan qui prépare ou blanchit la peau de mouton, de chèvre, etc.

Mérinos. Étoffe faite avec la laine du mouton de ce nom.

Métier (outil). Machine pour la confection de divers ouvrages et surtout des tissus.

Mille (mesure). Mesure itinéraire qui varie suivant les pays. Le *mille anglais* équivaut à un kilomètre 600 mètres.

Milord. Homme très riche.

Monopole. Privilège que possède un individu, une compagnie, un gouvernement, de vendre seul certaines denrées.

Morte-saison. Temps où, dans certaines professions, on a moins de travail, moins de débit qu'à l'ordinaire.

Moteur. Tout ce qui, en mécanique, communique le mouvement, comme l'eau, l'air, la vapeur.

Négocier. Trafiquer des billets et autres effets de commerce, les transmettre, les céder à un autre, qui en donne la valeur, en retenant un intérêt.

Nœud. Longueur d'environ quinze mètres.

Nomade. Qui n'a pas d'habitation fixe.

Notaire. Officier public qui reçoit et rédige les actes volontaires pour leur donner un caractère d'authenticité.

Obligation. Titre de rente émis par une société, une compagnie qui fait un emprunt.

Obus. Projectile creux rempli de poudre et qui éclate en atteignant le but visé.

Octroi. Droit que payent certaines denrées à leur entrée en ville.

Outrance (à). Jusqu'à l'excès.

Pacotille. Marchandise de qualité inférieure.

Panique. Terreur soudaine sans raison suffisante.

Papier. Lettres de change, billets, bons, etc.

Parasite. Individu qui vit aux dépens d'autrui.

Passif. Ce qu'un commerçant doit.

Patois. Idiome corrompu que l'on parle dans certaines provinces.

Pérégrination. Voyage en pays étrangers.

Pile. Massif de maçonnerie qui soutient les arches d'un pont.

Pittoresque. D'un aspect sauvage et agréable à la fois.

Plénière (séance). Séance d'une société dans laquelle tous les membres sont au complet.

Politique. Finesse, adresse.

Pomard. Nom d'une espèce de vin de Bordeaux.

Portée. Largeur entre deux arches.

Portefaix. Homme qui fait métier de porter des fardeaux.

Porteur. Celui en faveur de qui une lettre de change, un billet a été souscrit, ou à qui il a été passé.

Présomptueux. Qui témoigne de la présomption. — *Présomption*, opinion formée sans preuves positives, sur des apparences spécieuses.

Presse hydraulique. Presse où l'eau comprimée agit comme *force*.

Prime d'assurance. Somme payée chaque année à une compagnie d'assurance.

Procédure. Instruction d'un procès civil ou criminel; manière de procéder en justice.

Progression. Suite de nombres, de quantités dérivant successivement les unes des autres suivant une même loi.

Prohibé. Défendu, interdit.

Prorata (au). Suivant la part déterminée.

Proverbe. Maxime exprimée en peu de mots et devenue vulgaire.

Pyrotechnie. Art de préparer les pièces d'artifice.

Raréfaction. Action de raréfier. — *Raréfier*, augmenter considérablement le volume d'un corps, sans en augmenter la matière propre ni le poids.

Ratifier. Confirmer authentiquement ce qui a été fait ou promis.

Récipient. Vase pour recevoir un liquide, un gaz.

Réfutation. Action de réfuter. *Réfuter*, combattre victorieusement les arguments de quelqu'un.

Régime. Ensemble de règlements.

Remettre. Faire grâce d'une chose qu'on était en droit d'exiger.

Rémunération. Récompense.

Rente. Intérêt que l'État paye à ceux qui lui prêtent de l'argent.

Réseau. Ensemble de lignes, de routes, de chemins, comparables par leur enchevêtrement à un réseau.

Restreindre. Rendre moindre, réduire, limiter.

Rétrograde. Qui va, qui se fait en arrière.

Revenir. Reprendre sa forme première.

Revenus. Ce que l'on tire annuellement d'un bien, d'une rente.

Ronde. Visite nocturne des employés des douanes et des octrois.

Saisir. Opérer une saisie. — *Saisie*, action de s'emparer légalement d'un bien dont on réclame la propriété ou qui doit servir au payement d'une dette.

Saison. Temps que l'on passe dans une station d'eaux thermales ou minérales, ou encore aux bains de mer.

Salpêtre. Nom vulgaire du nitrate de potasse.

Sanctionner. Donner la sanction, approuver, confirmer.

Sciences exactes. Les différentes branches de mathématiques.

Séance. Temps pendant lequel un corps constitué reste assemblé pour s'occuper de ses travaux.

Sécession (guerre de). Guerre entre les Etats-Unis du Nord et ceux du Sud, au sujet de l'abolition de l'esclavage.

Shilling. Monnaie anglaise valant 1 fr. 25.

Signifier. Notifier par voie d'huissier.

Similaire. De même nature.

Siphon. Tube recourbé à branches inégales pour transvaser les liquides.

Solvable. Qui a de quoi payer.

Sommaire. Court, résumé.

Souscription. Action de souscrire pour une action, une valeur quelconque.

Spéculateur. Celui qui fait des spéculations de banque, de finance.

Sphère. Etendue d'affaires, de travaux, d'intérêts dans laquelle un homme communique son mouvement à ceux qui l'entourent.

Statuts. Règlement, ordonnance.

Stock. Quantité d'une marchandise en magasin ou sur les marchés d'une ville de commerce.

Stratégie. Art de conduire les opérations militaires.

Système fiscal. Manière dont sont gérées les finances de l'Etat.

Tanner. Préparer du cuir au moyen de tan de manière à le rendre solide et imperméable.

Téléphone. Appareil qui permet de transmettre à distance, le long d'un fil, les sons et particulièrement la parole.

Testament. Acte authentique par lequel on déclare ses dernières volontés.

Titulaire. Celui qui possède un emploi, qu'il en remplisse ou non la charge.

Torpilleur. Bateau armé de torpille. *Torpille*, engin de guerre pour faire sauter les navires au moyen d'une explosion sous-marine.

Trafic. Commerce, négoce.

Trémousser (se). S'agiter d'un mouvement vif et irrégulier.

Trousseau. Linge, habits qu'on donne à une fille qu'on marie, à un enfant qui entre en pension.

Usine. Etablissement industriel, comme forge, fonderie, etc.

Vermine. Insectes malpropres.

Vertigineux. Qui cause le vertige. — *Vertige*, maladie pendant laquelle tout semble tourner autour de nous.

Vexatoire. Qui cause de l'ennui, du tourment par manque de politesse, d'égards, de convenance.

Virement (de fonds). Transport d'un crédit, d'une somme, d'un chapitre, d'un compte sur un autre.

Vocation. Inclination qu'on se sent pour un état.

Voyer Fonctionnaire préposé à l'entretien des routes.

TABLE ALPHABÉTIQUE

DES LEÇONS DE CHOSES

TABLE DES MATIÈRES

TROISIÈME PARTIE

Un voyage d'exploration commerciale.

QUATRIÈME PARTIE

L'éducation d'un commerçant.

CINQUIÈME PARTIE

(PARTIE TECHNIQUE)

Le commerce.

Armand COLIN & Cie, Éditeurs, 5, rue de Mézières, Paris.

NOUVELLE COLLECTION DE

TABLEAUX MURAUX

(Double face) format des *Cartes murales Vidal-Lablache*

Tableaux muraux de Lecture, imprimés en rouge et noir, avec gravures, sur carton (méthode Guyau), format des *Cartes murales Vidal-Lablache.*

    Tableau 1-2, correspondant au livret I.................... 4 50
    —   3-4, correspondant au livret II.................... 4 50

Les tableaux de la Méthode Guyau ne sont pas vendus séparément.

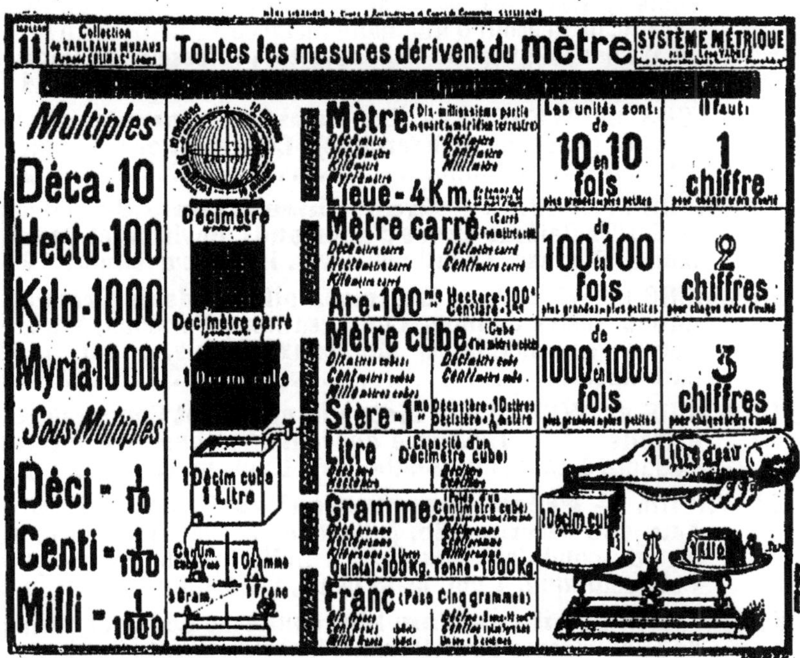

Spécimen en réduction du *Tableau mural de Système métrique* (*recto*).

Tableau mural de Système métrique, par M. Léon Vaquez. Le tableau (double face), sur carton, imprimé en 4 couleurs, format des *Cartes murales Vidal-Lablache*.................... 6 50

Tableau mural de Multiplication et de Numération, par M. Marchand. Le tableau (double face), sur carton, imprimé en vert et noir, format des *Cartes murales Vidal-Lablache*.................... 4 50

Tableau mural de Morale (de la Collection Ch. Dupuy), par M. Vaquez. Le tableau (double face), sur carton, imprimé en rouge et noir, format des *Cartes murales Vidal-Lablache*.................... 4 50

Tableau mural d'Instruction civique (de la Collection Ch. Dupuy), par M. Vaquez. Le tableau (double face), sur carton, imprimé en rouge et noir, format des *Cartes murales Vidal-Lablache*.................... 4 50

Langue allemande

TAVERNIER et ADAM. — Choix gradué de Chansons allemandes, *avec musique* à l'usage des classes élémentaires, accompagnées d'une liste de tous les mots rangés par ordre grammatical, par MM. Tavernier et Adam, professeurs au lycée Janson-de-Sailly. 1 vol. in-8°, cart.. **1 25**

HALBWACHS et WEBER. — La Première année d'Allemand (Théorie et Exercices). Listes de mots, Morceaux choisis, Lexiques, par MM. Halbwachs, agrégé de l'Université, professeur d'allemand au lycée Saint-Louis, à Paris, et Weber, agrégé de l'Université, professeur d'allemand au lycée Hoche, à Versailles. 1 vol. in-12, cart.,.... **1 60**

HALBWACHS et WEBER. — La Deuxième année d'Allemand (Théorie et Exercices). Conversations, Lexiques. 1 vol. in-12, cartonné..................... **2 »**

HALBWACHS et WEBER. — Grammaire allemande (Théorie seule) (Troisième année d'allemand). Revision et Compléments, Syntaxe, Locutions. 1 vol. in-12, cartonné.. **2 »**

HALBWACHS et WEBER. — Exercices allemands de Troisième année. Listes de mots, Conversations, Versions, Thèmes, Lettres commerciales, Morceaux choisis. 1 vol. in-12, cartonné.. **2 50**

HALBWACHS et WEBER. — Mots allemands et Conversations extraits de *la Troisième année d'allemand* (cet ouvrage s'adapte à toutes les méthodes). 1 vol. in-12, cart.. **1 50**

HALBWACHS. — Précis grammatical et Vocabulaire de Langue allemande, à l'usage des classes supérieures et des candidats aux Écoles militaires de Saint-Cyr et Polytechnique. 1 vol. in-18 jésus, relié toile....... **1 50**

GOETHE. — Iphigénie en Tauride, conforme aux programmes de 1890, classes de rhétorique (enseignement classique) et de première-lettres (enseignement moderne), annoté par M. E. Clarac, professeur au lycée Montaigne. 1 vol. in-18 jésus, relié toile.............................. **1 75**

LESSING. — Minna de Barnhelm ou la *Fortune du Soldat* (classe de quatrième, enseignement classique), comédie annotée et commentée par M. E. Clarac. 1 vol. in-18 jésus, relié toile...................................... **2 »**

REIBEL. — Cours d'Allemand commercial, à l'usage des classes supérieures de l'Enseignement moderne, des Écoles commerciales et professionnelles, des Écoles primaires supérieures et des Cours commerciaux, par J.-Ch. Reibel, professeur d'allemand à l'école J.-B-Say. 1 vol. in-18 jésus, cart.............................. **2 75**

9 782016 173206